Carl-Auer

Für Beatrice
5. 5. 1997

Rolf Arnold

Ich lerne, also bin ich

Eine systemisch-konstruktivistische
Didaktik

2007

Über alle Rechte der deutschen Ausgabe verfügt
Carl-Auer-Systeme Verlag und
Verlagsbuchhandlung GmbH; Heidelberg.
Fotomechanische Wiedergabe nur mit Genehmigung des Verlages
Umschlaggestaltung: Goebel/Riemer
Illustration/Detail: Geraldine Ribbock
Satz: Josef Hegele, Heiligkreuzsteinach
Printed in the Netherlands
Druck und Bindung: Koninklijke Wöhrmann, Zutphen

Erste Auflage, 2007
ISBN: 978-3-89670-574-7
© 2007 Carl-Auer-Systeme Verlag, Heidelberg

Bibliografische Information Der Deutschen Nationalbibliothek
Die Deutsche Nationalbibliothek verzeichnet diese Publikation in der
Deutschen Nationalbibliografie; detaillierte bibliografische Daten
sind im Internet über http://dnb.ddb.de abrufbar.

Informationen zu unserem gesamten Programm, unseren Autoren
und zum Verlag finden Sie unter: **www.carl-auer.de.**

Wenn Sie unseren Newsletter zu aktuellen Neuerscheinungen
und anderen Neuigkeiten abonnieren möchten, schicken Sie
einfach eine leere E-Mail an: **carl-auer-info-on@carl-auer.de.**

Carl-Auer Verlag
Häusserstraße 14
69115 Heidelberg
Tel. 0 62 21-64 38 0
Fax 0 62 21-64 38 22
E-Mail: info@carl-auer.de

Inhalt

Vorwort

Der vorliegende Text stellt den Versuch dar, in die Grundfragen der pädagogischen und insbesondere der didaktischen Reflexion aus systemisch-konstruktivistischer Sicht einzuführen. Ziel ist es dabei, Studierende (zukünftig Lehrende) zu einer konzeptionellen Begründung von Bildung, Erziehung und Unterricht zu befähigen. Hierzu wird einerseits didaktisches Theoriewissen zur Verfügung gestellt, andererseits wird aber auch an die systemisch-konstruktivistischen Konzepte zur Entwicklung, Aneignung und Veränderung angeschlossen. Grundlegende Merkmale sind dabei der Abschied von linearen Vermittlungsmodellen und die Information über die Komplexität sowie Konstruktivität der die Lehr-Lern- sowie Bildungsprozesse prägenden Aspekte und Bedingungen.[1] Die Logik des Lebendigen verweist uns auf Unsicherheit, Eigensinn (vgl. Voß 2005a), Kreativität sowie Komplexität und Emergenz. Der Begriff der »Emergenz« bezeichnet Prozesse der Selbstorganisation und markiert einen grundlegenden Wandel der Betrachtung des Lebendigen sowie unserer Haltung gegenüber dem Umgang mit seinen Ausdrucksformen. Persönlichkeit, Entwicklung, Lernen und Bildung sind solche Ausdrucksformen des Lebendigen.

Das Lebendige folgt keinen linearen Vorgaben und Impulsen, es lässt vielmehr Ordnungsmuster aus sich heraus entstehen, von denen eine eigene strukturierende und letztlich bildende Kraft ausgeht. Indem man an diesen Mustern des Lebendigen anzuschließen versucht, denkt man Bildung, Erziehung und Unterrichten neu. Es ist nicht mehr die Perspektive der Außensteuerung bzw. der Steuerbarkeit, unter der wir auf das Geschehen blicken. Wir können uns vielmehr von der Vorstellung, alles Pädagogische folge letztlich irgendwelchen Vor-

---

1 Des Weiteren sollen Studierende darauf vorbereitet werden, Lehr-Lern-Prozesse unter lerntheoretischen und methodischen Aspekten analysieren zu können, grundlegende Dimensionen der Unterrichtsplanung zu beherrschen und bei der Planung und Vorbereitung von eigenen Unterrichtsversuchen ihre didaktischen Kenntnisse und Fähigkeiten anzuwenden, methodisch geleitet die Inputsteuerung (z. B. Vorbereitung sowie Beeinflussung des Unterrichtsgespräches) durch die Lehrenden interpretieren zu können und die Auswahl für Unterrichtsarrangements begründen zu können. Diese Zielsetzungen orientieren sich an den *Curricularen Standards des Faches Bildungswissenschaften*, die im Kontext der rheinland-pfälzischen Lehrerbildungsreform erarbeitet wurden (vgl. www. mwwfk.rlp.de [09.09.2006]).

gaben (Kultur, Standards usw.), mehr und mehr lösen, indem wir das Geschehen als »das In-Szene-Setzen einer Welt in einem vorgegebenen Geiste auf der Grundlage einer Geschichte vielfältiger Aktionen eines Lebewesens in der Welt« (Varela u. a. 1992, S. 27) neu verstehen (lernen).

Ein Motiv für die Abfassung des vorliegenden Buches war zunächst ein autobiografisches: das Scheitern der Versuche, durch detaillierte Planung von Lehr-Lern-Prozessen erfolgreiches und nachhaltiges Lernen zu gewährleisten. Diese Versuche schlugen nicht nur zu Beginn meiner praktischen Tätigkeit zumeist fehl, und ich reagierte mit noch aufwendigeren Vorbereitungen. Erst mit den Jahren setzte sich bei mir mehr und mehr die Einsicht durch, dass die von mir begleiteten Lern- und Beratungsprozesse um so erfolgreicher wurden, je offener ich in die Situation hineinging und je mehr ich den Lernenden selbst zutraute – auch und gerade, was die Zielorientierung ihres eigenen Lernens anbelangt. Zwar ernte ich noch heute häufig erstauntes Kopfschütteln, wenn ich meine Seminare mit der Frage beginne, welche Ziele die Teilnehmerinnen und Teilnehmer am Ende des Seminars erreicht haben wollen, um für sich das sichere Gefühl zu haben, es habe sich gelohnt. Doch ich lasse in dieser Frage nicht locker, und so gelingt es mir zumeist, die Lernprozesse, für deren Gestaltung und Begleitung ich zuständig bin, gewissermaßen »aus den Mokassins der Lernenden« heraus zu entwickeln. Nur auf diesem Wege kann ich eine selbst tragende Substanz zur Wirkung kommen lassen, die die Lernenden zur Klärung ihrer Fragen führt. Denn man kann nur – so die Erfahrung meiner jahrzehntelangen praktischen Bemühungen – im Kontext der eigenen Möglichkeiten und Erfahrungen lernen. Bildung, Erziehung und Lernen gleichen mehr einem Umbau als einem Neubau, weshalb die Pädagogik das Neubauparadigma, welches den Pädagogen als eine Art Ingenieur ins Spiel bringt, überwinden muss. Sie muss »lernen«, mehr von den Wirkungen als von den Intentionen her zu denken, um Lehr-Lern-Prozesse wirklich nachhaltig gestalten zu können.

Fragt man nach dem eigenen professionellen Anteil an dem Gelingen solcher Prozesse, so zeigt sich, dass es zumeist weniger um einen Wissensvorsprung geht, der dafür ausschlaggebend ist, sondern um eine zusammenfassend-strukturierende Kraft, die das Vorhandene zu ordnen und im Hinblick auf weiterführende Fragestellungen zu öffnen vermag. Hinzu kommt eine thematische Vorbereitung, die variantenreiche Bearbeitung ermöglicht. Mit den Jahren habe ich begonnen, zu den Thematiken, um die es in irgendeiner Form gehen soll, Lernressourcen zu entwickeln, die mithilfe von so genannten Selbsterschließungsfragen von den Teilnehmerinnen und Teilnehmern selbständig bearbeitet werden können. Welche Lernressourcen jedoch auf Interesse stoßen, ist nicht prognostizierbar, und welche Fragestellungen sich für eine Bearbeitung anbieten, habe ich gelernt, weitgehend offen zu lassen. Dies zeigt sich erst im Prozess selbst und ist von den »Lernprojekten« sensu Holzkamp (1993) abhängig, mit denen die Lernenden an das Thema herangehen. Da kann es schon vorkommen, dass nicht alle vorbereiteten Lernressourcen »zum Zuge kommen« oder auch – im Extremfall – überhaupt keine. Letzteres ist vor allem dann der Fall, wenn es gelingt, mit dem Material der Lerngruppe selbst zu arbeiten. Diese und ähnliche Erfahrungen haben mich mehr und mehr dazu geführt, auch die Möglichkeiten des E-Learning richtig einschätzen zu lernen (Arnold u. Lermen. 2006). Dieses bietet sich nämlich nicht als Alternative, sondern als ergänzende Komponente an. Oftmals lasse ich diese Lernressourcen im Netz und gebe den Teilnehmerinnen und Teilnehmern die Gelegenheit, sich optional zu bedienen. In den Kaiserslauterner Fernstudiengängen haben wir auch gute Erfahrungen damit gesammelt, von den Teilnehmerinnen und Teilnehmern selbst Materialien bereitstellen zu lassen (z. B. Problemfälle aus der Praxis), an denen dann Einzelne oder Gruppen bestimmte Gegenstände vertiefen können (vgl. http://www.zfuw.de [11.12.2006]).

Immer wieder erlebte ich bei den eigenen Kindern die Langweiligkeit schulischer Praxis. Ich weiß, dass eine solche Feststellung pauschal und diffamierend für all die Lehrerinnen und Lehrer klingen muss, die sich täglich darum bemühen, ihren Unterricht abwechslungsreich zu gestalten und auf die Fragen der Schülerinnen und Schüler einzugehen. Nur: Unsere Kinder hatten nur ganz vereinzelt solche Lehrer. Und wenn ich mich in meinem Bekanntenkreis umhöre, vernehme ich Ähnliches. Es ist vielerorts noch so, wie es schon vor Jahrzehnten gewesen ist. Ich erinnere mich an einen Elternabend, an dem es zu einer Kontroverse kam. Eine junge Lehrerin hatte sich nicht anders zu helfen gewusst als dadurch, dass sie – nachdem die Schülerinnen und Schüler einfach nicht »zu motivieren« waren, so die wohlfeile Erklärung – zu einem Spontantest griff und dem überwiegenden Teil der Klasse die Note »ungenügend« gab. Es sollte durch Drohgebärden und Verängstigung etwas erreicht werden, das anders nicht »herstellbar« schien. Ein Dialog darüber, ob und inwieweit ein solches Verhalten als pädagogisch angemessen einzustufen sei, oder gar eine Suche nach möglichen anderen Gründen für die Disziplinprobleme war nicht möglich. Entsprechende Nachfragen wurden durch die geschlossene Front der anwesenden Lehrer im Keim erstickt. Und selbst einige der anwesenden Eltern ließen sich schließlich zu der Feststellung verführen: »Ja, es schadet nichts, wenn Sie mal ordentlich durchgreifen. Die brauchen das!« Eigene lernkulturelle Prägungen der Eltern dienten hier wohl als Inszenierungsmaterial, und ein nüchterner professioneller Dialog war nicht möglich. Wieder einmal konnte ich am eigenen Leib erleben, wie tief eingeschüchtert und verunsichert selbst Erwachsene sind, wenn sie sich wieder in einem schulischen Kontext bewegen: Sie fallen aus ihrer Verantwortlichkeit heraus und schließen sich dem Lehrerurteil an, so unbegründet und schuldsuchend dieses auch sein mag. »Das Imperium schlägt zurück«, ging mir durch den Kopf, und ich spürte auch die Angst, welche der vorgetragenen Härte und Gewissheit der Lehrer und Lehrerinnen zugrunde lag. »Wo kommen wir denn hin, wenn wir so etwas durchgehen lassen?«, wurde gefragt, worauf Schweigen eintrat und keine weiteren elterlichen Nachfragen gestellt wurden.

Solche und ähnliche Erfahrungen haben mich dazu geführt, meine Vorstellungen von einem raschen Wandel unserer Lernkulturen aufzugeben. Zu tief sind die etablierten Lernkulturen in den biografischen Erfahrungen von Lehrerinnen und Lehrern eingewurzelt, und sie entsprechen zudem auch den in vielen Kulturen beobachtbaren Grundkonstanten – in der Form, wie sie mit Autoritätsinszenierung, Angst und Bewährung sowie Initiationsritualen umgehen: Das Junge folgt dem Alten, das Lernen der Erfahrung, der Gehorsam der Gewalt – und sei dies nur eine erzieherische Gewalt. Es bedarf deshalb wohl eines langen Atems, aber auch des Mutes, »wider den Stachel zu löcken«. Der vorherrschende pädagogische Zeitgeist verharrt nämlich in einem *didaktischen Konduktionismus* und verdrängt weitgehend die neueren Bestätigungen, die die Hirnforschung zu den grundlegenden Thesen systemisch-konstruktivistischer Erklärungsansätze liefert. Nicht selten wird gegen die Vertreter einer systemisch-konstruktivistischen Didaktik polemisiert statt argumentiert (vgl. Pongratz 2005). In dem Maße, in welchem der *didaktische Konduktionismus* an vermittlungstheoretischen Konzepten festhält (Motto: »*Kompetenzen können vermittelt werden!*«), stärkt er auch die erkenntnistheoretisch überkommene Position, dass Wirklichkeit im Bewusstsein abbildbar und repräsentierbar sei (Motto: »*Es gibt eine Wirklichkeit außerhalb, die wir erkennen und abbilden können!*«). Beide Mottos stehen für starke didaktische Traditionen, die sich tief in den Sichtweisen von Lehrerinnen und Lehrern, aber auch in den Bildungsverwaltungen eingewurzelt haben. Didaktik geht mit diesen Sichtweisen aber eines wirklich vertretbaren Lernbegriffs verlustig und versteht sich im Kern als eine *Unterrichtstechnologie*. Und als solche strickt sie an dem Mythos mit, Bildungserfolge seien machbar, etwa indem man Bildungsstandards erlässt und Evaluierungskommissionen durch die Lande schickt. Nicht, dass ich falsch verstanden werde: Ich habe nichts gegen Bildungsstandards – diese können sinnvolle bildungspolitische Impulse sein –, ich habe nur etwas gegen das Maschinenmodell von Bildung, Erziehung und Unterricht, und ich habe etwas dagegen, dass man die Menschen für dumm verkauft und glaubt, ihnen die Einsichten in die

Funktionsweisen unseres Denkens, Fühlens und Handelns vorenthalten oder durch Schlichtmodelle ersetzen zu können.

Im Rahmen einer Bildungssystemberatung in einem mittelamerikanischen Land hatte ich Gelegenheit, mit zahlreichen Vorreitern der Lehrerbildung in diesem Land zu sprechen. Wie unter der Lupe zeigt sich in solchen Ländern die Janusköpfigkeit neoliberaler Steuerungsansätze im Bildungsbereich. Diese werden als Qualitätssicherungssysteme, Bildungsstandardentwicklung o. Ä. in diese Länder hineingetragen, doch können sie kaum ihre volle Wirkung entfalten, da die Betroffenen (Lehrer, Kinder, Eltern) nicht in diese Konstruktion von Bildungswirklichkeit einbezogen wurden. Viele dieser Neuerungen verängstigen, lösen Frustrationen und Distanzierungen aus und verlaufen im Sande. Man versäumt immer und immer wieder, der Tatsache Rechnung zu tragen, dass Akteure nach ihrer eigenen erfahrungsbasierten Logik und ihren eigenen Routinen und Interessenlagen wahrnehmen, entscheiden und handeln. Solche Versäumnisse können nur Menschen unterlaufen, die den oben genannten Mottos eines naiven Realismus bzw. eines didaktischen Konduktionismus verbunden sind. Dieser didaktische Konduktionismus ist letztlich eine Unterrichtstechnologie, die Machbarkeit und Erfolg verspricht, ohne überhaupt die erfolgssichernden Faktoren irgendwie beeinflussen zu können.

In den folgenden Kapiteln wird der Wirkungsunsicherheit pädagogischen Handelns aus einer systemisch-konstruktivistischen Perspektive nachgespürt. Dabei entsteht in Umrissen das Bild einer anderen Pädagogik. Diese Pädagogik löst sich von dem Professionalitätsideal des Ingenieurhandelns und versucht, der Tatsache Rechnung zu tragen, dass pädagogisches Handeln stets ein soziales Handeln ist. Als solches hat es mit den sinnhaften Konstruktionen von Wirklichkeit zu tun, die das Handeln der Akteure motivieren, begründen und leiten. Lernen und Entwicklung können deshalb – so die Grundthese einer systemisch-konstruktivistischen Pädagogik – nur gelingen, wenn die angesprochenen Akteure sich selbst auf den Weg machen, ihre bisherigen Erfahrungen weiterzuentwickeln.

Es ist noch kein Mensch zur Selbstständigkeit »geführt« worden. Ebenso wenig ist es bislang wirklich gelungen, Bildungssysteme in einer anderen Weise als unter Einbeziehung der beteiligten Akteure sowie durch Anknüpfen an die vorfindbaren Bedingungen nachhaltig zu entwickeln.

Damit solche Entwicklungen »hilfreich« begleitet und unterstützt werden können, bedarf es einer Professionalität der Selbstreflexivität und der Vielfalt. Pädagoginnen und Pädagogen müssen lernen, ihr Handeln in ihrer Schulklasse, in konkreten Konflikt- oder Kooperationssituationen sowie in ihrem Lehrerkollegium gewissermaßen aus einer übergeordneten Beobachterperspektive heraus – neu – wahrzunehmen. Dabei müssen sie lernen, auf die systemische Logik der ihnen begegnenden Deutungsmuster und Verhaltensweisen zu schauen, und aufhören, »richtige« Urteile fällen zu wollen. Während wir in unmittelbarer Einbindung in einen systemischen Kontext an unseren Statements und Handlungen festhalten, können wir es uns in einer professionellen Distanz (z. B. im Rahmen einer Supervision) leisten, unser eigenes routinemäßiges So-und-nicht-anders-Sein anders und neu zu sehen. Und aus diesem Anderssehen entsteht mehr und mehr eine Flexibilität des zweiten Blicks, die uns hilft, Veränderungsmöglichkeiten, die wir bislang übersehen oder (kategorisch) ausgeschlossen haben, auszuprobieren. Auf diesem Weg kann selbstreflexive Professionalität die Veränderungs- und Lernfähigkeit von Einzelnen, Teams und Organisationen deutlich erhöhen. Organisationslernen lebt von dem Beobachtungslernen, welches ein Selbstbeobachtungslernen der beteiligten Akteure ist: Erst, wenn wir es uns leisten können, auch anders zu sein und in anderer Weise zu reagieren, sind wir auch in der Lage, die Kooperation mit unseren Schülern oder Studenten neu zu gestalten und dadurch die Organisation zu verändern.

Während ich an diesem Text schrieb, hatte ich im Rahmen eines Projektes eine Zusammenkunft mit Lehrerinnen und Lehrern, bei welcher von einigen mehr »Führung« und mehr »Professionalität« seitens der Universität in der Kooperation eingefordert wurde. Auf die Nachfrage, was denn darunter verstanden werde, kam die Klage, dass man klare Vorgaben vermisse und auch verstärkt Lösungsstrategien für die Bewältigung der eigenen Probleme vor Ort erwarte. Es entstand eine Diskussion über das Thema Professionalität, in deren Verlauf ich versuchte darauf hinzuweisen, dass gerade die Rücknahme der Steuerung und das Offensein für die Fragen der Teilnehmenden als Kriterium der Professionalität verstanden werden könne, da hierbei die Teilnehmenden lernten, das zu gestalten, was von ihnen auch vor Ort erwartet werde, wenn sie ihre Organisationen gestalten und Innovationsvorhaben unter erschwerten Bedingungen realisieren wollten. Nach einigen Debatten gelang es, für diese notwendige Offenheit eines systemischen Procedere Verständnis zu entwickeln, und es entstand zudem eine Debatte um die Frage, woran man unter systemisch-konstruktivistischem Gesichtspunkt erkennen könne, dass die eigene Arbeit auch tatsächlich als erfolgreich eingestuft werden könne.

1. Erziehung als wirkungsunsicheres systemisches Handeln

Erziehungsfragen sind Jedermannsfragen. Jeder kennt sich mit dem, worum es geht, aus, jeder hat seine eigenen Erziehungserfahrungen und ist – zumeist unaufgefordert – in der Lage, Erziehungsratschläge zu geben. Diese Ratschläge entstammen zumeist einer vertrauten Sicht der Dinge, welche man niemandem verübeln sollte. Grundlegend sind für sie zumeist das Grenz- und Entschiedenheits- sowie das Abschreckungsthema, welches man vor dem Hintergrund der eigenen Erduldungen bzw. im Kontext der eigenen Erziehungstätigkeiten immer wieder in derselben Weise zu konstellieren geneigt ist. Aus diesem Grunde sind traditionale Erziehungsstile auch so unglaublich »zählebig«, da wir nämlich nur schwer infrage stellen können und wollen, was uns zu dem gemacht hat, was wir geworden sind. Doch kennen wir die Langzeitwirkungen von Gewalt und Demütigung für den Reifungsprozess selbstbestimmter Individuen?

In seinem *Brief an den Vater* schreibt Franz Kafka (vgl. 1999, S. 9) im Alter von 36 Jahren:

> »Direkt erinnere ich mich nur an einen Vorfall aus den ersten Jahren. Du erinnerst Dich vielleicht auch daran. Ich winselte einmal in der Nacht immerfort um Wasser, gewiss nicht aus Durst, sondern wahrscheinlich teils um zu ärgern, teils um mich zu unterhalten. Nachdem einige starke Drohungen nicht geholfen hatten, nahmst Du mich aus dem Bett, trugst mich auf die Pawlatsche[2] und ließest mich dort allein vor der geschlossenen Tür ein Weilchen im Hemd stehen. Ich will nicht sagen, dass das unrichtig war, vielleicht war damals die Nachtruhe auf eine andere Weise wirklich nicht zu verschaffen, ich will damit Deine Erziehungsmittel und ihre Wirkungen auf mich charakterisieren. Ich war damals nachher wohl schon folgsam, aber ich hatte einen inneren Schaden davon. Das für mich Selbstverständliche des sinnlosen Um-Wasser-Bittens und das außerordentlich Schreckliche des Hinausgetragenwerdens konnte ich meiner Natur nach niemals in die richtige Verbindung bringen. Noch nach Jahren litt ich unter der quälenden Vorstellung, dass der riesige Mann, mein Vater, die letzte Instanz, fast ohne Grund kommen und mich mitten in der Nacht aus dem Bett auf die

---

2 Österr.: offener Gang an der Hofseite eines Hauses oder Brettervorschlag entlang einem Haus.

Pawlatsche tragen konnte und dass ich also ein solches Nichts für ihn war.

Das war damals ein kleiner Anfang nur, aber dieses mich oft beherrschende Gefühl der Nichtigkeit stammt vielfach von Deinem Einfluss. Ich hätte ein wenig Aufmunterung, ein wenig Freundlichkeit, ein wenig Offenhalten meines Weges gebraucht, stattdessen verstelltest Du mir ihn, in der guten Absicht freilich, dass ich einen anderen Weg gehen sollte. Aber dazu taugte ich nicht.«

Diese autobiografische Reflexion zeigt die Spuren, welche Erziehung hinterlassen kann. Sie kann in ihrer Wirkung nicht begrenzt werden, anscheinend unwichtige Maßnahmen können ein ganzes Leben einspuren. Noch Jahre später bewegt den 36-Jährigen diese Schlüsselsituation, in welcher sich ihm das Gefühl unbegrenzten Ausgeliefertseins gegenüber einer unhinterfragbaren Autorität eingebrannt hat, und er artikuliert dies immer noch spürbar mit geneigtem Haupt. Es ist ein überstarkes Gefälle, welches Kafka hier beschreibt (ebd., S. 8):

»Jedenfalls waren wir so verschieden und in dieser Verschiedenheit einander so gefährlich, dass, wenn man es hätte etwa im Voraus ausrechnen wollen, wie ich, das langsam sich entwickelnde Kind, und Du, der fertige Mann, sich zueinander verhalten werden, man hätte annehmen können, dass Du mich einfach niederstampfen wirst, dass nichts von mir übrig bleibt.«

In diesen Beschreibungen begegnet uns ein erstes grundlegendes Element von Erziehung, nämlich das *Machtgefälle*, welches die Gewalt – wir sprechen von Erziehungsgewalt! – eindeutig regelt. Das Schwächere muss dem Stärkeren folgen, wobei dieses Stärkere sich kaum legitimieren muss. Hier setzt sich ein altes anthropologisches Muster durch, welches vielfach als »Erziehungsbedürftigkeit« des nachwachsenden Gesellschaftsmitgliedes beschrieben wird: Der Mensch – so diese These – ist zu Beginn seiner Entwicklung »unfertig«, er bedarf des Vorbildes, der steuernden Hand sowie des Erfahrungsvorsprunges der Älteren – bzw. der Eltern! –, um sich auf seine Rolle im Fortgang des zivilisatorischen Prozesses vorzubereiten und zum Menschen zu reifen. Für Freerk Huisken handelt es sich bei dieser Auffassung um eine der *Grundlügen der Pädagogik*, welche bestimmte Sichtweisen, Ableitungen und Lesarten entwickelt hat, um sich selbst fortschreiben zu können:

»Denn mit der Theorie vom ›Mängelwesen Mensch‹ bestätigt sich die Erziehungswissenschaft nur ihren menschheitsbeglückenden Erziehungsauftrag durch scheinbar unwiderlegbare Naturbestimmungen noch einmal selbst. Überflüssig ist dies nicht. Gewonnen ist für sie, dass ihre eigene *Zwecksetzung* jetzt als Natur*notwendigkeit* daherkommt. Das steht so bombenfest wie jede andere Naturtatsache. Und jeder Gedanke daran, dass vielleicht doch nur der Erzieher sein Erziehungsinteresse dem Kind als dessen Verlangen *unterjubeln* möchte, verbietet sich. Zwar unterscheidet sich dieser Befund in nichts von der jedermann geläufigen und durchschaubaren Heuchelei, mit der eine auf wenig Gegenliebe stoßende Erziehungsmaßnahme als Dienst am Zögling ausgegeben wird; doch kaum kleidet sie sich in ein wissenschaftliches Gewand, da soll dieselbe Heuchelei als naturwissenschaftlich belegte Wahrheit durchgehen« (Huisken 1991, S. 23; Hervorh. im Orig.).

Es gibt demnach zunächst zur Erziehung durchaus Kritisches anzumerken. Zu erwähnen ist der Befund, dass die anthropologische These von der »Erziehungsbedürftigkeit des Menschen« eine Lesart pflegt, die letztlich das Fortbestehen der wissenschaftlichen Disziplin »Pädagogik« legitimiert und garantiert. Noch ein weiterer Gedanke ist kritisch, nämlich die Frage nach den gewollten und ungewollten Neben- oder Fernwirkungen von Erziehungsmaßnahmen.

Die doppelte Wirkungsunsicherheit von Erziehung

Zwar lässt sich über ihre Wirkungen bzw. die Wirksamkeit nur vergleichsweise wenig Exaktes feststellen, doch kann man nicht an dem Sachverhalt vorbei, dass Erziehungsmaßnahmen, zu denen Erziehungspersonen aus Überlegung oder aus Gedankenlosigkeit greifen, oft andere als die beabsichtigte Wirkung entfalten, darunter auch solche, mit denen die Beteiligten in der Situation selbst nicht rechnen (können). Der Systemtheoretiker Helmut Willke schreibt (2005, S. 7):

»Interventionen in komplexe Systeme (wie vor allem Menschen und Sozialsysteme) sind möglich, aber ihr Erfolg ist unwahrscheinlich. Wahrscheinlicher ist, dass der intervenierende Akteur [...] wenig, nichts oder gar das Gegenteil des Intendierten erreicht.«

Die Folgen von Erziehung sind deshalb zumeist unwillkürlich, in ihrer Absicht ist Erziehung häufig auch willkürlich. Verena Kast, die

Züricher Psychologin und Therapeutin, erkennt in den Willkürerfahrungen, die Kafka schildert, die Quelle für den »ursprünglich negativen Vaterkomplex des Mannes«. Sie schreibt (1994, S. 228 f.):

> »Es ist ein wesentlicher Aspekt des negativen Vaterkomplexes des Sohnes, dass die Gesetze des Vaters gelten, und wenn diese gelten, dann gelten die Gesetze des Sohnes eben nicht. Wenn der Sohn nicht dagegen rebellieren kann – und tut er das, dann verliert er den Segen des Vaters –, dann verfällt er im Extrem in Gefühle der Nichtigkeit. Dieses immer wieder Bestraft-Werden muss mit einer Schuld verbunden sein, von der das Opfer nichts weiß und die deshalb um so quälender und überall zu vermuten ist: Daraus resultiert der vergebliche Versuch, der in seiner Vergeblichkeit aber auch wieder nicht eingesehen wird, es den ›letzten Instanzen‹ recht machen zu wollen, man wird manipulierbar. Gelingt es den ›letzten Instanzen‹ – und diese strafende ›letzte Instanz‹ kann sehr leicht auf verschiedene Autoritätsfiguren übertragen werden –, den Sohn auszustoßen, dann fühlt er sich vernichtet, beschämt.«

Und solche frühen Einspurungen wirken fort. Sie stellen Grundrichtungen unserer Identität bereit – mit der Folge, dass uns im späteren Leben stets ähnliche Autoritätsanmaßungen begegnen bzw. wir uns diese emotional stets neu rekonstellieren (vgl. Arnold 2005b). Denn das, was uns vertraut ist, ist das, was wir kennen. Und so vermag uns sogar die schlechteste Erfahrung zumindest mit dem Gefühl der Erwartungssicherheit auszustatten, selbst wenn wir dann stets Bedrohung, Demütigung und Schwächung erwarten – auch in solchen Situationen, die dies gar nicht »vorsehen«.

Erziehung wirkt, aber man kann sie nicht bewirken – so könnte man diese unwillkürlichen (ungewollten?) Langzeitwirkungen erduldeter Autoritätserfahrungen zusammenfassen. Ratschläge lassen sich hieraus kaum ableiten, es sei denn der, dass der soziale Kontext, in dem Menschen heranwachsen, für sie die grundlegenden Formen des Sich-in-der-Welt-Fühlens bereithält. Aus diesem Grunde müssen Eltern, Lehrer und andere Erziehungspersonen wissen, dass sie nicht *nicht* erziehen können. Erziehung findet durch Weltbegegnung in Kontexten statt. Und je nachdem, ob ich die Welt als unterstützend oder beengend kennen lerne, werde ich später dazu neigen, diese Grunderfahrung fortzusetzen, und mich entsprechend stark oder geschwächt durch die stets neuen Anforderungs- und Beziehungskontexte meines Lebens bewegen. Aus diesem Grunde ist die Gestaltung unterstützender Kontexte die wohl wichtigste Aufgabe von Erziehung. Doch bereits an dieser Aufgabe scheitern zahlreiche Eltern und Pädagogen deshalb, weil sie selbst solche unterstützenden Erfahrungen kaum haben sammeln können. Aus diesem Grunde wölben sich die Formen »Schwarzer Pädagogik« durch die Generationen und halten das Märchen von dem zu brechenden Kinderwillen am Leben. Die wesentlichen Elemente dieser »Schwarzen Pädagogik« sind Abspaltung und Projektion, wie es Alice Miller ausdrückt (1980, S. 100):

> »Die Erziehung zur sinnlosen Härte macht es notwendig, dass alles Schwache (d. h. auch Emotionalität, Tränen, Mitleid, Einfühlung in sich und andere, Gefühle von Ohnmacht, Angst und Verzweiflung) ›gnadenlos‹ im Selbst niedergekämpft werden muss.«

Es spricht viel dafür, dass wir Erziehung nur dann werden identitätsförderlicher gestalten können, wenn wir die in der Seele des Erziehers wirksamen Abspaltungen und Projektionen in den Blick nehmen. Denn einzelne Erziehungsmaßnahmen entspringen der inneren Logik des Erziehenden. Welchen Wert er auf emotionalen Ausdruck und Selbstwirksamkeitserleben zu legen vermag, ist davon abhängig, ob und inwieweit er diese Qualitäten selbst in seiner Seele hat entwickeln können. Sein erzieherisches Handeln ist zumeist mehr Ausdruck des Eigenen als Appell an das Andere oder gar wirksamer Impuls für das Andere. Indem es uns nicht gelingt, diese eigenen Kindheitsprägungen des Erziehenden mit zu berücksichtigen, wird Erziehung weiterhin auch das bleiben, was sie stets gewesen ist: die Weitergabe der seelischen Möglichkeiten von einer Generation zur nächsten – und damit zugleich eine Verlängerung der häufig suboptimalen Ausreifung der in dem jeweiligen Subjekt schlummernden Möglichkeiten des Menschseins.

Diese Sichtweise bezüglich des Erziehungsthemas habe ich nicht von Anfang an vertreten. Erst allmählich wurde mir bewusst, dass das erziehungswissenschaftliche Denken dazu neigt, die Intentionen der »zuständigen« Akteure grundsätzlich zu überschätzen. Eine solche Sicht ist systemtheoretisch hoch fragwürdig, entspringt sie doch einem Maschinenmodell des Lehrens, welches letztlich auf der Hypothese basiert, die gute Absicht sei die Erfolgsgarantie per se. Erst allmählich wurde mir klar, dass erzieherische Interventionen dazu neigen, unwirksam zu sein. Die entscheidende Frage ist deshalb auch für die Pädagogik, unter welchen Bedingungen die wohlgemeinten Interventionen der Akteure (z. B. Eltern, Lehrer) Misserfolge bewirken und unter welchen Bedingungen erfolgreiche Wirkungen erreicht werden könnten. Dabei gilt es zunächst, auch Erziehen und Unterrichten als einen »unmöglichen Beruf« (im Anschluss an Freud) zu begreifen: Solche Berufe ...

> »[...] verlangen eine Besinnung darauf, dass es jeweils um die Veränderung komplexer, operativ autonomer Systeme geht, die sich aufgrund ihrer Eigenlogik ganz grundsätzlich und mit guten Gründen einer Veränderung von außen widersetzen. Sie sind nur unter ganz besonderen Bedingungen von außen erfolgreich zu beeinflussen« (Willke 2005, S. 6).

Diese Einsicht kann die vertrauten pädagogischen Weltbilder umstürzen. Dies gilt vor allem für die allen pädagogischen Entwürfen inhärente Absicht zu vermitteln (i. S. v. übermitteln). Mit dieser Absicht verbunden ist der Sachverhalt, dass pädagogisches Denken häufig seinen Referenzpunkt de facto im Akteurssystem hat und nicht in den Zielsystemen. Diese treten als »Systeme« überhaupt nicht in den Blick, sondern erscheinen in vielfacher Hinsicht als ein erst zu strukturierender systemischer Kontext. Ganz anders setzt das systemische Denken an: Ihm geraten die Systeme in ihrer Eigenlogik in den Blick, und der Akteur ist allenfalls als ein zunächst außerhalb des Geschehens stehender Beobachter vorstellbar, der nur zu sehen vermag, was er zu sehen vermag. Dieses Sehen dient somit eigenen Zwecken und ist gegenüber den Zielen anderer Subjekte deshalb blind. Diese geraten allenfalls als rhetorische Maßgaben in den Blick, bleiben dadurch aber der Selbstorganisation oder gar Selbstbestimmung der Subjekte äußerlich. Dies ist auch gut so, da eine Selbstbestimmung, die sich nach Vorgaben richtet, keine ist. Wenn es zutrifft, dass Subjekte zunächst und vor allem nicht anders können, als ihrer eigenen Erfahrung zu folgen, dann heißt das auch, dass Selbstbestimmung nur in der eigensinnigen Logik der individuellen Selbstorganisation gedacht und auch entwickelt werden kann. Eine systemische Pädagogik müsste deshalb überall dort, wo sie »Nachfolge« spürt, Irritationen und Hinterfragungen verbreiten, und überall dort, wo sie Orientierungslosigkeit spürt, eine Linie aufzeigen, die das Vertrauen in die eigenen Kräfte wachsen lässt. Es gilt: Man kann zwar nicht in Orientierungssysteme intervenieren und ein Sich-so-und-nicht-anders-Verhalten herstellen, man kann aber Austauschsituationen *ermöglichen* und Anschlussfähigkeit zulassen und Unterwerfungsbereitschaften pädagogisch wirkungsvoll »enttäuschen«.

Erziehung ist doppelt wirkungsunsicher: Zum einen konterkarieren – wie bereits gezeigt – die langfristigen Identitätswirkungen zumeist das, was Erziehungsmaßnahmen vorgeben, erreichen zu wollen. Zum anderen ist durchaus offen, welche Erfahrungen, denen das Subjekt unterworfen wird, denn nun erzieherischer Art sind und welche nicht. Mit dieser Frage hat sich Jürgen Oelkers auseinandergesetzt (2001, S. 30):

> »Erziehung ist ›intercourse‹, Umgang an vielen Orten und Plätzen oder gemeinsamer Aufbau und Austausch von Erfahrung, die sich nur künstlich, nämlich pädagogisch, begrenzen lässt. Was den Umgang regelt, sind nicht nur Medien, Geschäfte und soziale Institutionen, sondern auch die politische Organisation der Gesellschaft, also die Beziehungen der Klassen, die Verteilung des Reichtums, das Familienleben und so weiter. [...]
> Deweys berühmte Gleichung – Erziehung ist Erfahrung, Erfahrung ist Erziehung – bringt die Theorie durcheinander. Sie kann dann nicht mehr zwischen ›pädagogischen‹ und ›unpädagogischen‹ Erfahrungen unterscheiden und auch nicht ihre Ziele an die pädagogischen, also die zulässigen Erfahrungen binden. Drogenkonsum, ein starker Einfluss auf Gefühle und Vorstellungen, müsste ›Erziehung‹ genannt werden, die ›Bild‹-Schlagzeile wäre ein pädagogischer Beitrag, Pornografie würde erziehen, politische Gewalt könnte vorbildlich genannt werden. Wenn alles ›erzieht‹, kann nichts ausgeschlossen werden, weil die Theorie nicht vorhersagt, was besser und was schlechter geeignet ist. Die Wirkungsrisiken wären dem Ereignis überlassen, das je individuell wahrgenommen wird.«

Diese erfahrungsbezogene Sicht von Erziehung scheint tatsächlich in eine universalistische Entscheidungslosigkeit zu führen (»*Wenn alles erzieht, kann nichts ausgeschlossen werden!*«), welche durch die doppelte Wirkungsunsicherheit von Erziehung jedoch nicht zwangsläufig gegeben ist. Zwar lassen sich keine linearen Ursache-Wirkungs-Kausalitäten nachzeichnen, und im Einzelfall können Wirkungszusammenhänge sich sehr unterschiedlich darstellen, doch lassen sich diese beschreiben und pragmatisch zusammenstellen. Dadurch erschließen sich Handlungsoptionen, die der Erziehungsperson eine Fülle von Möglichkeiten offenbaren, welche reichhaltiger ist als ihre »Bauchpädagogik«, in welcher sich – wie bereits erwähnt – allerlei eigene Erziehungserfahrungen abgelagert haben und einer abspaltend-projektiven Rekonstellierung harren. Damit man aus diesem verheerenden

Rekonstellierungszyklus aussteigen kann, bedarf es einer Orientierung durch Theorie. Und diese ist möglich. Zwar kann Theorie nicht allgemein verbindlich sagen,»was besser und schlechter geeignet ist«, doch kann sie Wirkungsszenarien beschreiben, die Komplexität der im Einzelfall potenziell wirksamen Faktoren ausloten und dadurch ein *Differenzierungswissen* zu Erziehungsproblemen anbahnen. Dieses Differenzierungswissen ermöglicht einen Ausstieg aus der »Bauchpädagogik« und vermag erzieherische Fantasie und Vielfalt anzuregen. Gefragt ist schließlich ja auch nicht der Erziehungsingenieur, welcher *die Kunst, Kinder zu kneten* (Palla 1997), perfekt beherrscht, sondern der Professional, der nicht nach Zuschreibungen sucht, sondern Vielfalt und Entwicklungsoptionen zu offerieren vermag.

Doppelte Wirkungsunsicherheit der Erziehung	Beispiel
Langfristunsicherheit Erziehungsmaßnahmen können (müssen aber nicht) zu langfristigen Identitätsfestlegungen führen.	ursprünglich negative Autoritätsfixierung (Verkümmerung von Selbstbewusstsein und Selbstwirksamkeit)
Faktorenunsicherheit Wer oder was erzieht? (»Wenn alles erzieht, kann nichts mehr unterschieden werden.«)	Zuschreibungsproblem und die Ungesichertheit gezielter Erziehung

Tab. 1: Die doppelte Wirkungsunsicherheit der Erziehung

Die doppelte Wirkungsunsicherheit der Erziehung stellt jedoch nicht nur ein Problem, sondern auch eine Chance für Wandel und Veränderung dar. Wir können Erziehungserfolg nicht garantieren, da wir die Erfahrungen eines Heranwachsenden nicht steuern können, wir können sie lediglich erweitern und bis zu einem gewissen Grad dafür sorgen, dass bestimmte Erfahrungen gesammelt oder nachgeholt werden können. Erziehung geschieht zwar durch gesellschaftlichen Umgang (in der Familie sowie in Lebenswelt und Gesellschaft), doch kann dieser sehr unterschiedliche Optionen für die individuelle Entwicklung anbieten. In starren und durch Gewaltsamkeit und Rigidität geprägten Kontexten findet das nach Entfaltung strebende Selbst des Einzelnen weniger Orientierung, Ermutigung und Unterstützung als in den vielfältigen kulturellen Erfahrungsräumen einer offenen Gesellschaft. So konstituiert das Gesellschaftliche die möglichen Erziehungswirkungen. Es gilt aber auch das Umgekehrte. Die gesellschaftliche Entwicklung lebt von dem Selbstvertrauen, dem Mut sowie der

Solidarität und Entschlossenheit, die die Menschen entwickeln konnten. Diese Wechselwirkungen nötigen uns zu einem *systemischen Blick* auf das Geschehen. Ein solcher Blick geht zum einen von der Interdependenz zahlreicher Faktoren aus, welche man in ihrer potenziellen Wirkkraft beschreiben, durch Planung optimaler Erziehungsmaßnahmen aber kaum erfolgssichernd kontrollieren kann; hier zeichnet sich ein anderer Modus des Intervenierens (»Dazwischengehens«) ab, welcher eher als »Withinness« (»Mittendrinnensein«) charakterisiert werden kann. Zum anderen stellt der systemische Blick stets in Rechnung, dass Erzieherinnen und Erzieher nicht aus expertenschaftlicher Nüchternheit heraus das Geschehen beobachten: Sie blicken auf die Erziehungssituationen vielmehr durch die Brille ihrer eigenen Erfahrungen mit Erzogenwerden und Erziehung, weshalb Erziehungshandeln immer auch ein Anschlusshandeln ist, welches sowohl Anschluss an die Erziehungserfahrungen der Schülerinnen und Schüler als auch an die Erziehungsroutinen der Erzieherinnen und Erzieher finden muss.

Systemische Erziehung sollte sich angesichts der angedeuteten Wirkungszusammenhänge situativ und selbstreflexiv (statt interventionistisch-linear) orientieren. Hierzu ist es hilfreich, folgende Maximen einer ersten Annäherung an das Erziehungshandeln zugrunde zu legen. Diese Maximen sind keine »Rezeptologie«, da die Wirkungsversprechungen, welche einer solchen innewohnen, an der Komplexität der Wirklichkeit scheitern müssten. Es geht vielmehr um Aufordnung und Strukturierung des Feldes im Habitus einer Annäherung an das Systemische, welches »Beobachtung«, »Reflexivität« und »Situativität« großschreibt. Demgegenüber könnte ...

> »[...] kein Ratgeber auf Erziehungsoptimismus verzichten, keine öffentliche Diskussion auf pädagogische Aspirationen, keine Bildungspolitik auf starke Wirkungshypothesen, die sich wie selbstverständlich mit moralischen Ansprüchen verbinden, ohne durch Analysen gestört zu werden. [...] Offenbar kann pädagogisch alles fraglich werden und zugleich das Erziehungsleben seinen gewohnten Gang gehen« (Oelkers 1995, S. IIX).

Die Wirkungsunsicherheit legt keine erzieherische »Anything-goes«-Haltung nahe, es kommt vielmehr darauf an, der Besonderheit des Pädagogischen in der Theoriearbeit selbst Rechnung zu tragen. Diese

Besonderheit ist darin zu sehen, dass es einen »Versprechungszusammenhang« der Erziehung (Bereich unbewiesener Wirkungshypothesen), einen »Beobachtungszusammenhang« (Bereich der Auswertung und Typologisierung dessen, was »wirkt« oder »nicht wirkt«) und einen »Handlungszusammenhang« (Bereich der eigenen Erziehungsverantwortung) gibt, die vielfach noch nicht adäquat aufeinander bezogen werden. So erwartet die Praxis (»Handlungszusammenhang«) orientierende Vorgaben durch die Forschung (»Beobachtungszusammenhang«), mit deren Hilfe sie das einzulösen vermag, was von anderer Seite versprochen oder erwartet wird – ein Zusammenhang, der im systemischen Kontext des Erzieherischen nicht bruchlos herstellbar ist.

Doppelte Wirkungsunsicherheit der Erziehung	Grundmaximen der Erziehung
Erziehungsmaßnahmen können (müssen aber nicht) zu langfristigen Identitätsfestlegungen führen.	1 Man kann nicht *nicht* erziehen! 2 Notwendig ist die Konzentration auf die Schaffung hilfreicher und unterstützender Kontexte! 3 Erziehung braucht Hingabezeit! 4 Erziehung muss Grenzen setzen, aber auch Grenzen respektieren! 5 Erziehung macht »Fehler«!
Wer oder was erzieht? (»Wenn alles erzieht, kann nichts mehr unterschieden werden.«)	6 Erzieher und Erzieherinnen verfügen zunächst auch nur über ihr »Erziehungsschicksal«! 7 Erziehung braucht Vielfalt (»Es könnte auch ganz anders sein« statt »Mehr desselben«)! 8 Die nachhaltige Befolgung von Erziehungszielen kann man nicht »erzwingen«! 9 Weniger ist oft mehr! 10 Erziehung hat es nicht mit »Maschinen« zu tun!

Tab. 2: Grundmaximen der Erziehung

Diese Grundmaximen der Erziehung markieren den Raum, in welchem wir stets erzieherisch eingebunden interagieren. »Was kann ich bloß tun?«, fragte mich unlängst ein Freund, nachdem er mir die zunehmend beängstigende Situation, in welcher sich sein 16 Jahre alter Sohn befand, ausführlich geschildert hatte. »Eigentlich« – so sein zusammenfassendes Urteil – »mag ich meinen Sohn gar nicht mehr. Er ist ein richtiges ›Weichei‹ geworden! Er klaut, treibt sich mit zweifelhaften Freunden herum und kriegt einfach nichts ›auf die Reihe‹. Er hat weder einen Schulabschluss noch einen Ausbildungsplatz. Das ist überhaupt nicht ›mein Sohn‹.« Eine systemisch-konstruktivistische Annäherung an das hier skizzierte Problem beginnt nicht – so versuchte ich dem enttäuschten Vater zu erklären – mit der Frage: »Was kann ich bloß tun?«, sondern mit einem Zulassen der Frage: »Was ›tue‹ ich bereits, und inwiefern bin ich mit diesem Tun am Fortdauern der unbefriedigenden Situation beteiligt?« – getreu der ersten Grundmaxime »Man kann nicht *nicht* erziehen!« Eine solche Frage nimmt die Systemik der Situation in den Blick und beginnt nicht mit einer Be- oder Verurteilung. Es geht darum zu verstehen, welchen – zumeist verborgenen – Sinn die Akteure ihrem Verhalten zugrunde legen und sich dadurch häufig auch die Situationen im Außen schaffen, bei denen sie dann ihre vertrauten Denk- und Fühlmuster aktivieren können. Dabei gerät zunächst nicht nur das als »problematisch« klassifizierte Verhalten des Sohnes in den Blick, sondern auch die eigene Reaktion auf ein solches Verhalten: »Warum reagiere ich so grundsätzlich, überwertig und rigide auf Schwäche und Versagen?«, ist die Frage, die zunächst einmal den Verurteilungsblick aufzuweichen und die Aufmerksamkeit auf die Eigentümlichkeiten der eigenen Beobachtungs- und Verhaltensweisen zu lenken vermag. Bereits dieser Schritt brachte vieles zutage, das überhaupt nichts mit der konkreten Erziehungsfrage zu tun zu haben schien.

Meinem Gesprächspartner wurde deutlich, weshalb er grundsätzlich bei Schwäche und Versagen rigide reagiert, und er lieferte selbst biografisches Erfahrungsmaterial, welches half nachzuvollziehen, dass es eine erdrückende Angst vor Schwäche und Versagen in ihm selbst gab, die seinen Blick trübte und die Reaktion auf das Verhalten seines Sohnes bestimmte. Es kann in diesem Zusammenhang bloß angedeutet werden, dass diese erdrückende Angst wohl auch die seines Vaters war, der in den letzten Kriegsmonaten als 16-jähriger Elitesoldat mutig in hochbedrohliche Einsätze gehen musste, ohne dass Zögern, Furcht oder Ausweichen geduldet wurden. Die Systemiken, die sich in Erziehungssituationen rekonstellieren, sind stets auch diachroner Art; in ihnen treten die Erfahrungen der Menschen mit strukturähnlichen Lagen zutage, was in dem vorliegenden Fall bedeutet: Angst und Schwäche müssen unterdrückt und geleugnet werden, wer sie zeigt, gehört nicht dazu. Erst nachdem diese biografische Systemik reflektiert worden war, war es auch möglich, sich der Frage zu nähern, inwieweit diese abwertende Reaktion gegenüber dem eigenen Sohn nicht vielleicht mit ursächlich für das beklagte Phänomen sein könnte. Gleichzeitig konnten in dem Beratungsgespräch auch die Grundmaximen 3, 6 und vor allem 2 (vgl. Tab. 2) einbezogen werden, da nun verstanden werden konnte, dass das problematische Verhalten des Sohnes auch als eine Art »Hilferuf« nach dem unterstützenden Vater aufgefasst werden konnte.

Eine systemisch-konstruktivistische Betrachtung eines Erziehungsproblems führt stets über die Alltagsgewissheiten hinaus. Indem die in einer Situation mitschwingenden Systemiken angesprochen, aufgedeckt und reflektiert werden, ergeben sich Möglichkeiten zur Veränderung der bisherigen Deutung der Situation. Und mit der Veränderung der Deutungen ergeben sich auch für alle beteiligten Akteure *Möglichkeit[en] des Andersseins*, wie Paul Watzlawick immer wieder betonte (hier 1991, S. 91):

> »Wir haben es nie mit der Wirklichkeit schlechthin zu tun, sondern immer nur mit Bildern der Wirklichkeit, also mit Deutungen. Die Zahl der jeweils möglichen Deutungen ist groß, subjektiv aber durch das Weltbild des Betreffenden meist nur auf eine einzige scheinbar mögliche, vernünftige und erlaubte begrenzt. Aufgrund dieser einen Deutung gibt es meist auch nur eine scheinbar mögliche, vernünftige oder erlaubte Lösung, und wenn diese Lösung nicht zum Ziele führt, versucht man typischerweise mehr desselben. Hier nun setzt die Umdeutung an und ist dann erfolgreich, wenn es ihr gelingt, einem bestimmten Sachverhalt einen neuen, ebenso zutreffenden oder sogar noch überzeugenderen Sinn zu verleihen, als der Patient selbst ihm bisher gab. Dass dieser Sinn in sein Weltbild passen und dass er ihm in der ›Sprache‹ seines Weltbildes gegeben werden muss, versteht sich von selbst [...].«

Durch die Aufdeckung des der eigenen Beobachtung zugrunde liegenden Rigiditätsmusters gelang es in dem berichteten Erziehungsgespräch, dem Bekannten eine weitere Perspektive hinzuzufügen. Die als problematisch empfundene Situation wurde dadurch in ihrer (unvermeidlichen) Konstruktivität deutlich und konnte nach den Spuren einer Kontaminierung durch das Eigene erneut analysiert werden. Erst dadurch wurde der Blick frei(er) auf die Systemiken, in denen das Gegenüber verstrickt ist, und es konnten »erzieherische Maßnahmen« besprochen werden, die weniger Ausdruck des eigenen Erziehungsschicksals als vielmehr hilfsbereite Unterstützungen nach Maßgabe der autopoietischen Logik des Gegenübers darstellten. Somit basiert auch Erziehung auf der grundlegenden Fähigkeit des Verstehens – ein Gedanke, der der pädagogischen Tradition durchaus vertraut ist und den Niklas Luhmann (2004, S. 48) systemtheoretisch mit den Worten reformuliert: »Verstehen ist das Verstehen der Handhabung von Selbstreferenz.« Erziehungswissenschaft ist deshalb notwendig auf systemtheoretische Klärungen angewiesen, wenn sie den professionellen Umgang mit autopoietischer Geschlossenheit anleiten möchte.

Erziehung als moralische Kommunikation

Die doppelte Wirkungsunsicherheit (Langzeitunsicherheit, Faktoren-unsicherheit) der Erziehung hat schon stets die erziehungstheoretische Debatte irritiert und auch vielfache Kontroversen ausgelöst. Diese Debatten sind von Jürgen Oelkers in dem *Historischen Wörterbuch der Pädagogik* (2004) dargestellt worden. Dabei gelangt Oelkers (S. 303) zu einer zusammenfassenden Definition von »Erziehung«, welche er mit den Worten beschreibt:

> »Unter ›Erziehung‹ kann allgemein die moralische Kommunikation zwischen Personen und Institutionen sowie mit und über Medien verstanden werden, soweit sie auf dauerhafte Einwirkungen abzielt und ein Gefälle voraussetzt. [...] Im Kern sind Erziehungstheorien an moralische Erwartungen angeschlossen, die Richtung und Gewicht der Theorien bestimmen.«

Damit hat Oelkers ein zentrales Motiv des Erziehungsdenkens angesprochen: die *moralische Förderung*. Dieses Motiv durchzieht die gesamte abendländische Geschichte, wobei insbesondere die christlich-antike Gnadenlehre mit ihren zeremoniellen Bräuchen und Riten, die Tugendlehren im Kontext von Renaissance und Reformation – Letztere sahen »den Text« (gemeint die Bibel) als das eigentliche Erziehungsmittel an –, die protestantischen bzw. calvinistischen Erziehungslehren (Locke, Rousseau, Pestalozzi etc.) sowie die Sittlichkeitserziehung eines Herbarts, welcher Ethik und Psychologie zu einer Zweck-Mittel-Relation verschmolz, und schließlich die totalitären Gleichschaltungskonzepte der Diktaturen des 20. Jahrhunderts zu erwähnen sind (Oelkers 2004). Auch die modernen Gesellschaften kommen ohne diese moralische Förderung nicht aus, wobei man oft eine rezeptologische Eindeutigkeit sowie Wirksamkeit erwartet, wo eine solche systemisch nicht denkbar ist. Auch im Kontext der moralischen Förderung lassen sich allenfalls Konstellationen rekonstruieren, in denen Selbststeuerung sich öffnen und moralische Orientierungen erfolgreich anschließen können, ohne dass sie dies allerdings müssen. Auch hier gilt: Wir wissen zwar, dass das sichtbar gelebte Wertkonzept der Erziehungspersonen eine wichtige Voraussetzung für eine erziehungswirksame Koppelung der Systeme darstellt, es kann aber auch alles ganz anders – und das heißt auch gegensätzlich – wirken. So können moralisch durchtränkte Milieus auch Widerstand und Abgrenzung der nachwachsenden Generation auslösen, was dazu führen kann, dass diese sich – sozusagen in einer Gesamtbewegung – auch und gerade von diesen gelebten Moralvorstellungen distanziert. So entstammen bekanntermaßen einige Terroristen der 1970er-Jahre evangelischen Pfarrershäusern, aber auch die Geschwister Scholl entstammen einem christlich orientierten Milieu – zwei Befunde, welche die Kontingenz der gerne nach Ursache- und Wirkungsbezügen aufgeordneten Komplexität dessen, was da wirkt, deutlich vor Augen führen. Vielleicht waren es ähnliche Milieusystemiken, die da moralpädagogisch wirkten, aber in unterschiedlichen gesellschaftlichen Kontexten mit unterschiedlich intensiver Problematisierung der Generationsdifferenzen durchlebt wurden.

Erziehungsdefinitionen

»Erziehung ist im Wesentlichen das Mittel, die Ausnahme zu ruinieren zugunsten der Regel« (Friedrich Nietzsche, 1844–1900).

»Gute Erziehung hat einen schrecklichen Nachteil: Sie schließt einen von vielem aus« (Oscar Wilde, 1854–1900).

»Erziehung ist Beispiel und Liebe, sonst nichts« (Friedrich Fröbel, 1782–1852).

»Die Hälfte des Lebens verbringt der Mensch damit, die falschen Vorstellungen seiner Vorfahren loszuwerden; die andere damit, seinen Kindern falsche Ansichten beizubringen« (Winston Churchill, 1874–1965).

»Eines wissen alle Eltern auf der Welt: wie die Kinder anderer Leute erzogen werden sollten« (Alice Miller, geb. 1923).

»Ich fürchte, unsere allzu sorgfältige Erziehung liefert uns Zwergobst« (Georg Christoph Lichtenberg, 1742–1799).

»Erziehung ist die organisierte Verteidigung der Erwachsenen gegen die Jugend« (Mark Twain, 1835–1910).

»Bevor ich heirate, hatte ich sechs Theorien über Kindererziehung. Jetzt habe ich sechs Kinder und keine Theorie« (John Wilmot, 1647–1680).

»Es gibt keine andere vernünftige Erziehung als Vorbild sein, wenn es nicht anders geht, ein abschreckendes« (Albert Einstein, 1879–1955).

»Bei der Erziehung muss man etwas aus dem Menschen herausbringen und nicht in ihn hinein« (Friedrich Fröbel, 1782–1852).

(Aus: *Forschung & Lehre* 4/2005: 181.)

Textkasten 1: Ausgewählte Erziehungsdefinitionen

»Erziehung ist ohne Wertorientierung nicht denkbar!« – so lautet der vordergründige Konsens all derer, die sich professionell mit Erziehung befassen. Doch markiert diese allgemeine Feststellung auch sogleich das Ende der Gemeinsamkeiten. Strittig sind nämlich in einer »offenen«, pluralistischen Gesellschaft nicht nur die Werte, strittig ist heute vielmehr auch, ob es in der postmodernen Gesellschaft überhaupt noch Werte gibt, die konsensfähig sind. Und strittig ist auch, wie man solche Werte als Orientierung in den Köpfen und Herzen heranwachsender Jugendlicher dauerhaft verankern kann.

Selbst wenn zahlreiche Theoretiker davon sprechen, dass wir heute in einer wertunsicheren oder – besser – wertverunsicherten Gesellschaft leben, so kann man nicht umhin festzustellen, dass Eltern in der Regel sehr genau wissen, was sie mit der Erziehung ihrer Kinder erreichen möchten. Folgt man einer unmittelbar nach der deutschen Vereinigung durchgeführten Befragung (Eurobarometer 1990), so steht das Erziehungsziel »Verantwortungsgefühl« sowohl in den alten wie auch in den neuen Bundesländern obenan (65 % bzw. 66 % der Befragten).

Während in den alten Bundesländern die Erziehungsziele »Toleranz« (61 %) und »Kontaktfähigkeit« (36 %) die Rangfolge fortsetzen, sind dies in den neuen Bundesländern die Ziele »gutes Benehmen« (57 %) und »positive Arbeitseinstellung« (48 %). Aus anderen Untersuchungen wissen wir, dass Erziehungsziele wie »Ordnungsliebe und Fleiß« relativ stabil und vielleicht »deutsche« Erwartungen an die heranwachsende Generation darstellen (ca. ein Drittel), während Ziele wie »Selbstständigkeit und freier Wille« heute längst Erwartungen wie »Gehorsam und Unterordnung« überflügelt haben.

Trotz dieser durchgängigen und sich nur in längeren historischen Zeitabläufen wandelnden Erziehungsvorstellung von Eltern und Öffentlichkeit ist die Vermittlung, d. h. die wirksame und nachhaltige Verankerung von Werten in den Köpfen und Herzen der heranwachsen Generation, in modernen Gesellschaften zu einem Problem geworden. Die Pluralität und die Wertunsicherheit, die einerseits Freiheit und Vielfalt von Optionen für den Einzelnen mit sich bringen, gehen auch mit der Gefahr einer Desintegration der Gesellschaft einher. Diese Feststellung darf nicht als ein Lamento über den Verlust ehemals wirksamer Integrationskonzepte verstanden werden, es geht vielmehr darum, nach intelligenten Wegen zu suchen, die es zum einen erlauben, Wertorientierung für das Leben der Heranwachsenden wichtig werden zu lassen, die aber auch andererseits helfen, die Menschen in unserer Gesellschaft auf eine gemeinsame Wertbasis zu beziehen. Nach allem, was sich heute aus der öffentlichen, sozialwissenschaftlichen und philosophischen Debatte entnehmen lässt, kann dies nur gelingen, wenn nicht mehr materiale Werte deklariert und für alle als verbindlich erklärt werden; es kommt vielmehr darauf an, den Einzelnen dazu zu bewegen, sich selbst und seinem Leben einen Sinn zu geben und über diese Sinnsetzung im Dialog mit anderen zu kommunizieren, zu reflektieren und zu streiten.

Keine Götter mehr? Ist Erziehung nach dem Ende der »großen Erzählungen« noch möglich? Der amerikanische Pädagoge Neil Postmann hat in seinem Buch in dem programmatischen Titel *Keine Götter mehr? – Das Ende der Erziehung* (1995) herausgearbeitet, dass ohne »Götter« bzw. – wie er es nennt – »gemeinsame Erzählungen« der Gedanke der öffentlichen Erziehung nicht überleben kann. »Ohne Sinn sind Schulen Häuser der Leere, nicht der Lehre« (S. 20). In einer grundlegenden Betrachtung setzt er sich mit den »Göttern, die keine sind« auseinander, wobei er alle die »Erzählungen« demaskiert, von denen die moderne Gesellschaft Amerikas lebt. Er wendet sich sowohl gegen den »Glauben an die Marktwirtschaft« als auch gegen die »Verheißungen des Konsumgottes«, den »Gott der ökonomischen Nützlichkeit« und den »Gott der Technologie«; auch die »Schmelztiegelerzählung Amerikas« sowie der »Multikulturalismus« sind nach seiner Auffassung ebenso wenig als »Götter« geeignet wie Computer und Fernsehen und der mit ihnen verbundene Kult der Information. Demgegenüber skizziert er einige Konzepte, von denen auch in einer wertunsicheren und pluralistischen Gesellschaft eine orientierende Kraft ausgehen könnte. Dabei nennt er u. a. folgende Konzepte:

- das »Raumschiff Erde«, d. h. ein Konzept, das davon ausgeht, dass die Menschheit gegenüber dem Erhalt der Erde eine moralische Verpflichtung hat,
- den »gefallenen Engel«, d. h. die Einsicht, dass Menschen Fehler machen und deshalb Gewissheitsansprüche und Wissenschaftsgläubigkeit nicht dazu geeignet sind, Maßstäbe und Orientierung für die Gesellschaft und das Leben des Einzelnen zu liefern,
- das »amerikanische Experiment«, d. h. den Gedanken, dass Menschenrechte sowie das Prinzip der fortgesetzten Diskussion geeignet sind, das gesellschaftliche Zusammenleben zu regeln sowie
- das »Gesetz der Vielfalt«, d. h. die Überlegung, dass aus sprachlichen, religiösen, kulturellen Differenzen wechselseitige Anregung, Wachstum und Stärke entstehen können.

Diese vier Konzepte lassen sich im tiefsten Sinne als humanistische Konzepte begreifen, da sie keine normativen Festlegungen beinhalten, den Einzelnen nicht zur Übernahme von Werten veranlassen, sondern einen Rahmen abstecken, innerhalb dessen die Gültigkeit von Orientierungen besprochen und ausgehandelt werden kann. Gleichzeitig erweisen sich diese Konzepte als nachdenkliche Konzepte, da sie den vordergründigen Erfolg und die vordergründige Kraft von technologischen und marktbezogenen Standards hinterfragen und so – durchaus im Sinne eines Erich Fromm – nicht Kriterien des »Habens«, sondern des »Seins« in den Blick rücken. In diesem Sinne erweisen sich die von Postmann skizzierten »neuen Götter« als »produktive Orientierung« im frommschen Sinne, da sie Ausdruck der Vernunft, der Liebe zum Leben sowie der menschlichen Solidarität sind.

Damit Heranwachsende solche produktiven Orientierungen übernehmen können und dadurch in die Lage versetzt werden, sich selbst tragfähige Orientierung und Sinnstiftung zu erarbeiten, ist es zunächst notwendig, ihre eigene Selbstachtung zu stärken. Der Grund für diesen Ansatz an der eigenen Selbstachtung liegt darin, dass eine Person, die den Wert ihrer eigenen Persönlichkeit gering schätzt, kaum in der Lage ist, sich anderen bzw. ihrem sozialen Umfeld in verstehender und fördernder Kooperationsbereitschaft zu nähern. Die Fähigkeit zur Sinnstiftung bzw. zur Wertorientierung beginnt somit mit der Förderung der Selbstachtung.

Fragt man nach den Möglichkeiten, diese Achtung vor sich selbst gezielt in unterrichtlichen bzw. Lehr-Lern-Kontexten zu entwickeln, so lassen sich drei grundlegende Ansatzpunkte identifizieren (nach Tausch u. Tausch 1991, S. 51 ff.):

- die Erfahrung, dass man achtungsvoll behandelt wird,
- die Erfahrung der Selbstwirksamkeit sowie
- die Förderung des Selbstkonzeptes.

Diese drei Aspekte tragen der Tatsache Rechnung, dass die vom Einzelnen für sich selbst empfundene Achtung in starkem Maße davon abhängt, inwieweit er sich achtungsvoll behandelt fühlt und inwieweit er selbst sich als wirksam im Hinblick auf die Gestaltung seiner sozialen und materiellen Umwelt erleben kann. Damit Jugendliche eine solche Erfahrung der Selbstwirksamkeit entwickeln können, ist es wichtig, dass permanente Drohungen und Demütigungen unterlassen werden, dass Lehrerinnen und Lehrer sowie Eltern mit beziehungsstiftenden Erwartungen an ihre Schüler herantreten und diese nicht nur als einen Bestandteil zur »Abwicklung« von Unterricht verstehen, dass öffentliche Brandmarkungen vermieden werden und dass man komplizierte sowie schwer verständliche und unklare Ausdrucksweisen vermeidet. Wichtig ist auch, dass Lehrerinnen und Lehrer intervenieren, wenn sie feststellen, dass andere geringschätzig und kalt behandelt werden, und in gleicher Weise kann es wesentlich sein, durch gezielte Aktivitäten dem Einzelnen die Erfahrung zu geben, dass er wichtig ist.

Aus diesen Argumentationslinien lässt sich in Umrissen das Konzept einer systemisch-konstruktivistischen Pädagogik ablesen, die mit Wertschätzung (der eigenen Erfahrungen), Verknüpfungshilfen (Verknüpfung von Altem mit Neuem) sowie Wirkungsoffenheit umzugehen vermag. Die Wirkungen von erzieherischen Interventionen sind nicht verbindlich oder gar nachhaltig. Dies waren sie noch niemals. Und selbst in Zeiten, als es noch eher möglich gewesen ist, Systeme in Angst und Schrecken zu versetzen, kam der systemische »Eigensinn« der Subjekte niemals vollständig zum Erliegen. Stets wurde »gegen den Strich« gelernt, und stets lernten die Subjekte anderes und bisweilen sogar mehr, als gelehrt wurde. Die systemisch-konstruktivistische Pädagogik geht von dem aus, was ohnehin wirkt: »Wenn es schon so ist, dass man Systeme nicht entwickeln kann, sondern sich diese lediglich selbst entwickeln können, warum dann nicht diesen Sachverhalt gewissermaßen zur Geschäftsgrundlage nehmen?« – so ließe sich fragen. Indem man so fragt und denkt, fokussiert man verstärkt auf den Aspekt der Ermöglichung und lässt die ingenieurwissenschaftliche Mentalität des Machens und Herstellens hinter sich (vgl. Arnold 2003). Dadurch kann sich eine andere Mentalität des Beobachtens, Beurteilens und Handelns herausbilden, die der Ungesichertheit des Pädagogischen Rechnung trägt. Erziehung, Bildung und Lernen folgen der Innenlogik des Subjektes, man kann diese Raum gebend begleiten und indirekt anregen, doch nicht wirkungssicher »intervenieren« (im technokratischen Sinne des Wortes). Systemisch-konstruktivistische Pädagogik ist deshalb eine nichtinterventionistische Pädagogik. Sie fördert die Reflexivität des pädagogischen Handelns, leitet dieses jedoch nicht unmittelbar an. Als solche ist sie eine ethische Pädagogik, setzt sie doch grundsätzlich subsidiär an. Dies bedeutet, dass der Selbstbestimmung und Selbstorganisation der Systeme der Primat zukommt – einfach auch deshalb, weil dies bereits so ist. Gleichzeitig löst sich eine systemisch-konstruktivistische Pädagogik von der beliebten »Trivialisierung« der Kinder, von der Heinz von Foerster spricht (1993, S. 171):

> »Da unser Erziehungssystem daraufhin angelegt ist, berechenbare Staatsbürger zu erzeugen, besteht sein Zweck darin, alle jene ärgerlichen inneren Zustände auszuschalten, die Unberechenbarkeit und Kreativität ermöglichen. Dies zeigt sich am deutlichsten in unserer Methode des Prüfens, die nur Fragen zulässt, auf die die Antworten bereits bekannt (oder definiert) sind, und die folglich vom Schüler auswendig gelernt werden müssen. Ich möchte diese Fragen als ›illegitime Fragen‹ bezeichnen. Wäre es dagegen nicht faszinierender, sich ein Erziehungssystem vorzustellen, das die zu Erziehenden ent-trivialisiert, indem es sie lehrt, ›legitime Fragen‹ zu stellen, d. h. Fragen, deren Antworten noch unbekannt sind?«

Mit solchen Hinterfragungen knüpft eine systemisch-konstruktivistische Betrachtung von Erziehung und Bildung deutlich an reformpädagogisches Gedankengut an. Die Reformpädagogik war insofern »systemisch«, als sie nach den Bedingungen der Möglichkeit von Selbststeuerung fragte, wissend, dass es allein die Selbststeuerung ist, in welcher sich die Logik des Lebendigen entfaltet. Zahlreiche der reformpädagogischen Autoren kannten bereits die Unwirksamkeit linearer Beschulungsmodelle, und sie zogen auch die dominante pädagogische These der Erziehungsbedürftigkeit des Menschen grundlegend in Zweifel. Dies galt auch und insbesondere für die didaktische Ausgabe dieser These, die besagt, »Lehren« sei eine unbedingte Voraussetzung für »Lernen«. Diese These durchzieht – wenn auch in abgewandelter und abgeschwächter Form – die didaktischen Debatten bis zum heutigen Tage. Erst ganz allmählich weitet sich der Blick auf die autodidaktischen Formen des Lernens, und man beginnt zu begreifen, dass das lebenslange Lernen eine notwendig selbst gesteuerte Aktivität ist, die sich in vielfältigen Kontexten und nicht in vorgegebenen Curricula und institutionalisierten Abläufen zu realisieren bemüht.

Dennoch ist die systemisch-konstruktivistische Pädagogik mehr als lediglich eine Neuauflage reformpädagogischer Konzepte. Sie knüpft vielmehr an die kognitionspsychologischen Einsichten in die emergenten Eigenschaften des Denkens, Fühlens und Handelns der Subjekte an und erliegt nicht der Selbstbestimmungsillusion einer offenen Erziehung. Systemisch-konstruktivistische Pädagogik bemüht sich vielmehr um die Ausdeutung der These, dass Interventionen möglich, aber wirkungsunsicher sind. Es geht ihr letztlich darum, die pädagogische Interaktion neu zu bestimmen und dabei von den Dynamiken des Zielsystems her zu denken. Erziehung, Bildung und Lernen treten als Koevolutionen zweier Systemzusammenhänge in den Blick, von denen beide nur das vermögen, was sie vermögen. Der Erfolg ihrer Koevolutionen ist nur durch die Ermöglichung von Anschlussfähigkeit, nicht jedoch durch insistente Linearität (z. B. im Sinne von Standardisierung) zu »garantieren«. Die Frage, um die es dabei geht, ist:

> »Wie müssen Lehren und Lernen inhaltlich und methodisch gestaltet werden, damit sie der Erziehung dienlich sind und Bildung ermöglichen (nicht garantieren)?« (Winkel 2005a, S. 6)

Eine systemisch-konstruktivistische Pädagogik, die sich dieser Frage zuwendet, ist notwendig eine Pädagogik der Subjektivitätsentwicklung und der Vielfalt. Es geht ihr nicht um Wenn-dann-Zusammenhänge, sondern um Optionen von Wachstum und Aneignung. Menschen entwickeln sich aus sich heraus, wobei sie Möglichkeiten der Anregung, Infragestellung und Suchbewegung benötigen. Doch nicht alle benötigen dasselbe. Deshalb vermögen Pädagogik und Didaktik auch keine Rezeptologien zu entwickeln, sie können lediglich Reflexionswissen bereitstellen, mit dessen Hilfe in unterschiedlichen Lernlagen Prozesse initiiert, begleitet und bewertet werden können. Eine systemisch-konstruktivistische Pädagogik kennt die Unverfügbarkeit von Lern- und Bildungserfolgen, sie weiß aber auch aus ihrer jahrhundertelangen Tradition, dass diese häufig – und nicht bloß in »fruchtbaren Momenten« (Copei 1966) – dann wahrscheinlich sind, wenn es gelingt, Bildung als Begegnung bzw. Beziehung (vgl. Juul 2005) zu initiieren, die in einer sichtbar gelebten Werthaftigkeit des Umgangs miteinander gestaltet und erfahren werden kann. »Systemik« ist deshalb eine Haltung des Umgangs mit Komplexität, eigenen Beobachtungsstandpunkten, Wirkungsunsicherheiten und Wirkungszuschreibungen, die sich in vielem von den überlieferten Bildern expertenschaftlichen pädagogischen Handelns unterscheidet, wie im weiteren Verlauf der Argumentation noch gezeigt werden wird.

2. Von der Vermittlungs- zur Ermöglichungsdidaktik

»Didaktik« ist nur auf den ersten Blick ein eindeutiger Begriff. Als »auf das Lehren und Lernen bezogene Theorie« (Wigger 2004, S. 244) lässt sich ihr Gegenstand heute nur noch sehr grob umschreiben – zu gegensätzlich sind die Positionen im Einzelnen, zu fragil die dabei einbezogenen Begriffe von Lehren und Lernen. Ganz anders stellte sich da der Beginn des didaktischen Denkens im 17. Jahrhundert dar, dessen Anfang durch die immer wieder zitierte *Didactica Magna* von Johann Amos Comenius (1592–1670) gebildet wurde. Für Comenius war Didaktik beides zugleich: eine Kunst *(ars)* und das – wissenschaftliche – Bemühen, die Bedingungen des Lehrens und Lernens aufzuklären *(scientia)*. Dabei stand die »Lehrkunst« ganz eindeutig im Mittelpunkt, (noch) nicht irritiert oder relativiert durch Unsicherheiten hinsichtlich der Berechtigung von Lerninhalten, durch den biografischen »Eigensinn« (Voß 2005a) der Lernsubjekte oder gar irgendwelche ungewollten Nebenwirkungen. Was gelernt werden sollte, war gegeben und weitgehend unhinterfragt; das Hauptaugenmerk des didaktischen Beginns lag auf der Frage nach der »vollständigen Kunst«,

> »alle Menschen alles zu lehren; und zwar *zuverlässig* zu lehren, ohne Beschwerde und Verdruss für Lehrer oder Schüler, vielmehr zu beider größtem Vergnügen; und *gründlich* zu lehren, nicht oberflächlich und nur zum Schein, sondern so, dass echte Wissenschaft (literatura), reine Sitten und innerste Frömmigkeit vermittelt werden« (Comenius 1970, S. 10; Hervorh. im Orig).

Es ist erstaunlich, dass in diesem Zitat bereits alle wesentlichen Elemente enthalten sind, die das didaktische Denken auch heute noch prägen und bestimmen. Da ist zum einen die Vorstellung, dass Didaktik eine nachhaltige Bildungsarbeit gewährleisten solle (»zuverlässig zu lehren«), zum anderen steht Literacy (»literatura«) im Vordergrund, und schließlich geht es um eine Art Kunstfertigkeit, durch welche die Motiviertheit (»zu beider größtem Vergnügen«) im Lehr-Lern-Prozess gesteigert werden solle. Alle diese Hoffnungen und Ansprüche bestimmen auch die neuzeitlichen Didaktiken. Diese haben zwar die Vorbereitungs-, Planungs- und Durchführungsschritte des Lehrens und Lernens erheblich aufgeklärt, differenziert und auch zu trainierbaren Schrittfolgen (Algorithmen) verdichtet – man denke nur an die »didaktische Analyse« von Wolfgang Klafki (1979, 1980) –, doch sind sie in ihren Kernaussagen nicht wirklich zu anderen und wesentlich »sichereren« Einsichten gelangt als solchen, die bereits Comenius ausspricht.

Nimmt man die vielfältigen Definitionsversuche, welche die didaktische Theorie und Forschung in den zurückliegenden Jahrzehnten erarbeitet hat, in den Blick, so lässt sich zunächst eine große Bandbreite der Ansprüchlichkeiten feststellen. Didaktik wird einerseits mehr als eine forschende Betrachtung der komplexen Wirkungszusammenhänge zwischen Lehren und Lernen verstanden, andererseits wird aber auch nahezu durchgängig eine – weiter gehende – Intervention in diese Zusammenhänge grundsätzlich für möglich gehalten. Erst vereinzelt lassen sich Versuche feststellen, Didaktik nicht in erster Linie als *Vermittlungswissenschaft*, sondern als Aneignungswissenschaft zu verstehen. In diesem Sinne beleuchtet Erhard Meueler kritisch die Vermittlungsillusion der vorherrschenden Didaktikansätze und plädiert dafür, »die ›Vermittlung‹ aufzugeben« (2001, S. 11):

> »Verstehen und Lernen als Aneignung von bislang nicht Verstandenem und bislang nicht Gewusstem stellen unverwechselbare Subjektleistungen dar. Sie können von Dritten allenfalls erbeten oder abgefordert, nicht aber letztlich erzwungen werden. [...] ›Vermittlung‹ aufzugeben heißt, Abschied zu nehmen von uralten pädagogischen Vorstellungen und Machbarkeitsfantasien: davon, andere erziehen zu wollen, im anderen den Zögling zu sehen, seine Defizite als Lehr- und Lernanlässe zu betrachten. Nehme ich den anderen als selbstverantwortliches Subjekt seines Lebens und seines Lernens, verbietet mir die Achtung vor seiner Würde ein Belehren und Bekehren« (ebd.).

Gleichwohl haben sich didaktische Vermittlungsillusionen bis zum heutigen Tage erhalten, wobei es unterschiedliche Referenzpunkte sind, auf welche sich der Vermittlungsanspruch bezieht, wie die in Textkasten 2 ausgewählten Didaktikbegriffe zeigen.

Die Rede ist von einer »Aufgabe«, welcher der Didaktik gegeben sei, ohne dass die Frage, ob und inwieweit diese Aufgabe möglich sei, wirklich aufgeworfen wird. Es wird vielmehr mehr oder weniger unterstellt, dass »Eingriffs- und Konstruktionsmöglichkeiten« (von Cube 1968, S. 85) gegeben oder die »absichtsvolle Beeinflussung eines Lerners« (Lahn 1972, S. 566, zit. nach Peterßen 2001, S. 14 f.) möglich seien, weshalb es darum zu gehen habe, diese zu erforschen und im

---

Didaktikbegriffe – eine Auswahl

»Die Aufgabe der Didaktik als Handlungswissenschaft ist es, den Lehrerinnen und Lehrern praktisch folgenreiche Handlungsorientierungen zu geben. Dies heißt nicht, dass die Didaktik immer nur ›aus der Praxis für die Praxis‹ zu arbeiten habe. Die Aufgabenbestimmung schließt die Klärung ihrer theoretischen Grundlagen, die empirische Analyse der vorgefundenen Praxis des Lehrens und Lernens, die Warnung vor theoretischen und praktischen Irrwegen sowie den Hinweis auf immer noch uneingelöste Versprechungen der Didaktik ein. [...] Die Didaktik kümmert sich um die Frage, wer, was, von wem, wann, mit wem, wo, wie, womit und wozu lernen soll« (Jank u. Meyer 2002, S. 16).

»Didaktik sei darum definiert als die wissenschaftliche Erforschung davon, wie verschiedene Größen in den Unterrichtsvorgang eingehen (oder eingehen können)« (von Hentig 1969, S. 252).

»Unter Didaktik verstehen wir die Wissenschaft von den prinzipiellen Eingriffs- und Konstruktionsmöglichkeiten im Bereich des menschlichen Lernens« (von Cube 1968, S. 85).

»Didaktik ist die analysierende und reflektierende Betrachtung des Lehr-Lern-Geschehens mit dem Ziel, die absichtsvolle Beeinflussung eines Lerners in den drei – kognitiv, emotional, pragmatisch – Verhaltensweisen zur Welt zum Zwecke einer Verhaltensorientierung gesellschaftsbezogen, effektiv und ökonomisch zu gestalten« (Lahn 1972, S. 566, zit. nach Peterßen 2001, S. 14 f.).

»Wenn es unter didaktischer Perspektive darum geht, die Erwachsenen auch in organisierten Lerngelegenheiten zu selbstständigen und selbst verantworteten Aneignungsformen anzuregen, dann erfordern diese Wege spezifische Animationsleistungen der LehrerInnen. Der Bezugspunkt sollte jeweils die Eigentätigkeit, die eigenständige, von den Lehrpersonen nur unterstützte Aneignung der Lernobjekte durch die Lernsubjekte sein. Für die didaktische Begleitung heißt dies, die Erwachsenen in dem zu bestätigen, was sie schon wissen, sie neugierig zu machen auf noch nicht Gewusstes, nicht Gekonntes, bislang nicht Verstandenes. [...] Der Lernprozess gleicht dem Stoffwechselprozess: Aufnahme, Zerkleinerung, Zerstörung, Zergliederung, dem eigenen Organismus einverleiben. [...] Für mich ist heute Didaktik nur als kollegiales Gespräch denkbar, in dem versuchte Praxis kritisch reflektiert und Ideen für eine denkbare neue Praxis produziert werden« (Meueler 2001, S. 13, 16).

»Pädagogische Planung kann somit nicht ein deterministisch-geschlossenes Vorgehen sein, sondern muss sich als ein zukunftsoffenes und strategisch ausgerichtetes Anliegen begreifen. Pädagogische Planung ist dabei nicht nur eine Planung ohne vollständiges Wissen; es ist auch eine Planung ohne vollständiges Wissen über das eigene Wissen. [...] Das pädagogische Geschehen muss dabei vor allem als ein Kommunikationszusammenhang begriffen werden, in welchem sich die ontologischen Strukturen der Subjekte einander anpassen können. Ethisch relevant ist dabei die letztlich doch wieder alte Frage danach, welche Strukturvorstellungen sich durchsetzen sollen und dürfen« (Sloane 1999, S. 36, 44).

Textkasten 2: Lesarten des Didaktischen

Sinne von Empfehlungen für die Praxis zu Interventionswissen vorzustoßen. Solche didaktische Denkungsart folgt einem Verständnis von Didaktik, welche diese als Interventions- oder Vermittlungswissenschaft zu begründen versucht, wobei man einem Vermittlungsbegriff folgt, der eher durch die informationstechnische Vorstellung einer »Übermittlung« statt durch die ursprüngliche Wortbedeutung des »Verbindens« und »Versöhnens« gekennzeichnet ist. Denn der

Vermittlungsbegriff als solcher steht keineswegs nur für die von Erhard Meueler zu Recht kritisierte erzeugungsdidaktische Denkungsart. Dies wird besonders in dem von Ulrich Welbers (2003a) herausgegebenen Band *Vermittlungswissenschaften* deutlich, in welchem zahlreiche Beiträge der Tradition des Vermittlungsbegriffes nachspüren und seine grundlegende Bedeutung für jegliche Bestimmung von Wissenschaft diskutieren. Hervorzuheben sind dabei die etymologischen Ausführungen des Herausgebers selbst, der zu der Verengung der Didaktik auf die Vermittlung – im Sinne von »Übermittlung« – feststellt, »dass der Vermittlungsbegriff von seiner Tradition her immer auch im Dialogischen begründet war« (Welbers 2003b, S. 25) – ein für die pädagogische »Salonfähigkeit« des Vermittlungsanliegens durchaus wichtiger Hinweis. So betrachtet, lassen sich zwei unterschiedliche Vermittlungsvorstellungen unterscheiden: eine – enge – *erzeugungsdidaktische* und eine – weitere – *ermöglichungsdidaktische* Konzeption von »Vermittlung«. Während Erstere mehr oder weniger explizit davon ausgeht, dass Lehren und Lernen linear aufeinander bezogen sind und Lehre auch weitgehend »halten kann, was sie verspricht« (weshalb im Misserfolgsfalle auch die Lernenden den »Schwarzen Peter« haben), geht das ermöglichungsdidaktische Denken von der prinzipiellen Wirkungsoffenheit und »Nicht-Erzwingbarkeit« (Meueler) des Lehr-Lern-Prozesses aus. Der Vermittlung und der Standardisierung der Erzeugungsdidaktik steht die Aneignung und die Vielfalt der Ermöglichungsdidaktik gegenüber – eine Gegenüberstellung, die gleichwohl wieder die dialogische Sicht von Vermittlung (i. S. v. Übermittlung) vergisst.

Erik Adam hat in seinem Buch *Das Subjekt in der Didaktik* (1988) wohl als erster den von Heinze et al. geprägten Begriff der »Erzeugungsdidaktik« (1981, S. 13) aufgegriffen und einer gründlicheren Analyse unterzogen. Er wendet sich vor dem Hintergrund geisteswissenschaftlicher Argumentationen (Erich Weniger, Theodor Litt, Andreas Flitner) gegen technokratisch-mechanistische Vorstellungen vom Zusammenhang von Lehren und Lernen und stellt fest:

> »Werden Lehrer und Schüler in ihrem Subjektsein ernst genommen – und unter dem Mündigkeitspostulat müssen sie es –, dann ist eine technologisch begründete Didaktik nicht möglich. Dennoch hat sich die Didaktik in der Neuzeit von Anfang an als Technologie etabliert. [...] Diese Didaktik ist durch und durch ›asubjektiv‹ (Schaller), denn die gänzliche Beherrschung des Lernens ist nur unter der Bedingung der Elimi-

nierung des Subjektseins möglich. [...] Das Paradigma der Maschine stand also bereits am Anfang der neuzeitlichen Didaktik und hielt sich bis in die Gegenwart in der Auffassung von der rational-technischen Unterrichtsmethode durch. Obwohl das technische Verfahren zum Mündigkeitspostulat der Aufklärung in Widerspruch geriet, behielt es seine Faszination, weil es die Berechenbarkeit und Voraussagbarkeit des Erfolges in Aussicht stellte. Diese Intention ließ immer wieder die Konsequenz verblassen, dass der Mensch hier zum berechenbaren Objekt gemacht wird. Dennoch hat sich auch immer wieder der Zweifel an einer technologischen Auffassung von Didaktik geltend gemacht, wenn sie mit der Freiheit als Ziel von Erziehung und Unterricht konfrontiert wurde. Ein technisches Verfahren, das den anderen nur als Objekt nimmt, ist mit Freiheit unvereinbar. Freiheit ist nicht ›machbar‹, sondern als Ziel des pädagogischen Weges in jedem Augenblick bereits vorausgesetzt« (Adam 1988, S. 24 ff.).

Aus diesem Grund – so ließe sich die ermöglichungsdidaktische Konsequenz grob markieren – kann didaktische Planung die Vermittlung nicht vorwegnehmen, sondern bloß gestalten. Ein Ausweichen auf den Begriff der Aneignung – wie sie die Gegenüberstellung von »Vermitteln« und »Aneignen« suggeriert – flieht m. E. in das andere Extrem (der pädagogischen Provinz), indem es die Didaktik vollständig an die Subjektivität des Lerners rückbindet und dadurch zumindest die Frage aus dem Blick verliert, wie Voraussetzungen für Aneignung und die Förderung und Entwicklung der Ich-Kräfte (Selbstlernkompetenz etc.) geschaffen und strukturierend in den Lehr-Lern-Prozess eingebracht werden können. Zugegeben, an dieser Stelle der Argumentation bewegt sich die ermöglichungsdidaktische Gedankenführung auf dem schmalen Grat, der sich uns zwischen »restinterventionistischer Illusion« und »autochtoner Entwicklung« auftut. Paradoxale Fußangeln sind zuhauf ausgelegt und absorbieren den Blick, weshalb die didaktische Debatte vielfach das eigentlich Wichtige übersieht.

Zwar ist es zutreffend, dass man zur Selbsttätigkeit nicht anleiten kann, doch gibt es unterschiedliche Formen, mit der Selbsttätigkeit des Gegenübers umzugehen: Während Linearität und Methodenmonismus die Entfaltungsräume strukturell verengen, erweitern Lehr-Lern-Arrangements Selbsttätigkeitsräume und eröffnen Aneignungschancen. Der Zwischenruf der Systemtheoretiker, »Intervention« sei prinzipiell unmöglich und es könne »in einer systemtheoretisch elaborierten Sicht« nur darum gehen, »Systeme zu beeinflussen, die sich von

Erzeugungsdidaktik		Ermöglichungsdidaktik	
Lehr-Lern-Prozess als lineares Geschehen zwischen dem Lehrenden bzw. dem Sachanspruch und dem Lernenden	Linearität	Zirkularität	Lehr-Lern-Prozess als interdependentes Geschehen, in welchem sich die Vorstrukturen und »Lernprojekte« der Lernenden artikulieren
Die Wirkungen des Unterrichts lassen sich in einer Vorher-nachher-Logik beurteilen und sogar »messen.«	Wirkungssicherheit	Wirkungsoffenheit	Die Wirkungen sind von einer Fülle nicht überschaubarer Variablen und von der Eigenlogik der Lerner abhängig und deshalb notwendig auch spezifisch.
Der Lehrende hat die Lernenden zu motivieren und zu den erwarteten Ergebnissen zu führen.	Führen	Selbsttätigkeit	Die Lernenden können prinzipiell nur selbst lernen, es gilt, ihre Motivation zu entdecken.
Qualität und Erfolg des Lehr-Lern-Geschehens sind vom Input des Lehrenden abhängig.	Inputsteuerung	Prozesssteuerung	Qualität und Erfolg des Lehr-Lern-Prozesses sind von der Eigenlogik der lernenden Systeme abhängig.
Lehren kann Kenntnisse, Fähigkeiten und Fertigkeiten vermitteln.	Vermitteln	Aneignen	Lehren kann lediglich anregende und komplex anschlussfähige Aneignungsmöglichkeiten zugänglich machen.
Wenn alle das Gleiche wollen (müssen), werden die Ergebnisse besser und vergleichbarer.	Standardisierung	Vielfalt	Wenn die Vielfalt der inneren Möglichkeiten der Lernenden zur Entfaltung gelangen kann, werden die Ergebnisse besser.

Tab. 3: Von der Erzeugungs- zur Ermöglichungsdidaktik (nach Arnold u. Siebert 2006, S. 44)

außen nicht beeinflussen lassen« (Willke 2004, S. 25), vermag den Erzeugungsdidaktiker zu erschrecken, den Ermöglichungsdidaktiker nicht. Dieser weiß, dass seine Funktion prinzipiell nur darin bestehen kann, den Lehr-Lern-Prozess strategisch zu begleiten (Meueler 1993, 2001). Dazu Sloane (1999, S. 52; Hervorh. im Orig.):

»Die Vorstellung einer zeitlich auseinanderfallenden Sequenz von Planung, Anwendung und Kontrolle ist zu korrigieren, Planung muss viel stärker als Reflexionsvorgang begriffen werden, der ein Teil der Anwendung ist. Die Reflexion des pädagogischen Geschehens geht den pädagogischen Prozessen nicht – zumindest nicht ausschließlich – voraus, sondern ist Bestandteil davon. Planung muss daher viel stärker als Vorbereitung und als Orientierung verstanden werden. Orientierung bringt dabei zum Ausdruck, dass man Ziele formulieren muss für die pädagogische Arbeit, die einen Orientierungsrahmen in der Form darstellen, dass man als Lehrender Fixpunkte hat, die man im Unterricht erreichen will. Didaktische Entscheidungen werden nicht, zumindest nicht endgültig, vor dem Unterricht, sondern während des Unterrichts gefällt. Pädagogische Praxis und deren Reflexion dürfen nicht auseinanderfallen. *Pläne sind vorläufig, sie sind Anhaltspunkte für mögliche Wege. Der tatsächliche Weg ergibt sich erst beim Gehen.*«

Damit sind bereits wesentliche Elemente eines ermöglichungsdidaktischen Blickes auf den Lehr-Lern-Prozess grob markiert. Dieser Blick ist ein systemtheoretisch bzw. – neuerdings auch – neurobiologisch informierter Blick, der davon ausgeht, dass Menschen grundsätzlich das wahrnehmen, was sie wahrnehmen (können). Dies bedeutet, dass Lernen einer inneren Logik folgt und demzufolge in stärkerem Maße von den bereits ausgebildeten Emotions-, Deutungs- und Handlungsmustern bestimmt wird als von den Anregungen und Informationen, die an das Individuum herangetragen werden. Die Veröffentlichungen der neueren Hirnforschung (vgl. Roth 2003) stecken voller Hinweise auf die autopoietische Geschlossenheit von Wahrnehmung und Aneignung. Menschen machen sich zwar Informationen, Anregungen und Erklärungen zu eigen, sie tun dieses aber grundsätzlich zu ihren eigenen Bedingungen und im Rahmen ihrer bisweilen sehr spezifischen Möglichkeiten. Lehrer, Pädagoginnen oder Vorgesetzte und Kollegen können diese gewachsenen Wahrnehmungsgewohnheiten und -strukturen zwar mit neuen oder weiterführenden Sichtweisen konfrontieren, sie können auch planvoll irritieren oder gar verängstigen und nötigen, doch bleibt zumindest die dauerhafte – nachhaltige – Aneignung abhängig von dem, was das lernende Subjekt aus all diesen Umgebungsveränderungen macht oder zu machen in der Lage ist. Lernfähigkeit und Lernwiderstand erscheinen so in einem neuen Licht, da beide Verhaltensformen auch in ihrer spezifischen Funktionalität für das Subjekt selbst in den Blick rücken.

Die Ermöglichungsdidaktik ist ein Programm, welches in seinen ersten Umrissen bereits zu Beginn der 1990er-Jahre skizziert worden (vgl. Arnold 1991, S. 51 ff.) und in weiteren Ausarbeitungen aufgefächert worden ist (vgl. Arnold 1996b; Arnold u. Schüßler 2003; Arnold u. Goméz Tutor 2007). Grundlegend für dieses Programm ist eine systemisch-konstruktivistische Sicht des Lehr-Lern-Prozesses, welcher in seiner relativen Entkoppelung von Lehren und Lernen in den Blick gerät. Aus diesem Grund ist für die Ermöglichungsdidaktik eine Distanz gegenüber dem engeren didaktischen Vermittlungsbegriff eigen, wohingegen sie Lernen grundsätzlich als Aneignung bzw. als Vermittlung im weiteren Sinne versteht. Während erzeugungsdidaktische Ansätze stark auf die Konzeptualisierung des Lehrens bezogen sind, welches sie in seiner Wirksamkeit und seiner »Unverzichtbarkeit« überschätzen, stehen für die Ermöglichungsdidaktik informelle sowie autodidaktische Lernprozesse stärker im Mittelpunkt des Interesses, da in diesen Lernprozessen lediglich das – wie unter einem Brennglas – deutlicher fokussierbar ist, was für jegliches Lernen grundlegend gilt: Die Menschen lernen, was sie lernen (können), und jedem Lernen und Nichtlernen liegt auch eine implizite Funktionalität zugrunde, an der sich die Wirkung bzw. Viabilität des Lernens »entscheidet«. Indem die Ermöglichungsdidaktik sich solchermaßen »realistisch« an der stets Platz greifenden und unhintergehbaren Logik der Selbststeuerung des Lernens orientiert, sind ihre bevorzugten Themen:

- die Frage nach den Selbstlernkompetenzen der Lerner und den Möglichkeiten ihrer Förderung,
- die Frage nach »dem Lehrenden, der kaum noch lehrt« (Arnold 1993, S. 51 ff.),
- die Frage nach geeigneten Selbstlernkontexten – am Arbeitsplatz, im Netz, mit Selbstlernmaterialien,
- die Frage nach dem, was die Lerner »eigentlich« bewegt, d. h. nach ihrer Emotion (vgl. Arnold 2005b), nicht nur – wie erzeugungsdidaktische Konzepte – nach ihrer Motivierbarkeit,
- die Frage nach den lernbiografischen Prägungen, welche die Aneignungs- oder Abwehrmuster der Lerner hervorgebracht haben, über die diese nun verfügen,
- die Frage nach der Irritierbarkeit (vgl. Bardmann et al. 1991) und der Umdeutbarkeit des Gewohnten sowie
- die Frage nach der umfassenden Bildung im Sinne einer reflexiven Bewusstwerdung und auch »Würdigung« der Muster, mit denen der Lernende bevorzugt Welt aufordnet, lernt, streitet, liebt und leidet.

Ermöglichungsdidaktik schließt Vermittlung nicht aus, sie erkennt aber die zwei Seiten und die Zirkularität der Vermittlung. In diesem Sinne nimmt Norbert Landwehr in seinem Buch *Neue Wege der Wissensvermittlung* (1997) die stofforientierten Vermittlungskonzepte kritisch in den Blick, stellt diesen jedoch erkenntnisorientierte Vermittlungsformen gegenüber: Auch die Fähigkeit zur Aneignung soll – so die etwas paradoxe Zumutung – »vermittelt« werden, wobei offenbleibt, ob und inwieweit man dies tun kann, ohne genau das zu verhindern, was man erreichen möchte, nämlich die Stärkung der individuellen Aneignungs- und Selbstlernfähigkeiten. Er gibt als neue Leitlinie aus (ebd., S. 15):

> »An die Stelle einer ›quantitativen (kenntnisorientierten) Wissensvermittlung‹ muss eine ›qualitative (erkenntnisorientierte) Wissensvermittlung‹ treten, die das Individuum zum schöpferischen Umgang mit dem erworbenen Wissen befähigt und so die selbstständige Transformation des erworbenen Wissens auf neue bzw. veränderte Zusammenhänge ermöglicht.«

Das »Spannungsfeld der Wissensvermittlung«, welches er beschreibt, zeigt sehr deutlich, dass er jedoch – ganz im Sinne der Ermöglichungsdidaktik – erkennt, dass »Vermittlung« stets eine Überblendung, Durchmischung oder Interpenetration (wie die Systemiker sagen, vgl. Fuchs 2004)[3] beinhaltet. Mit dieser Einsicht ist der Verlust der Inhaltsverfügung durch die Lehrenden zwingend verbunden – ein Verlust, der jedoch nur betrauert, was de facto nie besessen wurde. Gleichwohl müssen Lehrende eine andere Mentalität entwickeln, welche nicht nur ein Gefühl für die Konstruktivität des Inhaltlichen umfasst, sondern es darüber hinaus auch als gegeben anzunehmen versteht, dass die Welt der Aneignungsaktivitäten vielfältig, überraschend und kontingent ist – wie auch die Subjektivität der Lernenden. Im Anschluss an frühere pädagogische Debatten kann man auch vom »Eigensinn« sprechen – einem Begriff, den Reinhard Voß (2005b, S. 12) wieder aufgreift:

---

3 Fuchs (ebd., S. 89, 91) schreibt: »Interpenetration darf entsprechend nicht verwechselt werden mit einer Art reziproker Intervention. Die Systeme, die ins Spiel der Interpenetration verwickelt sind, bleiben autonom im Hinblick auf ihre Informationsverarbeitung und ihren Strukturaufbau. [...] Interpenetration ist reziproke Inanspruchnahme geschlossener Systeme, bei der es keinen Direktkontakt zwischen den Systemen gibt. An die Stelle dieses Kontaktes tritt das Medium Sinn.«

»Der Begriff ›Eigensinn‹ wurde übrigens bis ins 18. Jahrhundert hinein im Sinne von ›Eigensinn und stolzer Mut‹ verstanden und ausschließlich auf selbstständig denkende Menschen angewendet. (Erst im 19. Jahrhundert, im Besonderen durch die unselige Koalition von Medizin und Pädagogik, wird Eigensinn als jene Triebkraft im Kinde ausgemacht, die es mit allen Mitteln ›zu brechen‹ gilt.) Das, was das Wort Eigensinn ursprünglich meinte, ist vergessen, weil das, was es bezeichnete, dem sogenannten historischen Fortschritt geopfert wurde. Den eigensinnigen Menschen, der seine Sinne, seine Wahrnehmung wie seinen Körper, seine Sexualität, aber auch seinen Lebens- und Zeitsinn sein Eigen nennen konnte, der selbstständig dachte und handelte (auch gegenüber den sogenannten Mächtigen dieser Welt), der seinem Leben einen eigenen Sinn gab, diesen Menschen gilt es in unserer heutigen Welt wiederzuentdecken.«

Wissensvermittlung ist deshalb ein Balanceprozess zwischen Eigensinnigem und Fremdsinnigem, in welchem subjektives und objektives Wissen in einem – notwendig offenen – Geschehen sich aufeinander beziehen, wobei sich auch Kompetenzen entwickeln (können). Landwehr illustriert diese Balance, wie in Tabelle 4 wiedergegeben.

Was ist von solchen Überlegungen und Vorschlägen zu halten? Stimmt der implizite Befund eines Vorherrschens kenntnisorientierter Wissensvermittlung in den die Debatten prägenden Didaktikkonzepten? Und: Wie soll das gehen: erkenntnisorientierte Vermittlung von Kenntnissen, Fähigkeiten und Fertigkeiten? Diesen Fragen werde ich mich im Folgenden widmen, wobei ich – im Anschluss an Ewald Terhart (2005, S. 3 ff.) – vier didaktische »Theoriefamilien« unterscheiden werde:

- die bildungstheoretischen Ansätze,
- die lehr-lern-theoretischen Ansätze,
- die kommunikations- und interaktionstheoretischen Ansätze sowie
- die konstruktivistischen Ansätze.

Diese Theoriefamilien werden in der didaktischen Literatur mittlerweile lehrbuchartig beschrieben (vgl. Bönisch 1996; Jank u. Meyer 2002; von Martial 1996; Peterßen 2001), weshalb eine ausführliche Charakterisierung an dieser Stelle ausbleiben kann.

Die Abfolge dieser Ansätze ist auch eine historische. Gleichzeitig markieren diese Ansätze einen Shift von einem engen Vermittlungs-

Subjektives Wissen	Vermittlung zwischen subjektivem und objektivem Wissen (Wissensvermittlung)	Objektives Wissen
Charakterisierung: Wissen, das in den subjektiven Erfahrungshorizont einer Person integriert ist		*Charakterisierung:* Wissen, das sorgfältig (möglichst nach wissenschaftlichen Standards) evaluiert und systematisiert ist
Geltungsanspruch: Die Erkenntnisse müssen »für mich« in meiner besonderen Situation »stimmen«. Subjektive Plausibilität ist wichtig.		*Geltungsanspruch:* Die Erkenntnisse müssen allgemeingültig, d. h. auf andere Personen übertragbar sein. Wissenschaftliche Objektivität ist wichtig.
Ausdrucksmittel: Umgangssprache (subjektiv gefärbt)		*Ausdrucksmittel:* Fachsprache (präzise, intersubjektiv normiert)
Merkmal des Erkenntnisprozesses: Bezugnahme auf die individuellen Erfahrungen. (Das Konkrete, Singuläre ist wichtig.)		Merkmal des Erkenntnisprozesses: Reinigung vom Individuellen, »nur Subjektiven«. (Das Abstrakte, Reguläre ist wichtig.)
Ziel der Wissensaneignung: Integration des Wissens in den subjektiven Erfahrungshorizont. Aneignungsprozesse, in denen die subjektive Verarbeitung zu kurz kommt, bedrohen die Authentizität des Subjektes (Gefahr der Entfremdung)		*Ziel der Wissensaneignung:* Unverfälschte Aufnahme des objektiven Wissens. Aneignungsprozesse mit ihren subjektiven Verarbeitungen bedrohen die authentische Tradierung des objektiven Wissens (Gefahr der Verfälschung).

Tab. 4: Wissensvermittlung als Balanceprozess (nach Landwehr 1997, S. 23)

begriff (Vermittlung als Übermittlung) zu einem weiten Vermittlungsbegriff (Vermittlung als Verbindung) und charakterisieren so auch den Wandel von stärker erzeugungsdidaktischen zu stärker ermöglichungsdidaktischen Entwürfen, wobei diese Charakterisierung im Einzelfall recht vergröbernd ist, da auch und gerade die bildungstheoretischen Konzepte von der letztlichen Unerzwingbarkeit von Bildung sehr wohl wussten, wenngleich sie (noch) nicht über Ansätze einer erkenntnisorientierten Vermittlung verfügten – auch, weil die nötigende Wirkung der Tradition kanonisierender Wissensbestände erdrückend war.

Die Gegenüberstellung in Tabelle 5 zeigt, dass die Entwicklung des didaktischen Diskurses sich von der Vorstellung einer »Kulturvermittlung« mehr und mehr in Richtung der Vorstellung einer Stärkung des Subjektes in seinem Bemühen, sich in der Welt zu orientie-

Ansätze / Aspekte	Bildungstheoretische Ansätze	Lehr-lern-theoretische Ansätze	kommunikations-und interaktions-theoretische Ansätze	Konstruktivistische Ansätze
Zeitraum	1950 ff.	1970 ff.	1980 ff.	1995 ff.
Vertreter	W. Klafki	»Heimannottoschulz« (Terhart 2005)	Schaller, Winkel	H. Siebert, K. Reich, R. Arnold
These	Unterricht als bildende Begegnung mit ausgewählten Bildungsgütern (Kulturbegegnung)	Lehrender als Lernplaner entscheidet über Ziele, Inhalte, Methoden und Medien.	Unterricht ist eine soziale Situation, in welche die Beteiligten ihre Erfahrungen, Sichtweisen und Deutungsmuster einbringen.	Wissen und Inhalte sind konstruierte Wirklichkeitsbeschreibungen und keine privilegierten Bildungsgüter.
Lehren	moralisch-praktische Kunst	zweckrationale und erfolgskontrollierte Prozessorganisation und -steuerung	Etablierung möglichst herrschaftsfreier, symmetrischer Kommunikation	Anregung von Lernen sowie eigener Wirklichkeitskonstruktion
Lernen	Nachvollzug des Bildungsgehalts von Inhalten	zielorientierte Qualifikationsentwicklung	Einübung von Kommunikations- und Kooperationsfähigkeit	Entwicklung der Selbstlern- und Problemlösungsfähigkeiten
Vermittlung	enger Vermittlungsbegriff	enger Vermittlungsbegriff	weiter Vermittlungsbegriff	weiter Vermittlungsbegriff

Tab. 5: Theoriefamilien der Didaktik

ren und diese zu gestalten, entwickelt hat. Damit einher ging auch eine Verschiebung der »Vermittlungsvorstellung«. Ging noch die bildungstheoretische Didaktik zunächst fast ausschließlich (und später zunehmend stärker gegenüber dem Subjekt geöffnet) davon aus, dass »über Methoden nur diskutiert und entschieden werden (kann), wenn im engeren Sinn des Begriffs *didaktische* Vorentscheidungen, d. h. also Entscheidungen über Ziele und Inhalte, gefallen sind« (Klafki 1979, S. 17; Hervorh. im Orig.), beziehen sich die anderen Didaktikentwürfe mehr auf »die Perspektive des planenden und analysierenden Lehrers« (Terhart 2005, S. 4) – wie die lehr-lern-theoretische Didaktik – oder auf die Interaktionsstrukturen bzw. die Aneignungs- und Wissenskonstruktionsaktivitäten der Lernenden selbst. »Vermittlung« wird dabei einerseits als Weitergabe gehaltvoller Kulturgüter bzw. als Umsetzung von Planungsentscheidung verstanden oder erweist sich als Verknüpfung von Lernerwartungen mit dem tatsächlichen Erfahrungs- oder Konstruktionshintergrund der lernenden Subjekte, über welche der Lehrende im Zweifelsfall zunächst wenig weiß. Indem didaktische Theorie sich so mehr und mehr an einem weiten Vermittlungsbegriff orientiert, büßt sie viel von ihrem inhaltlichen bzw. planerischen Alleinvertretungsanspruch ein.

In der didaktischen Literatur finden sich auch andere Epochengliederungen und Bezeichnungen, welche jeweils unterschiedlichen Akzentsetzungen folgen. So werden in dem Lehrbuch *Schulpädagogik kompakt* (Arnold u. Pätzold 2005, S. 101) die unterschiedlichen Didaktikkonzepte zu einer zusammenfassenden Übersicht verdichtet, in welcher die Unterschiedlichkeiten der wesentlichen didaktischen Konzepte »kybernetische Didaktik« (von Cube), »lernzielorientierte Didaktik« (Möller), »lehrtheoretische Didaktik« (Schulz), »kritisch-konstruktive Didaktik« (Klafki) sowie »Ermöglichungsdidaktik« (Arnold) im Hinblick auf ihre jeweilige Positionierung der Faktoren Ziele, Inhalte, Methoden und Medien sowie im Hinblick auf wissenschaftstheoretische sowie forschungsmethodologische Implikationen systematisch dargestellt sind. Für die Ermöglichungsdidaktik werden dabei Charakteristika festgestellt, die hier in Tabelle 6 nur unwesentlich erweitert und ergänzt wurden.

Faktoren	Ermöglichungsdidaktik
Ziele	Anbahnung von Kompetenz zum selbst gesteuerten Lernen, zur Kooperation und zur Problemlösung
Inhalte	nicht per se relevant, sondern im Zusammenhang mit der Frage, welche Kompetenzen in der Auseinandersetzung mit ihnen entwickelt werden konnten
Medien	offen gestaltbare Medien (z. B. Metaplan)
Methoden	aktologische und lebendige Methoden bzw. Selbsterschließungsmethoden
wissenschaftstheoretische bzw. forschungsmethodische Position und Einflüsse	pädagogischer Konstruktivismus, Kompetenztheorie (Entwicklung domänenspezifischen Wissens sowie dessen Vermittlung mit Vorwissen, implizitem Wissen und Emotionswissen)

Tab. 6: Faktoren einer Ermöglichungsdidaktik

An die Stelle des »Primats der Didaktik« (Klafki) oder des »Primats der Vermittlung«, wie es für die interventionistischen Didaktikkonzepte (von Cube, Möller, Schulz) charakteristisch ist, tritt ein »Primat der Aneignung«, die in ihrer Logik dem subjektiv-situativen Eigensinn des Lernenden folgt. Jochen Schweitzer (2005, S. 81) schreibt hierzu:

> »Eine weitere Krise rollt, vielleicht noch mehr am Horizont als schon aktuell, in der Form der pädagogischen Möglichkeiten des Internets auf die Lehrerschaft zu, welche die klassische Funktion der Wissensvermittlung zunehmend entwerten. Was dann Lehrern zu vermitteln bleibt, ist neben den grundlegenden Kulturtechniken und dem ›Lernen des Lernens‹ vor allem eine beraterische Aufgabe: die Schüler auf ihren Irrwegen durch die Flut der Optionen und Risiken beratend zu begleiten.«

Solche Hinweise auf den Wandel von Didaktik und Lehrerrolle, wie er sich durch den Shift zu einem weiten Begriff der Vermittlung ergibt, wird in der erziehungswissenschaftlichen Diskussion noch häufig übersehen. Zumindest entgeht Jochen Kade diese Bedeutungsverschiebung bei seinem Versuch, den Prozess der Systembildung des Pädagogischen durch die Leitdifferenz »vermittelbar/nicht vermittelbar« im Anschluss an die luhmannsche Systemtheorie zu begründen (vgl. Kade 1997). Wenn Kade von »Vermittlung als Aufgabe« (ebd., S. 35 ff.) spricht, dann denkt er diese – ganz im Anschluss an den engen Vermittlungsbegriff der bildungstheoretischen sowie der lehr-lern-theoretischen Didaktik – als »die Praxis des Vermittelns von Wissen an die als Subjekte verstandenen Individuen« (ebd., S. 36). Zwar ist auch die Rede von einem »Vermitteln unterschiedlicher Welten als soziale Praxis« (ebd.), doch gehen dieses mediale Verständnis und damit die systemisch eigentlich anschließbare Lesart des didaktischen Problems in seinen weiteren Ausführungen wieder mehr und mehr verloren. Unübersehbar versucht Kade das Pädagogische vom System des Pädagogischen her zu denken und dadurch gleichzeitig dieses System selbst erst zu konstituieren, ohne zu merken, dass er dabei auf der Basis didaktischer Frühentwürfe ausharren muss, die sich selbst mehr und mehr im Blick auf die Aneignungsleistungen der Subjekte geöffnet haben (vgl. ebd., S. 41):

> »Der Code ›vermittelbar/nicht vermittelbar‹ schließt prinzipiell kein Wissen mehr als pädagogisch zu vermittelnden Inhalt aus. Mit ihm werden die Grenzen des Pädagogischen nicht normativ über den exklusiven

Bezug auf kulturell herausragende Inhalte markiert. Der Code ›vermittelbar/nicht vermittelbar‹ institutionalisiert vielmehr die inhaltliche Beliebigkeit des Pädagogischen. Seine Autonomisierung führt – um es paradox zu formulieren – gerade zu einer Öffnung für beliebige Inhalte, damit zu seiner (inhaltlichen) Fremdbestimmung. Damit ist auch die Voraussetzung für die Pädagogisierung der Welt als universelles Phänomen geschaffen. Die Grundentscheidung für ›vermittelbar‹ impliziert die beständige Modernisierung der Vermittlungsmethoden ebenso wie die grenzenlose Expansion des Pädagogischen.«

Deutlich spürt man, dass Kade selbst sich hier von lieb gewonnenen Vorstellungen zu verabschieden versucht, wie u. a. seine Rede von der »inhaltlichen Beliebigkeit des Pädagogischen« verrät. Diese kann doch nur bemerken, wer implizit von einer Vorstellung der Klarheit (= Nicht-»Beliebigkeit«) ausgeht, welche de facto noch niemals bestanden hat. Zwar gab es im Bildungskanon eine gewisse Klarheit, doch war diese voller behaupteter Wirkungsversprechen und sozialer Exklusivität, also machtfunktional. Deshalb ist der Verlust der »Klarheit« auch nicht der Einstieg in eine »(inhaltliche) Fremdbestimmung« (ebd.), sondern die Befreiung von einer solchen. Damit ist der Blick frei auf die eigentliche systembildende Differenz des Pädagogischen, nämlich »kompetenzbildend/nichtkompetenzbildend«, welche zudem frei sein kann von »Messaufträgen«, welche auch noch über die Zurechenbarkeit von Aneignungsleistungen zu befinden hätten (Frage: Hängt die Aneignung von der Vermittlung ab?). Das Pädagogische kann sich so als kompetenzfördernder Raum neu konstituieren – jenseits von den Vermittlungsversprechungen längst überwundener didaktischer Alleinvertretungsansprüche, und eine solche kompetenzbezogene Leitdifferenz ist zudem näher am Subjekt, dem eigentlichen »Ort des Geschehens«. Zu der Frage, wie ein solcher Raum konstituiert werden könnte, beinhalten die Modelle einer systemisch-konstruktivistischen[4] Didaktik, auf die im folgenden Kapitel eingegangen werden soll, zahlreiche Anregungen.

Zunächst muss allerdings noch auf eine weitere Argumentationslücke in den vermittlungsbezogenen Positionen, zu denen auch die kadesche Aneignungstheorie zählt, skizziert werden. Diese Lücke zeigt sich bei der Frage nach den Inhalten, welche die Vermittlungs-

---

4 Nach Rolf Huschke-Rhein (1998, S. 7 ff.) können die Begriffe »systemisch« und »konstruktivistisch« im Prinzip synonym verwendet werden.

didaktiken weitgehend ausblenden. Während die bildungstheoretische Didaktik diese immerhin noch nachvollziehbar aus einer Art »harter Befragung der Kulturinhalte« (die dabei angelegte Leitdifferenz wäre »vermittelnswert/nicht vermittelnswert«) glaubt ableiten zu können (vgl. Bönisch 1996, S. 63 ff.), ist für die darauf folgenden didaktischen Konzepte das Inhaltliche selbst kein Problem, sondern lediglich die Frage nach der Vermittlung des Inhaltlichen. Dies änderte sich erst im Kontext der arbeitsorientierten Kompetenzforschung, welche die Frage nach dem »domänenspezifischen Wissen als Dimension beruflicher Entwicklung« (Gerstenmaier 2004) in den Vordergrund rückte. Weitgehend unbemerkt vom Mainstream des didaktischen Denkens begann sich im Kontext dieser Forschungen (vgl. Rauner et al. 2004) ein Paradigmenwechsel zu vollziehen, welcher die didaktische Forschung gewissermaßen vom Lehrplanblick befreite. Die inhaltlichen (Vor-)Wissensbestände, welche sich als unverzichtbare Gegenständlichkeit auch und gerade bei der Entwicklung von Schlüsselqualifikationen erwiesen haben, wurden in den letzten Jahren verstärkt in der Logik ihrer Herausbildung beim Subjekt analysiert.

Dieser Paradigmenwechsel ist grundlegend. Er geht davon aus, dass »Wissen« kein Bestand, sondern eine Elaboration im Anschluss an den jeweiligen Wissens- und Kenntnisstand des Individuums darstellt. *Es geht somit um das »subjektive Wissen«* (vgl. Tabelle 4) bzw. die »subjektive Lernbegründung« (Ludwig 2001). Aus diesem Grunde ist die Frage, wie aus Novizen durch Lernen Experten werden, zentral. Dazu Gerstenmaier (2004, S. 153):

»Für die Entwicklung eines solchen Vorwissens haben insbesondere drei Prozesse eine herausragende funktionale Bedeutung: Organisation, Elaboration und Automatisierung. Aus der Gedächtnispsychologie weiß man, dass vor allem das Wissen gut abgerufen und erinnert wird, das gut organisiert ist. Dieser Vorgang ist uns allen gut bekannt, wenn wir Inhaltsangaben von Geschichten machen und damit sog. semantische Makrostrukturen aufbauen. [...] Elaboration ist ein aktiver und konstruktiver Vorgang, der für das Verstehen neuen Wissens von grundlegender Bedeutung und eng mit der Organisation des Wissens verbunden ist. Der dritte Vorgang, der für die Verarbeitung von Domänenwissen bedeutsam ist, wird als Automatisierung von Wissen bezeichnet und beschreibt den Prozess, in dem Wissen prozedural realisiert und in Handlungen umgesetzt wird.«

Entsprechend verändert haben sich in dieser wissensorientierten Perspektive auch die Kategorien, mit denen man versucht, das Inhaltliche von Lehr-Lern-Prozessen zu beschreiben. Wie schon gesagt, es wird zwar mit dem Wissensbegriff argumentiert, sein Blick ist jedoch auf das Subjekt als Wissensträger gerichtet. Ihm ist es deshalb – anders als den vermittlungsorientierten Didaktikkonzepten – nicht um einen »objektiven« Wissens- oder Kulturbestand zu tun. Zwar spricht man von »Domänenwissen«, um den »objektiv notwendigen« Bestand an fachlichen Kenntnissen, Fähigkeiten und Fertigkeiten zu beschreiben, doch wird dieses in den Lebenssituationen (z. B. im Arbeitsprozess) selbst beobachtet, wobei der analytische Blick fest auf »die Analyse der Entwicklung fachlicher Kompetenz und beruflicher Identität« (Bremer u. Haasler 2004) gerichtet ist. Basis der sich hier abzeichnenden didaktischen Wende sind die Situationen der Lebens- und Arbeitswelt bzw. – präziser ausgedrückt – die kompetenzorientierte Analyse, Bewertung und Strukturierung vor dem Hintergrund einer Theorie der Kompetenzentwicklung, denn (ebd., S. 177):

> »Um überhaupt gehaltvoll von Entwicklung sprechen zu können, sind zunächst theoretische Aussagen zu deren Merkmalen wie Richtung, Stufung und Irreversibilität erforderlich. Eine Entwicklungstheorie muss dazu in schlüssigen Hypothesen das Problem des Entwicklungsanstoßes, der Entwicklungssteuerung, des Verstehens der Entwicklungslogik und letztlich auch der Messung von Entwicklung beantworten können.«

Damit wird deutlich, dass die Didaktikmodelle, welche einem *weiteren Vermittlungsbegriff* folgen, den ursprünglichen »Primat des Inhalts« (Klafki) relativieren und die Frage der Inhaltlichkeit in Lehr-Lern-Prozessen neu gewichten. Dabei gewinnt der Situationsbezug an Bedeutung. »Wissen« wird als prozessuale Beurteilungs-, Entscheidungs- und Handlungskompetenz verstanden, welche empirisch nur am Subjekt selbst und seinen Weisen des Kompetenzaufbaus und der Kompetenzentwicklung analysiert werden kann. Damit wird »Wissen« zu einem Subjektbestandteil – was es eigentlich schon stets gewesen ist. Und eine entsprechende Curriculumforschung muss sich als Subjektforschung neu ausrichten und verstärkt so den Gesamttrend in Richtung *eines Didaktikverständnisses, welches »Didaktik« als eine Subjektwissenschaft bzw. als »Wissenschaft von der subjek-*

tiven Aneignung und Konstruktion von Kompetenz« neu zu begründen versucht.[5]

In diesem Sinne plädieren auch Peter Faulstich und Petra Grell (2005) für eine »Lerntheorie vom Subjektstandpunkt«, indem sie, in Anschluss an die »subjektwissenschaftliche Konzeption« Klaus Holzkamps (1993), nach den Lernbegründungen bzw. Lerninteressen des Subjektes fragen – eine »Kehre« der Lerntheorie, welche nach ihrer Einschätzung auch mit »radikal-methodologischen Konsequenzen« (ebd., S. 22) einhergeht. Weiter heißt es (Faulstich u. Grell 2005, S. 24 f.):

> »Lernen in einem solchen anspruchsvollen Ansatz ist Aneignung von Wissen und Können durch die Personen selbst. [...] Lernanlässe entstehen aus Diskrepanzerfahrung zwischen Intentionalität und Kompetenz. Man kann nicht so, wie man will. Aus einer Handlungsproblematik [...] wird eine Lernhandlung ausgegliedert, eine Lernschleife eingebaut. Daraus entstehen Lernthemen, die sich aber nicht auf Lerngegenstände an und für sich, sondern auf ihre jeweilige Bedeutung für verfügungserweiterndes Lernen des Individuums beziehen. Bedeutungshaftigkeit ist derjenige Aspekt von Welt, durch den diese für das Individuum, für seine Lebensinteressen relevant und damit als Lernthematik zugänglich wird.«

Faulstich und Grell haben mit dem »Konzept der forschenden Lernwerkstatt« (ebd., S. 29 ff.) eine Methodologie entwickelt, mit deren Hilfe solche subjektiven Lernbegründungen in den Blick genommen, reflexiv verfügbar gemacht sowie produktiv für das eigene Lernen genutzt werden können. Diese Methodologie harrt noch der Integration mit den von Rauner für die Berufsbildungsforschung vorgeschlagenen und erprobten Neuansätzen. Damit ist ein Weg markiert, auf dem Didaktik und Curriculumforschung sich stärker an dem subjektiven Wissen zu orientieren vermögen, welches dabei in seiner Ganzheitlichkeit, d. h. als kognitiv-emotionales Orientierungswissen, in den Blick zu treten vermag. Zu Recht weisen Faulstich und Grell darauf hin, dass es gelte, das kognitivistische Bias der vorliegenden Lerntheorien zu überwinden und nicht bloß subjektorientiert zu reproduzie-

---

5 Dass für eine solche prozessorientierte Curriculumforschung neuartige und stärker (arbeits)prozessintegrierte Formen der Kompetenzanalyse erst entwickelt und erprobt werden müssen, wird u. a. in dem *Handbuch der Berufsbildungsforschung*, welches Felix Rauner herausgegeben hat, deutlich. In dessen 5. Kapitel sind die dabei zu nutzenden Forschungsmethoden dargestellt (vgl. Rauner 2005, S. 557 ff.).

ren – eine Gefahr, in welcher die um Rauner vertretenen Konzepte durchaus stehen:

»Wilhelm Dilthey z. B. hat dagegen immer wieder darauf hingewiesen, dass der reale Lebensprozess drei zentrale Dimensionen des Weltbezuges umfasst: Wollen, Fühlen und Vorstellen. Daraus folgt eine ursprüngliche, kognitiv-volutiv-affektive Form des Verstehens von Welt – innerer wie äußerer. Man muss sich der Tatsache stellen, dass die lernenden ›Subjekte‹ sich nicht nur Denkleistungen aneignen, sondern immer rückgebunden sind an ihre eigene Körperlichkeit. Weltzugänge lösen sich nicht auf in Denkvorgängen, sondern sind unhintergehbar bezogen auf die eigene leibliche Situiertheit« (ebd., S. 23 f.).

Dieser Hinweis auf die Emotionalität der Subjektivität ist wegweisend, wenn auch Faulstich und Grell diese Blickrichtung in ihren eigenen hermeneutischen Forschungszugriffen nicht durchzuhalten vermögen; ihnen fehlt – wie auch der Gruppe um Rauner – noch eine elaboriertere Begrifflichkeit zur Erfassung der systemischen Logik des Emotionalen als der tragenden Basis von Welterleben und Weltdeutung (vgl. Arnold 2005b). Demgegenüber sind die ermöglichungsdidaktischen Bemühungen zur umfassenden Ausdeutung der »subjektiven Lernbegründungen« m. E. weniger kognitivistisch verengt. Deutlich wird dies u. a. in dem Bemühen, Deutungs- und Emotionsmuster in Lehr-Lern-Prozessen in den Blick zu nehmen sowie das Lerngeschehen auch in seinen Rekonstellierungsdynamiken zu verstehen.

Dieser vollständigere Blick auf die Subjektivität des Lernenden wird u. a. in dem ermöglichungsdidaktischen »2-Ebenen-Modell« von Lernprozessen deutlich (vgl. Tabelle 7).

Die Verschränkung dieser beiden Ebenen verdeutlicht, dass Aneignung nicht ohne Rekonstellierung denkbar ist, wobei der Rekonstellierungsbegriff für den Sachverhalt steht, dass sich »objektiv« Neues stets nur im Kontext des »subjektiv« Alten erkennen und verstehen bzw. – besser gesagt – wiedererkennen und nachhaltig einwurzeln lässt. Dieser Gedanke führt uns schließlich zu dem ermöglichungsdidaktischen Konzept von der *Subjektivierung des Lerngegenstandes*[6], auf welches noch genauer einzugehen sein wird (vgl. Kapitel 6).

---

6 In diesem Sinne schreibt Fritz B. Simon (1999, S. 152): »Bezogen auf die Schule heißt das dann beispielsweise, dass der Schüler bestimmt, was der Lehrstoff ist, nicht der Lehrer – und natürlich erst recht nicht irgendwelche Kultusministerkonferenzen«.

Erwachsenendidaktische Beobachtungsebene	Phasierung		
	Verunsicherung	Information	Transformation
Aneignung	neues Wissen (z. B. bei Obsoleszenz bisheriger Expertise)	Präsentation, Didaktisierung, anschlussfähige Inszenierung von neuen Sichtweisen, Erklärungen und Perspektiven	Alte Deutungsmuster werden »losgelassen« und neue Perspektiven und Erklärungsweisen geteilt.
Rekonstellierung	Überforderungserleben führt zur Aktivierung »bewährter« bzw. vertrauter Angstbewältigungsstrategien.	das eigene Erleben thematisieren, in den Blick nehmen und mit neuen Begriffen »be-greifbar« werden lassen, wodurch sich eine Beobachterposition herausbildet	Aufgabe bisheriger Angstbewältigungsstrategien und »leidenschaftsloserer« Umgang mit den bevorzugten Mustern des »Sich-in-der-Welt-Fühlens«

Tab. 7: Phasen und Beobachtungsebenen einer Didaktik des Emotionslernens (nach Arnold 2005b, S. 235)

Entscheidend ist, dass Didaktik sich von der intellektualistischen Lehr-Lern-Illusion verabschieden muss, um erkennen zu können, dass ein nachhaltiges, d. h. kompetenzentwickelndes Lernen stets beide Ebenen gleichzeitig berührt: die der *Aneignung* und die der *Rekonstellierung*. Inhalte werden nicht einfach angeeignet, weil sie überzeugend, unvermeidbar oder gar per se kompetenzstiftend sind. Sie können eine Kompetenzwirkung nur dann entfalten, wenn sie gewissermaßen »einverleibt« werden können. Und dies bedeutet, dass Didaktik sich sehr viel stärker als bisher mit den Vorstrukturen der lernenden Subjekte, ihrer biografischen Geprägtheit und autoreferenziellen Geschlossenheit auseinandersetzen muss. Das biografische Kontinuitätsstreben des Subjektes wirkt den Imperativen eines lebenslangen Lernens so lange entgegen, solange dieses mit Dementierung des Bisherigen, Umlernen und Veralterungsängsten einhergeht. Lebenslanges Lernen ist jedoch in allererster Linie auf metakognitive Konzeptionen angewiesen: Menschen müssen lernen, lebenslang zu lernen, d. h., gefragt ist ihre Selbstlernkompetenz, mit deren Hilfe sie zu einer neuen Stabilität gelangen können, die auf dem Bewusstsein von der eigenen Wandlungsfähigkeit basiert. Gleichzeitig muss der Aneignungsfokus der Didaktik um den der Rekonstellierung erweitert werden. Menschen eignen sich Inhalte nicht bloß an, weil diese überzeugend, notwendig oder weiterführend sind, sie tun dies alles auch nur im Kontext dessen, was sie auszuhalten vermögen (vgl. Arnold 2005b).

Seit einigen Jahren arbeite ich jährlich mit Lehramtsstudierenden in einem Kompaktseminar an der Fragestellung »Was hat mich erzieherisch geprägt/ bewegt?«. Dabei geraten auch die sehr persönlichen und bisweilen verletzenden Erfahrungen in den Blick, die sich als Angstmuster hinter unseren – vordergründig so sachlich-klug begründeten – professionellen Orientierungen verbergen. Diese in den Blick zu nehmen öffnet nicht nur die Tür zu einer neuen Nüchternheit, welche uns helfen kann, das zu erkennen, was wirklich am Wirken ist, wenn wir meinen, wir würden angemessen handeln, folgerichtig schlussfolgern oder gar berechtig intervenieren. Zugleich eröffnet dies auch die Möglichkeit, sich – im Interesse der »Sache« oder aus Gründen des eigenen Wohlergehens – zu ändern, indem man es sich gestattet, die Dinge einmal anders zu sehen, und dabei vielleicht auch die Angst vor der eigenen Wirkungsunsicherheit erkennt und auszuhalten lernt. Erst dieser Weg durch die (eigene) Angst vermag uns zu einer Gelassenheit zu führen, die es uns erlaubt, aktuelle Bedrängnissituationen durch eine andere Brille als die der Angst zu betrachten. Und wenn wir die Situationen neu betrachten, erkennen wir oft Möglichkeiten, uns in ihnen neu und anders zu verhalten.

3. Konstruktivistische Grundlagen

»Neu denken« ist in Mode gekommen – auch in der Pädagogik. Hier wird nicht nur Schule »neu gedacht«, auch die Möglichkeiten und Grenzen von Lehrerinnen und Lehrern geraten neu in den Blick, wobei man alles zugleich vorfindet: Man testet und beurteilt – möglichst im internationalen Maßstab – Lehrerleistungen, auch mit dem zumeist unausgesprochenen Ziel, Verantwortlichkeiten zu »regeln« oder doch zumindest dort Eindeutigkeiten und Standardisierung herzustellen, wo alles so unübersichtlich zu werden droht. Zugleich verbreitet sich in der Pädagogik seit einigen Jahren auch eine konstruktivistische Skepsis, welche in vielen Bereichen aufgegriffen wird, aber doch die Unübersichtlichkeit zunächst eher verstärkt, weil vermeintliche Gewissheiten ins Wanken geraten – vorausgesetzt, man lässt sich darauf wirklich ein. Der Konstruktivismus ist nun der Versuch, zunächst unser Denken selbst neu zu denken, bevor wir anfangen, mit unseren vertrauten Denkmustern »Neues« zu denken, wobei letztlich nichts herauskommen kann. Konstruktivismus ist deshalb zunächst und in allererster Linie eine Erkenntnistheorie. Er geht an die Wurzeln und ist deshalb »radikal«. Entsprechend gibt es auch keinen »radikalen Konstruktivismus«, der Konstruktivismus ist per se »radikal«.

Ich sehe, was ich sehe

Was hat dieses nun, so mag man sich fragen, mit Unterricht und Schule zu tun? Die Antwort ist: »Es gibt kein Richtiges im Falschen!« Wir können nicht so tun, als wüssten wir Bescheid, wenn uns die neueren Forschungen immer nachdrücklicher mit der Tatsache konfrontieren, dass die Welt, wie wir sie sehen, ein Produkt unserer Sinnesorgane ist. Sicherlich, diese Überlegung ist nicht neu, aber sie wird heute immer unabweisbarer. Zwar reicht die Kette ähnlicher solipsistischer Entwürfe von Xenophanes, Sextus Empiricus über Locke, Hume und Kant bis zu Ernst von Glasersfeld, der vielfach als Begründer des »radikalen Konstruktivismus« angesehen wird, doch erst die Arbeiten Humberto Maturanas und die seit einiger Zeit vorliegenden Ergebnisse der Hirnforschung zeichnen uns das Bild einer selbstreferenziellen (= auf sich selbst zurückbezogenen) Geschlossenheit unserer Wahrnehmung, die zur Folge hat, dass wir sehen, was wir sehen (können), und dass nicht existent ist, was wir nicht sehen können oder nicht zu sehen gelernt haben – wobei »sehen« hier im Sinne von »wahrnehmen« verwendet wird. Maturana (2001, S. 18 f.) beschreibt diesen Sachverhalt mit den Worten:

> »Als strukturdeterminierte Systeme sind wir von außen prinzipiell nicht gezielt beeinflussbar, sondern reagieren immer im Sinne der eigenen Struktur.«

Fragt man sich, was diese »eigene Struktur« ist, so wird man bei den Hirnforschern Wolfgang Singer und Gerhard Roth fündig. Singer (2002, S. 72) fasst seine wahrnehmungsphysiologischen Untersuchungen dahingehend zusammen ...

> »[...] dass Wahrnehmung nicht als passive Abbildung von Wirklichkeit verstanden werden darf, sondern als das Ergebnis eines außerordentlich aktiven, konstruktivistischen Prozesses gesehen werden muss, bei dem das Gehirn die Initiative hat.«

Das Gehirn, dessen synaptische Verschaltungsarchitektur mit der Pubertät »starr« zu werden scheint (ebd., S. 92), entwickelt sich so, dass einmal geknüpfte Verbindungen sich peu à peu zu den Mustern verdichten, welche in strukturähnlichen Situationen aktiviert werden. Es stellt ständig vor dem Hintergrund der gesammelten Erfahrungen Hypothesen auf, mit deren Hilfe es »den Wirrwarr der Sinnessignale nach ganz bestimmten Gesetzen ordnet und auf diese Weise die Objekte der Wahrnehmung definiert« (ebd., S. 80). Aus diesem Grunde begegnen einem die Situationen und Objekte der Außenwelt nicht so, wie sie »sind«, sondern in der Form, wie unsere Hypothesenmuster aktiviert werden. Und diese Hypothesenmuster folgen der Logik unserer frühen Erfahrungen (vgl. Bion 1990), welche unsere innere Struktur, den Stoff, aus dem unser Denken, Fühlen und Handeln gemacht ist, determinieren. Dieser Sachverhalt ist durch neuere Forschungen vielfach bestätigt. So wissen wir heute, dass wir – wenn wir reagieren (ein Verb, das nicht beschreibt, was eigentlich geschieht!) – um ein Vielfaches mehr intracorticale Verknüpfungen aktivieren als solche, welche der Verarbeitung der von außen kommenden Sinneseindrücke dienen.[7] Wir reagieren demnach, wenn wir fühlen, denken

---

7 Bereits Heinz von Foerster (1985b, S. 58) stellt fest, dass »der Signalfluss, der von den etwa hundert Millionen Sinneszellen dem Hirn zuströmt, keinen Hinweis auf irgendwelche Eigenschaften jenseits dieser Zellen (trägt), außer dass sie an bestimmten Stellen der Körperoberfläche gereizt wurden«.

und handeln, in erster Linie auf unsere eigenen internen Zustände. Der Hirnforscher Roth kommt deshalb zu dem Schluss (2001, S. 214), dass sich das System des menschlichen Cortex ...

> »[...] aufgrund seiner hochgradigen Binnenverdrahtung im Wesentlichen mit sich selbst beschäftigt. Reize und Informationen dringen [...] zwar von außen in das System hinein, und Erregungen verlassen es, aber dieser Effekt ist verschwindend klein gegenüber dem internen Geschehen.«

Ein uns von einer überlegenen außerirdischen Welt her analysierender Hirnforscher müsste deshalb – so Gerhard Roth (ebd., S. 215) – zu dem Ergebnis kommen,

> »dass sich in diesem Cortex eine eigene Vorstellungswelt aufbauen wird, die für den externen Beobachter mit den Geschehnisse außerhalb des Cortex irgendwie lose zusammenhängt. Für die Elemente innerhalb der corticalen Vorstellungswelt wird diese Welt jedoch die einzige sein, die existiert. Während für den Beobachter alle corticalen Erlebnisse virtuell sind, werden die Binnenelemente, d. h. die Zustände des Cortex, diese virtuellen Vorgänge und damit sich selbst für die Wahrnehmungen realer Bewegungen halten.«

Gibt es eine bessere Form, den Konstruktivismus zu begründen? Solche unabweisbaren Ergebnisse beschreiben die Biologie unserer Kognition (Maturana 1998, S. 22 ff.) in einer bislang nicht gekannten Exaktheit und rechtfertigen die grundlegende Annahme des Konstruktivismus, dass wir sehen, was wir sehen (können). Zudem ist es aber auch so, dass wir bloß sehen, was wir »aushalten« können (vgl. Arnold 2005b). Diesen Aspekt hat ebenfalls Gerhard Roth deutlich ausgeleuchtet und dabei auch – entgegen dem psychologischen Zeitgeist – wesentliche Annahmen der Traumatheorie von Sigmund Freud bestätigt gefunden. Unsere Wahrnehmung ist – sowohl stammesgeschichtlich als auch individualgeschichtlich – zunächst eine emotionale, bei der sich grundlegende Formen des »Sich-in-der-Welt-Fühlens« einspuren und synaptisch so verschalten, wie es die frühen Erlebnisse mit Geborgenheit, Spiegelung, Macht etc. angebahnt haben. Man sieht dann auch nur noch das, was man kennt. Neben die Selffulfilling Prophecy der hypothesengesteuerten Kognition tritt das Selffulfilling Feeling der rekonstellierenden Emotion. »Wer einen

Hammer hat, für den besteht die Welt aus lauter Nägeln!« – so beschreiben die Konstruktivisten diesen Effekt.

Übertragen auf den Bereich von Kooperation und Führung in Schulen und Hochschulen, kann das in den Satz umgewandelt werden: »Wer nicht gesehen wurde, für den besteht sein Führungshandeln auch aus dem Anliegen, endlich gesehen zu werden.« Und es gilt auch das Umgekehrte: Wer negative Erfahrungen mit erlebter Autorität gesammelt hat, dessen Verschaltungen aktivieren bevorzugt innere oder auch äußere Aufgeregtheiten gegenüber Führungsansprüchen, die nicht sämtlich angemessen sind, selbst wenn viele andere ähnlich empfinden.

Deutlich spürbar ist in diesen Funktionsmechanismen unserer Wahrnehmung auch eine Umkehrung der Logik angelegt: Wir erleben nicht das, was uns begegnet, sondern das, was wir schon kennen – auch wenn dies überhaupt nicht in dem enthalten ist, auf das wir zu reagieren glauben.

Eine zwingende Argumentation

Für Humberto Maturana ist diese Argumentation »zwingend« bzw. »verpflichtend« (span. »un argumento para obligar«), da sie unabweisbar belegt, dass der Mensch keinen Zugang zur Wirklichkeit erhalten kann. Aus diesem Grunde ist für ihn der Kampf um die Realität aufzugeben, da alle Beteiligten jeweils nur sehen können, was sie zu erkennen oder – besser gesagt – wiederzuerkennen vermögen. Wir sind gewissermaßen »verpflichtet«, den tatsächlichen Gegebenheiten unseres Denkens in der Art, wie wir der Welt, uns selbst und anderen begegnen, Rechnung zu tragen – ein Gedanke, der auch ethische Maximen beinhaltet. Selbstverständlich kann man sich darüber einigen, dass ein Baum ein Baum ist oder dass man gerade in einem Zug oder einem Flugzeug sitzt, welches wir uns nicht selbst konstruieren, doch ist dies nur im Bereich der »harten Tatsachen« mit einer solchen Eindeutigkeit möglich. Hier haben sich im Evolutionsprozess kognitive Systeme herausgebildet, die ein überlebenssicherndes Handhaben der umgebenden Natur ermöglichen, was jedoch »keine Garantie dafür ist, dass die(se) Systeme darauf optimiert wurden, eine möglichst objektive Beurteilung der Welt zu liefern« (Singer 2002, S.78). Alles, was wir zu sagen vermögen, ist, dass wir mithilfe dieses Systems »Wege gehen können«, weshalb die Konstruktivisten auch von Viabilität anstelle von Objektivität sprechen. Der Stoff, aus dem soziales Handeln, Kooperation und Schule gestaltet werden, ist aber nicht in dieser Weise »hart«. Er ist vielmehr »weich«, d. h., er wird unterschiedlich interpretiert und gestaltet. Man kann zwar Maschinen so konstruieren, dass sie einwandfrei funktionieren, aber keine Freundschaften, Familien oder gar Bildung – so viel zur Unterschiedlichkeit zwischen harten und weichen Tatsachen.

Die Sinnenabhängigkeit der Wahrnehmung, diese zum Konstruktivismus »verpflichtende« Basis, ist auch in den philosophischen Debatten weitgehend Konsens. So zitiert Michael Weingarten in seiner Schrift »Wahrnehmen« aus einem Wörterbuch der Kognitionswissenschaften die Feststellung,

> »dass ein Mensch all das wahrnimmt, wovon er durch seine Sinne Kenntnis erlangt. Somit ist die Verfügbarkeit von Sinnesorganen und die Beziehung der Wahrnehmung zu den Sinnen als eine notwendige Bedingung der Wahrnehmung anzusehen [...]. Die Wahrnehmung ist gleichsam das Fenster des Geistes zur Außenwelt, und sie lässt sich in der Hierarchie psychischer Prozesse zwischen bloßem Empfinden und Fühlen einerseits und aufmerksamer reflexiver Beobachtung andererseits ansiedeln« (Mausfeld 1996, S. 776 f.; zit. nach Weingarten 2003, S. 101).

Für den Philosophen Weingarten lassen sich hieraus – übrigens in Anlehnung an wegweisende Vorarbeiten des Philosophen Ernst Mach – die konstruktivistischen Konsequenzen gut begründen, die er wie folgt in konstruktivistischer Sprache ausdrückt:

> »Unsere menschlichen Wahrnehmungen der Welt sind keine Abbilder der Welt außerhalb von uns, sondern wir konstruieren uns ein Weltbild aus den intern induzierten Zustandsveränderungen unseres Nervensystems; und die Erfahrung oder das Erlebnis einer solchen Zustandsveränderung bezeichnen wir dann als ›Wahrnehmung‹« (Weingarten 2003, S. 17).

Diese »zwingende Erkenntnis« führt nun keineswegs, wie Michael Weingarten deutlich macht, in eine solipsistische Falle. Vielmehr ist dem Konstruktivismus mit der Einführung der Kategorie des Beobachters »zunächst auch eine produktive Lösung« (ebd., S. 19) gelungen, ist es doch der Beobachter, der die Viabilität der aufgrund einer selbstreferenziellen Logik entstehenden Deutungen prüft und damit nicht mit dieser gleichgesetzt werden kann. Es ist also die alte Unterscheidung zwischen Bewusstsein und Selbstbewusstsein, Letzteres als sich selbst beobachtende Instanz gedacht, welche hier aufscheint.

Folgen für die Pädagogik

Die Pädagogik bezieht sich auf eine Welt der weichen Tatsachen, in der sich keine evolutionsgeschichtlich bewährten Formen des – effektiven – Umgangs und der Gestaltung von Kooperation und Zusammenleben eindeutig herausgebildet haben – nicht zuletzt deshalb, weil die Kriterien für Effizienz einem beständigen kulturellen Wandel unterliegen. Die Frage ist deshalb: Welche Konsequenzen ergeben sich aus dieser »zwingenden« Argumentation für die Pädagogik bzw. für das unterrichtliche oder erzieherische Handeln? Nach meinem Eindruck geht es in erster Linie darum, den Als-ob-Modus des Denkens und Handelns zu überwinden. Damit ist gemeint, dass wir gewohnt sind, so zu handeln,

- als ob unser Handeln eine Reaktion auf eine objektive Realität darstellte,
- als ob der Andere durch sein Verhalten in uns diese als solche berechtigte und angemessene Reaktion auslöste,
- als ob wir Bescheid wüssten,
- als ob unsere Erfahrung uns schlau (und nicht blind) machte,
- als ob das, was wir als »richtig« und »gewiss« empfinden, auch so wäre,
- als ob die Bedingungen »schuld« wären,
- als ob wir Wissen lehren könnten,
- als ob mangelnde Disziplin an den Eltern der Kinder läge,
- als ob Interventionen (z. B. über Standards) in komplexe Systeme möglich wären
- usw.

Diesem Als-ob-Denken liegt eine eindeutige Trennung zwischen innen und außen, zwischen Subjekt und Objekt, zwischen Lehren und Lernen usw. zugrunde, die möglicherweise in früheren Zeiten auch für das Leben funktional gewesen ist und Viabilität herzustellen vermochte. Im Modus des Als-ob-Denkens klagen Lehrerinnen und Lehrer über ihren Schulleiter, ihre Schülerschaft oder die ausbleibende Unterstützung von oben, als wäre alles ganz anders, wenn ... ja, was eigentlich? Ginge es besser, wenn wir unsere Welt plötzlich ohne die Chance wahrnehmen müssten, unsere früh eingespurten Gedanken und Empfindungen aktivieren zu können? Wir haben doch nur diese und keine anderen? Kann es uns wirklich gut gehen, wenn es uns gut geht, oder geht es uns nur gut, wenn es uns (auch) schlecht geht? Kennen wir die inneren Determiniertheiten, aus denen wir unsere Lagebeurteilungen beständig erzeugen? Hat die »Realität« überhaupt eine Chance gegen unsere Strukturdeterminiertheit?

Die entscheidende Frage ist jedoch die nach dem gesellschaftlichen Wandel. Langt es, wenn wir das Neue, welches gestaltet werden muss, nur im Rückspiegel unserer erworbenen Strukturdeterminierungen zu erkennen vermögen? Es spricht viel dafür, dass dies in beschleunigt sich entwickelnden Gesellschaften nicht mehr ausreicht und die Menschheit vor der entscheidenden Herausforderung steht, die Mechanismen des Erkennens zu wandeln. In vielen Bereichen zeigt sich immer deutlicher, dass die komplexitätsreduzierende Wirkung und die gestaltende Kraft des mechanistisch-linearen Denkens, wie man dieses Als-ob-Denken auch nennt, an deutliche Grenzen stoßen. Mehr Intervention führt schon längst nicht mehr überall zu mehr Output. Schon Frederic Vester (1998, S. 8) schreibt:

> »Brillant entwickelte Projekte enden im Kollaps, von den besten Experten abgesicherte Unternehmensstrategien schlagen fehl, und oft erreicht man mit bester Absicht genau das Gegenteil von dem, was man wollte.«

Notwendig ist deshalb ein ganzheitlich-systemisches Denken, zu welchem uns der Konstruktivismus wesentliche Anregungen liefert.

Für das pädagogische Handeln bedeutsam ist die Erkenntnisfrage auch deshalb, weil die Bildung sich wesentlich über Erkanntwerden vollzieht. Lehrerinnen, Ausbilder, Hochschullehrer u. a. können nicht wirklich jemanden »bilden«, vielmehr ist Bildung eine Art Selbstvollzug, der ermöglicht, angeregt und begleitet werden kann in Formen, die andere sind als die der Intervention. Dieser Gedanke tauchte in der Geschichte der Pädagogik immer wieder auf, aber er wurde nie wirklich wirksam. Die Geschichte der Pädagogik – insbesondere die Phasen, welche so gerne als »Erfolgsgeschichte« gepriesen werden – ist eine der Interventionskonzepte. So sind die didaktischen Modelle, welche Lehrerinnen und Lehrer lernen (müssen), Interventionsmodelle, und auch die augenblickliche Phase, in welcher der Traum vom

Messen, Standardisieren und Bewerten geträumt wird, ist ein Interventionstraum. Wer so träumt, der bewegt sich nach wie vor in der Welt des mechanistisch-linearen Denkens, welche – wie wir gesehen haben – nichts hervorzubringen vermag als »Virtualitäten«, und entfernt sich von dem, was für das Erkanntwerden der nachwachsenden Subjekte wirklich hilfreich und notwendig ist. Der Interventionstraum erweist sich für die Bildungswissenschaft letztlich auch als traumatisch, da diejenigen, welche ihn träumen, nicht wissen, was sie tun. Vielleicht würde ihnen eine Prise Konstruktivismus die Augen öffnen?

In diesem Sinne schreibt der Systemiker Fritz B. Simon (2006, S. 78):

>»Jede interne Veränderung setzt an den bereits bestehenden Strukturen an und ist durch deren Funktionsregeln bestimmt. Änderung kann von außen – durch das Medium, in dem ein System operiert, bzw. durch die Umwelt – lediglich indiziert, nicht jedoch zielgerichtet festgelegt (determiniert) werden. Ereignisse in der Umwelt des jeweiligen Systems wirken als Perturbationen oder Irritationen, auf die der eigenen, inneren Funktionslogik entsprechend reagiert wird. Um diese Störungen zu kompensieren, ist es manchmal notwendig, interne Strukturen und Prozesse neu zu ordnen oder zu entwickeln, manchmal können sie aber auch mit dem bereits vorhandenen Repertoire an Bewältigungsstrategien und -prozeduren beseitigt werden.«

Dies sind die bereits bei Piaget beschriebenen Akkomodations- bzw. Assimilationsmechanismen, mit denen die Systemik des Bewusstseins auf neuartige Herausforderungen reagiert. Diese Mechanismen wurden lange Zeit in ihrer konstruktivistischen Substanz nicht erkannt: Man fand bereits hier deutlich beschrieben, dass die menschliche Wahrnehmung entweder die eigenen Wahrnehmungsschemata ändert, um das Neue wirklich erschließen zu können, oder sich das Neue eben so »einverleibt«, wie es die eigenen Deutungen zulassen. In keinem Fall jedoch geht es um lineare Prozesse einer Vermittlung oder eines Transfers von Informationen oder Wissen. In diesem Sinne begründete Piaget eine neue Sicht des Kindes, welche Reinhard Fatke (1970, S. 19 f.; Hervorh. im Orig.) in seinem Vorwort zu Jean Piagets *Meine Theorie der geistigen Entwicklung* mit den Worten beschreibt:

>»Das Kind als ein *aktives* Wesen, das sich entwickelt, indem es in eine Auseinandersetzung mit der Welt eintritt, diese Welt strukturiert und dabei sie und sich selbst verändert; das Kind als ein *kompetentes* Wesen,

das zunehmend über Fähigkeiten zur Weltaneignung verfügt und im Vergleich zum Erwachsenen nicht als mangelhaft, sondern als *qualitativ andersartig* angesehen werden muss; das Kind als ein *Interaktionspartner*, der nicht ausschließlich nach den Vorstellungen des Erwachsenen geformt, gebildet, ›sozialisiert‹ wird, sondern seinerseits auch auf den Erwachsenen einwirkt und somit die Prozesse der Sozialisation und Erziehung aktiv mitgestaltet.«

Es ist eine konstruktivistische Erkenntnistheorie, welche sich hier auf ein Konzept des aktiven und freien Subjektes stützt. Dieses hat keinen unmittelbaren Zugang zur Realität, sondern jede Erkenntnis ist »eine Strukturierung des Gegebenen [...], an der das erkennende Subjekt aktiven Anteil hat« (Piaget, zit. nach Scharlau 1996, S. 132). Es ist deshalb auch nach Piaget so, dass man die Wirklichkeit nicht im Streit bestimmen kann. Sie ist vielmehr eine subjektive Konstruktion, die man in ihrer Geprägtheit sowie in ihrer Musterhaftigkeit allerdings verstehen und mit der man sich vertraut machen kann.

Beobachtungsbewusstsein

Die erkenntnistheoretischen Anregungen des Konstruktivismus lassen sich in dem Begriff der Beobachtung bündeln, welcher sich in letzter Zeit zu einer Leitkategorie des pädagogischen, aber auch des gesamten sozialwissenschaftlichen Denkens entwickelt. Der Grund dafür liegt in der Einsicht, dass wir Wirklichkeit nicht einfach als etwas außerhalb von uns Bestehendes untersuchen können, sondern dieses Objekt uns eigentlich nur durch unsere Beobachtungen zugänglich wird, wir es also selbst konstruieren. Aus diesem Grunde muss auch der Beobachter selbst dabei beobachtet werden, wie er beobachtet. Damit lernen wir peu à peu zu erkennen, wie wir die Wirklichkeit bevorzugt – aufgrund unserer erworbenen hirnphysiologischen Verschaltungen – konstruieren. Diesen Effekt gilt es bis hinein in die Wissenschaft zu verfolgen, er ist aber auch im alltäglichen Berufshandeln von grundlegender Bedeutung.

Professionelles Verhalten – als Lehrerin, Schulleiterin oder Hochschullehrer – ist nur als ein beobachtungsbewusstes bzw. selbstreflexives Verhalten möglich. Ein solches Verhalten ist weniger »entschieden«. Man weiß dann nun die Eigenkonstruktion seiner Reaktionen und Urteile, und so manches kommt einem dann im Verlauf des (Berufs-)Lebens bekannt vor. Nur wer seine alten Bekannten (routinemäßigen Deutungen, Gefühle und Reaktionen) kennt, kann sich auch von ihnen verabschieden oder zumindest »auf Distanz gehen«. Damit dies gelingt, benötigen Professionals eine Aufklärung über die Funktionsmechanismen der Wahrnehmung. Nur wer von ihnen weiß, kann sich auch selbst distanzierter und auch leidenschaftsloser – oder vielleicht sogar amüsiert – beobachten, und wer gelernt hat, sich in dieser Form selbst zu beobachten, der kann zu einem Münchhausen werden, dem es ja bekanntlich gelungen ist, sich an den eigenen Haaren aus dem Sumpf zu ziehen. In besonders hartnäckigen Fällen – und es gibt überwiegend solche – benötig man eine »hilfreiche Hand«, die einem bei der Veränderung hilft, indem sie beobachtet, Feedback gibt und verstört, wo sich alte Gewissheiten wiederherzustellen versuchen. Paul Watzlawick hat diese Formen der Wirklichkeitsbearbeitung in seinem Buch *Münchhausens Zopf* dargestellt. Er schreibt (1988, S. 48, 70; Hervorh. im Orig.):

> »Spätestens seit Kant aber wissen wir, dass uns die wirkliche Wirklichkeit nicht zugänglich ist, sondern dass wir immer nur mit Deutungen oder Bildern der Wirklichkeit leben, von denen wir freilich meinen, dass sie objektiv wirklich sind [...]. Dass dieser Wahrheitswahn dann alle anderen Theorien und Hypothesen unweigerlich als falsch abstempelt und damit zu end- und fruchtlosen ›wissenschaftlichen‹ Debatten führt, sei nur am Rande bemerkt. Nicht um die Wahrheit geht es der modernen Wissenschaft, sondern um Wirksamkeit. Hier wie anderswo kommt es also nicht auf Deutungen und Erklärungen *als solche* an, sondern nur darauf, dass imaginäre Annahmen fiktive Brücken zu praktischen Resultaten schlagen.«

Für das unmittelbare Unterrichts- und Erziehungshandeln ist die »Beobachtung der Beobachtung« von grundlegender Bedeutung, denn nur, wenn wir die Schülerinnen und Schüler anders zu sehen lernen – frei von unseren eigenen tief eingespurten Mustern und Verschaltungen –, können diese auch anders sein und als das erkannt werden, was sie sind, und weniger als das, was wir in ihnen »wiederfinden«. Vielleicht klingen solche Überlegungen abstrakt, vielleicht auch zu abstrakt für jemanden, der die Kinder sieht, wie er sie sieht – in ihren Disziplinproblemen und Verhaltensauffälligkeiten. Doch wir sehen diese auch, weil wir sie fokussieren. Und wir blicken beständig hin, um sie zu sehen, vielleicht weil wir selbst so betrachtet wurden oder weil wir verlernt oder nie gelernt haben, das Andere an den Kindern zu sehen und diese auch anders zu erkennen – ein Prozess der

»Umdeutung«, den uns John Dewey vorgemacht hat, wie Kersten Reich (1996, S. 202) beschreibt:

> »Deweys Pädagogik kommt an sehr vielen Stellen einer konstruktivistischen Pädagogik sehr nah. Indem er die Individualität und Einmaligkeit eines jeden Menschen betont, blickt er, wenn auch mit einer anderen Terminologie, durchaus auch auf die imaginäre Seite menschlicher Beziehungen. So schreibt er z. B., dass Kinder ihm im Gegensatz zu Erwachsenen als frischer, offener und visionärer erscheinen, um zugleich den Erwachsenen vorzuwerfen, dass sie diese Eigenschaften durch die Überbewertung der symbolischen Ordnung schnell zum Erlöschen bringen. Aber es gibt nun einmal, so betont er immer wieder, sehr individuelle und subjektive Wege zur Erkenntnis. Und sie sind notwendig, wenn wir kreativ mit den Konstruktionen von Welt umgehen wollen.«

Denken und Lernen konstruktivistisch neu denken

Diese Ausführungen bringen deutlich auf den Punkt, worum es einer erkenntnistheoretisch informierten Pädagogik zu gehen hat: um die Förderung der Erkenntnisfähigkeit, da diese die Quelle aller Kompetenzen ist. Wie können wir etwas lernen, wenn wir nicht zu denken verstehen, und wie können wir zu denken verstehen, wenn der Streit um die Realität im Vordergrund steht und nicht die Mechanismen ihrer Konstruktion, die wir praktizieren, ohne sie zu kennen? Doch wer davon nichts weiß, für den ist die Wirklichkeit das, was auf ihn wirkt, und nicht das, was in ihm wirkt. Er vermag sich letztlich nur schwer in eine aktiv-gestaltende Beziehung zur Welt zu setzen, weil ihm diese als etwas Äußerliches herrschaftlich gegenüberzustehen scheint – was nicht so ist. »Denken neu denken« kann deshalb als die zentrale Folgerung aus dem zwingenden Argument des Konstruktivismus abgeleitet werden, woraus sich eine Fülle von Anregungen auch für das »Neu-Denken« von Schule, Hochschule, Bildung und Kompetenz ergeben können.

Konstruktivistische Lerntheorien gehen – wie bereits dargelegt – davon aus, dass kognitive Systeme in sich geschlossene autopoietische (selbst organisierte) Systeme sind, die selbstreferenziell bezogen sind. Lernen bzw. Vermittlung kann deshalb nicht als ein Prozess verstanden werden, in welchem Informationen »von außen nach innen transportiert werden können«, es stellt sich vielmehr »als Prozess der Restrukturierung innerhalb eines geschlossenen Systems« (Luhmann

1987, S. 60) dar. Lehren kann demzufolge nicht Wissensbestände in anderen erzeugen oder Kompetenzen entwickeln, es kann Restrukturierungs- oder Aneignungsprozesse lediglich anregen, ermöglichen und begleiten (vgl. Arnold 1996b). In diesem Sinne stellt H. Siebert (2001, S. 195) fest:

>»Es kann nicht von außen gesteuert oder determiniert, sondern allenfalls angeregt und ›perturbiert‹ (gestört) werden. Auch der Zuhörer eines Vortrages bildet das Gehörte nicht – wie ein Tonbandgerät – ab, sondern der Vortrag löst eigene Gedanken, Assoziationen, Emotionen aus, aber auch Überlegungen, die mit dem Vortrag nur lose gekoppelt sind.«

Die konstruktivistischen Lerntheorien sind Ausdruck einer »Trendwende in der Psychologie des Lernens« (Reinmann-Rothmeier u. Mandl 1997b, S. 74): Lernen wird nicht länger als individuelle Informationsaneignung und Verhaltensänderung angesehen, sondern in die komplexen Bezüge zwischen biologischen Gegebenheiten, soziokultureller Eingebundenheit sowie emotionaler und motivationaler Vorgänge eingebunden. Es stellt sich im Rahmen einer solch mehrperspektivischen Betrachtung mehr und mehr als »Wissenskonstruktion« dar:

>»Lernen meint vielmehr, aufbauend auf ›biologischer Bereitschaft‹, individuellen Erfahrungen und vorhandenen Wissensstrukturen, Wissen und Kompetenzen zu entwickeln, die in realen Situationen nützlich und nutzbar sind. Neue Informationen werden mit Vorwissen verknüpft, vor dem Hintergrund eigener Erfahrungen interpretiert und damit ›Netzwerke‹ konstruiert, die in konkreten Situationen zum Handeln befähigen« (ebd.).

Diese mehrperspektivische Betrachtung öffnet die didaktische Debatte auch in Richtung auf das Wissensmanagement in kooperativen Bezügen. Teilung, Weiterentwicklung und Aktualisierung von Wissen setzen somit eine Situierung von Lernen i. S. einer Einbindung in Handlungs- und Anwendungskontexte notwendig voraus. Gleichzeitig kann so nachhaltiges Lernen entstehen, indem die Lernsubjekte eine aktiv-interaktive Rolle im Lerngeschehen spielen und ihre eigenen Erfahrungen, Fragestellungen und Einsichten in die Konstruktion von Problemlösungen einbringen können. Individuelles und organisationales Lernen stellen sich dabei als die beiden korrespondierenden Seiten eines Wissensmanagements dar.

Theorien sind auf Begriffe angewiesen, mit deren Hilfe sie die Elemente, auf die sie sich beziehen bzw. die sie aufeinander beziehen, möglichst präzise zu beschreiben vermögen. Dies gilt auch für den Konstruktivismus als eine Metatheorie des »Erkennens und Erkanntwerdens« (Arnold 2004a), eine Theorie des »Wissens und Nichtwissens« sowie des »Bewusstseins und des Bewusstwerdens«, womit sie deutliche Relevanz für das pädagogische Denken und Handeln aufweist. Ernst von Glasersfeld (1995, S. 8) hat die pädagogisch relevanten Grundeinsichten des konstruktivistischen Denkens in folgenden drei Punkten zusammengefasst:

> »1. Da Wissen nur in der Erfahrungswelt geprüft werden kann, lässt sich seine Brauchbarkeit (›Viabilität‹) ermitteln, nicht aber seine Wahrheit im ontologischen Sinn, der den meisten Philosophen vorschwebt.
>
> 2. Wenn sich eine Handlungs- oder Denkweise unter bestimmten Umständen als brauchbar erweist, so heißt das nicht, dass sie die einzig mögliche ist.
>
> 3. Aus der konstruktivistischen Perspektive ist es eine Illusion, dass Sprache an und für sich die Fähigkeit habe, Begriffe und somit Wissen von einer Person zu einer anderen zu übermitteln.«

Von Glasersfeld verweist damit auf die Kontingenz (Zufälligkeit bzw. Spezifität) pädagogischer Wirksamkeit sowie auf die notwendige begriffliche Konstruktionsleistung des Subjektes im Lernprozess. Diese ist immer eigenaktiv und »eigensinnig« (vgl. Voß 2005a). Insbesondere in *den* Kompetenzbereichen, in denen es um »Verstehen« geht, gilt, dass ...

> »[...] Verstehen den Aufbau von Begriffsstrukturen (verlangt), die sich nicht nur im gegebenen Erlebensbereich, sondern zumeist auch darüber hinaus erfolgreich anwenden lassen. Die Strukturen, die es da aufzubauen gilt, bestehen aus Begriffen, die durch bestimmte Beziehungen verbunden sind. Sprachliche Wortverbindungen können solche Begriffsstrukturen zwar bedeuten, doch sie können sie weder vermitteln noch erzeugen, denn die nötigen Begriffe und Beziehungen müssen von jedem einzelnen Sprachbenützer im eigenen Kopf aufgebaut werden. [...] Lehren ist eine Form der Kunst, und darum braucht der Lehrer nicht nur Erfahrung im Wissen, sondern auch Intuition und Fingerspitzengefühl im Umgang mit den Schülern. Die konstruktivistische Orientierung kann nur in dem Sinn helfen, dass sie die grundlegende Autonomie des Schülers betont und darauf hinweist, dass es unter allen Um-

ständen nur die Schüler selbst sind, die ihre Begriffsstrukturen aufbauen können« (von Glasersfeld 1995, S. 9, 12).

Ein solcher konstruktivistischer Blick auf das Pädagogische »zwingt« uns deshalb, mit dem notwendig Eigenaktiven und Eigensinnigen dieses Prozesses des Aufbaus von Begriffsstrukturen – den wir sowohl »Bildung« als auch »Lernen« oder »Erziehung« nennen können – umzugehen. Dieser Prozess ist ein Erfahrungsprozess, wie schon John Dewey wusste und in seiner berühmten Gleichung »Erziehung ist Erfahrung, Erfahrung ist Erziehung« (vgl. Oelkers 2001, S. 30) auszudrücken verstand. Mit dieser Formel ist allerdings nur der erste Durchbruch zur Frage nach dem Lernen des Subjektes geschafft, und es zeigt sich, dass dieser notwendig eigenaktiv und eigensinnig geschieht – heute würde man sagen »selbst gesteuert« bzw. »selbst organisiert«. Damit sind eine Reihe weiterer Fragen zunächst erst einmal nur aufgeworfen; diese werden im Folgenden genannt und behandelt.

Vertiefungstext A:

Konstruktivistische Didaktik I

»Den Kern eines am Konstruktivismus ausgerichteten didaktischen Denkens macht die Auffassung aus:

* Lernen ist nicht machbar! Lernen ist bloß anregbar (pertubierbar)!
* Lernen kann nur jeder für sich. Von außen zwar angestoßen, vollzieht jeder seinen Lernprozess für sich selber.
* Nicht Bilder einer Außenwelt werden beim Lernen aufgenommen und verinnerlicht. Von außen lösen Reize in Lernenden Energieprozesse aus, durch die subjektives Wissen gestaltet wird und eine eigene Wirklichkeit entsteht.
* Dementsprechend wird die Hauptaufgabe der Didaktik darin gesehen, Modelle für Lehren und Lernen zu entwickeln, die eben diesen Anforderungen genügen« (Peterßen 2001, S. 113 f.).

Textkasten 3: Konstruktivistische Didaktik I

Bei der Ausarbeitung konstruktivistischer Positionen haben sich eine ganze Reihe neuer – und vielfach zunächst befremdlich klingender – Begrifflichkeiten herausgebildet, mit deren Hilfe versucht wird, den eigentümlich gewandten Blick (nämlich: zurück auf das eigene Erkennen) und das, was sich ihm zeigt, auszudrücken. Diese Begriffe sind im Folgenden im Hinblick auf ihre pädagogisch-didaktische Relevanz kurz dargestellt und erläutert, wobei ich einer Auflistung von Horst Siebert folge (vgl. Siebert 2003, S. 20), welche ich in Tabelle 6 geringfügig ergänze und pädagogisch ausdeute. Dass dabei auch ganz praktische Fragen der Lern- und Prüfungsorganisation im Rahmen eines Lernkulturwandels aufbrechen und in einem neuen Licht erscheinen, hat Hans-Joachim Müller in seiner Kaiserslauterner Untersuchung zu *Handlungsorientierten Prüfungen in der beruflichen Fortbildung* (2006) sehr gründlich und unmittelbar gestaltungsrelevant herausgearbeitet, wobei er auf das Konzept des Arbeitsprozesswissens zurückgreift und feststellt (S. 77 f.):

> »Während jahrhundertelang unterstellt wurde, es sei möglich, komplexe Tatbestände auf ihre Grundbestandteile zurückzuführen und sie auf diese Weise zu erklären, wird heute angenommen, Wirklichkeit sei nie universell existent. Stattdessen wird ihre Gültigkeit auf nur eine bestimmte Wahrnehmungsperspektive beschränkt, so dass das Denken in positivistischen Dichotomien (z. B. richtig/falsch) durch konstruktivistische bzw. komplexitätstheoretische Kategorien wie beispielsweise
>
> • ›viabel‹, d. h. passend bzw. funktionierend und
> • ›richtig, unter der Voraussetzung, dass ...‹
>
> ersetzt werden muss. Eine solche vernetzte Sichtweise von Wissen führt konsequenterweise zur Zurückweisung der ›Abbildtheorie‹ des Geistes, nach der Gedanken und Überzeugungen ihren Inhalt aus dem Bezug zur ›Welt der Realität‹ gewinnen. Sie öffnen den Blick für ein neues und erweitertes Verständnis von Wissen [...].«

Es geht ihm in seiner Untersuchung um die Ausarbeitung eines Weiterbildungskonzeptes, welches die subjektbezogene Seite des Wissens in das Zentrum stellt und dieses mit konstruktivistischen Lerntheorien begründet. Dieses folgt in seinen Elementen implizit den in Tabelle 8 dargestellten Unterscheidungskriterien (vgl. ebd., S. 72). Zudem verdeutlicht Müller am praktischen Fall der textilwirtschaftlichen Fortbildung, dass der Aufgabenorientierung, zu deren Bewältigung Lernende sich Kompetenzen aneignen und diese eben auch in den Prüfungen unter Beweis stellen, eine zentrale Bedeutung zukommt. Es ist dieser operative Gehalt der Prüfungsaufgaben, welche sowohl praxisbezogene Rekonstruktionen als auch Konstruktionschancen für die Lernenden ermöglichen, mit deren Realisierung diese das Gelingen der Synthetisierung der im Arbeitsprozess relevanten Wissensformen unter Beweis stellen können.

Konstruktivistische Schlüsselbegriffe	Pädagogische Ausdeutung (Konsequenzen für Bildung, Lernen und Erziehung)
»Kontextabhängigkeit«	Was wir sind, denken und fühlen, ist von den Kontexten geprägt und abhängig, in denen wir dereinst standen oder heute stehen.
»Selbstreferenz«	Indem wir die Welt sehen und begreifen, sehen wir, was wir sehen (können), nicht, »was es gibt«.
»Strukturdeterminiertheit«	Unser Fühlen, Denken und Handeln folgt unseren Erfahrungen bzw. den zumeist bereits früh eingespurten Mustern (Deutungs- und Emotionsmustern).
»Selbstorganisation« (griech. »Autopoiesis«)	Systeme organisieren sich selbst, d. h., sie erzeugen die Elemente, aus denen sie bestehen, durch die Elemente, aus denen sie bestehen. Dies gilt auch für die Systemik unserer Kognition und Emotion.
»Emergenz«	Gedanken, Gefühle und Handlungsimpulse »tauchen auf« (lat. *emergere* = »auftauchen«), d. h., sie folgen einem spontanen Impuls und stellen keine (bzw. nicht in erster Linie) Reaktion auf etwas von außen Kommendes dar.
»Anschlussfähigkeit«	Neue Sichtweisen, Gedanken und Erklärungen müssen an die bisherigen Muster anknüpfen können, wenn sie nicht Widerstand (Lernwiderstand) oder Abwehr auslösen wollen.
»Differenzerfahrung«	Dinge lassen sich nur »begreifen«, wenn wir sie (von ihrem Gegenteil bzw. anderen Dingen) »abgrenzen« können. Differenzen definieren Gegenstände.
»Interdependenz«	Alles hängt mit allem zusammen. Der Flügelschlag eines Falters in Asien kann einen Orkan auf dem amerikanischen Kontinent auslösen (»Schmetterlingstheorie«).
»Kontingenz«	Was tatsächlich geschieht, lässt sich nicht voraussagen, planen oder steuern oder gar isolierten Ursachen genauestens zuschreiben.
»Viabilität«	Es geht nicht um »richtig« oder »falsch«, sondern um »gangbar« (viabel) oder »nicht gangbar«. Erkenntnisse sind Wege, keine Abbilder.
»Beobachtungsabhängigkeit«	Der Beobachter konstruiert u. a. durch seine Art der Differenzbildung den Gegenstand.
»strukturelle Koppelung«	Obgleich Systeme selbstreferenziell geschlossen operieren, ist es möglich, sie zu verkoppeln.
»Perturbation«	Systeme entwickeln sich nicht durch Information oder Belehrung, sondern durch Gleichgewichtsstörung.

Tab. 8: Pädagogische Ausdeutung konstruktivistischer Schlüsselbegriffe

Diese konstruktivistische Sicht ist weiterführend und einengend zugleich. *Weiterführend* ist m. E. der Hinweis, dass Lehren nicht mehr – wie in fast allen Didaktikmodellen – als unmittelbar ursächlich für Lernen angesehen wird und wir erkennen (können), dass d[...] Verhaltensweisen Lehren und Lernen auch Ausdruck selb[...]

zieller, d. h. auf sich selbst zurückverweisender, subjektiver Entwicklungsprozesse (von Lehrenden und Lernenden) sind. Ebenso, wie wir in der Verwendungsforschung beginnen, von naiven Vorstellungen der »Aufklärung« und des »Wissenstransfers« abzurücken (vgl. u. a. Bommes et al. 1996), und erkennen, dass »[...] jede Verwendung [von Wissen; R. A.] nicht mit der Anwendung sozialwissenschaftlicher Ergebnisse (beginnt), sondern mit deren Reinterpretation im Bezugsrahmen praktischer Handlungskontexte«(Beck u. Bonß 1984, S. 382), so müssen wir auch in der Bildungsdiskussion zu einer Didaktik des Reinterpretationslernens bzw. der »biografischen Synthetisierung« (Ziehe u. Stubenrauch 1982, S. 191) gelangen.

Einengend ist diese konstruktivistische Wende in der Didaktik deshalb,[8] weil mit ihr Anleitungs- und Handreichungsmodelle, wie sie gerade in der Praxis oft erwartet werden, kaum entwickelt werden können, denn auch didaktische Modelle erweisen sich als Konstruktionen, d. h. als Ausdruck des ebenfalls selbstreferenziellen Prozesses wissenschaftlicher Erkenntnis. Und für diese gilt die Feststellung Luhmanns, dass es »schon für Unterscheidungen und Bezeichnungen (also für Beobachtungen) in der Umwelt des Systems keine Korrelate gibt« (Luhmann 1990, S. 40).

Offene Fragen sind in diesem Zusammenhang u. a.:

- Was kommt nach der didaktischen Linearität? Wie könnte eine Didaktik der Selbstorganisation bzw. der Selbstreferenzialität »aussehen«?
- Von welchem Begriff von »Lerngegenstand« bzw. »Lerninhalt« würde eine solche Didaktik ausgehen? Oder: Was ist überhaupt ein Inhalt, wenn »Wissenserwerb als konstruktiver Prozess« (Reinmann-Rothmeier u. Mandl 1995) angesehen werden kann?

Da es also »den Stoff an sich« nicht gibt, bleibt Bildungsarbeit suboptimal, wenn Lehrende über ein Fach- und Erfahrungswissen, nicht aber über ein lernerbezogenes didaktisches Wissen verfügen. In diesen Fällen reden Lehrende im wahrsten Sinne des Wortes »über die Köpfe hinweg«. Konstruktivistische Didaktik zielt deshalb auf einen

---

8 Überarbeitete und weiterentwickelte Fassung der erstmals in Arnold und Schüßler (1998, S. 78 ff.) vorgestellten Überlegungen.

umfassenden Lernkulturwandel, welcher in der Denkschrift der Vereinigung der Bayerischen Wirtschaft, *Bildung neu denken!* (Vbw 2003) folgendermaßen beschrieben wird (S. 87 f.):

> »Die klassische Konzeption von Unterricht geht auf mittelalterliche Klosterschulen zurück: Der Lehrer als ›Inhaber‹ von Wissen, Kompetenzen und Wahrheit belehrt den Schüler. [...] Diese Konzeption hat sich im Laufe von vielen hundert Jahren nur wenig geändert. Im günstigsten Falle wurde vom sogenannten didaktischen Dreieck gesprochen. [...] Diese Grundkonstellation war religiös motiviert, weil historisch der (geistliche) Lehrer seine Tätigkeit als Glaubensvermittlung begreifen sollte. Es handelte sich um einen linearen, einseitig vom Lehrer ausgehenden Vorgang. Dabei spielte die Frage keine Rolle, ob eine Sache verstanden wurde, sie sollte geglaubt werden.
>
> Diese Grundkonstellation ist heute wirklichkeitsfremd und vor allen Dingen lernpsychologisch überholt. In den Kognitionswissenschaften wird Unterricht heute nicht als eine ausschließliche Aktivität des Lehrers, sondern des Lernenden begriffen. Der Lernende benötig eine komplexe, differenzierte ›Lernumgebung‹, die ihn zum Lernen herausfordert. Diese komplexe ›Irritation‹ führt zu einer kognitiven Ausdifferenzierung des Gehirns. Es kommt also darauf an, eine Lernumwelt so zu gestalten, dass sie zum Lernen veranlasst.
>
> Dies bedeutet, dass der Lehrer sich von dem Bild verabschieden muss, eine Wahrheit zu verwalten und zu vermitteln. Seine Aufgabe hat neben der pädagogisch-erzieherischen Komponente durchaus Ähnlichkeiten mit der eines (Wissens-)Ingenieurs. Er ›konstruiert‹ mit seinem Wissen eine Lernumwelt. [...] Für den Vollzug von Unterricht bedeutet dies, dass er sowohl ›direktiv‹, z. B. bei der Mitteilung und Erläuterung von Sachverhalten im klassischen Sinne, als auch ›situiert‹ im Sinne der Schaffung von realitätsnahen Lernanlässen sein muss.«

Damit ist eine alte Forderung pädagogischer Professionalitätskonzepte in Erinnerung gerufen, wobei wir bis heute nicht genau wissen, was »Verfügen über ein lernerbezogenes didaktisches Wissen« als Professionalitätsmerkmal wirklich bedeutet, zumal dann nicht, wenn wir davon ausgehen müssen, dass auch die Aneignung eines solchen Wissens im Sinne einer »biografischen Synthetisierung« erfolgt, d. h., das professionelle didaktische Handlungswissen wird ebenfalls vor dem Hintergrund biografisch bewährter Deutungen und Sichtweisen »reinterpretiert«. Gleichwohl bleibt das Anliegen, nicht nur das Fachliche im Lernprozess zu sehen und zu betonen, gerade im Hinblick auf die wachsende Veralterungsrate dieses Fachlichen und die wachsende Bedeutung der außerfachlichen oder besser überfachlichen Dimensionen dieses Wissens (»Sich Wissen erschließen können«, »Wissen arbeitsteilig erwerben können«, »Probleme selbstständig lösen können« usw.), von hoher Aktualität (vgl. Arnold 1996a). Es kommt deshalb nicht nur darauf an, über »lernerbezogenes Wissen zu verfügen«, sondern auch über Qualifikationen zum selbstständigen Umgang mit solchem Wissen bzw. zu seiner Konstruktion und Reinterpretation.

Dies gilt übrigens auch für das Fach- und Erfahrungswissen: Es langt m. E. nicht, wenn Lehrende gewissermaßen zusätzlich oder parallel zu ihrer fachlichen Kompetenz auch »lernerbezogenes didaktisches Wissen« erwerben, sie müssen vielmehr eine andere Haltung zu ihrem Fachwissen erwerben. Hierzu müssen sie sich auch gegenüber dem Fachwissen von der Illusion des Faktischen lösen, erkennen, dass dieses Wissen konstruiert, auch unfertig und vorläufig ist und es auf eine aktive Haltung im Prozess der Entwicklung, Erschließung und Anwendung dieses Fachwissens ankommt. Diese andere Haltung gegenüber dem Fachwissen beschreibt Holger Wyrwa (1995, S. 39) mit den Worten:

> »Für den Lehrer als Wissensvermittler bedeutet dies, dass die Beherrschung des ›reinen‹ Wissens lediglich nur noch eine Basisqualifikation darstellt. Vielmehr wird für den Lehrer wichtig zu erkennen, dass es zum einen das ›richtige‹ Wissen nicht gibt und zum anderen seine Einflussmöglichkeiten bezüglich der ›richtigen‹ Vermittlung von Wissen sehr begrenzt sind. Er ist Anbieter des Wissens, nicht Übertrager des Wissens. Er hat keinen Einfluss auf die kognitive Verarbeitung des angebotenen Wissens durch den Schüler. [...] Auch kommt es ›weniger‹ auf reine Wissensvermittlung an als vielmehr auf die Wissensverarbeitung, auf den Umgang mit dem Wissen und auf das Erkennen seiner Konstruktivität und Relativität. Ziel ist es hier, dem Schüler Wahlmöglichkeiten anzubieten.«

Dies bedeutet: Notwendig ist nicht nur eine »Erweiterung« des Professionalitätsblickwinkels auf fachliche und außerfachliche Dimensionen von Bildung; es geht vielmehr auch um einen grundsätzlich anderen Modus des Umgangs mit Wissen (Modus der Konstruktivität). Wichtige Fragen sind in diesem Zusammenhang:

- In welchen Aus- und Weiterbildungsformen lässt sich dieser Modus der Konstruktivität für den Umgang mit Wissen erwerben?

- Wie sind in diesem Zusammenhang die etablierten Formen einer wissenschaftlichen Ausbildung und Professionalisierung von Lehrenden zu bewerten?

Der tragende Gedanke für die Methodenfrage in der Erwachsenenbildung ist der Verweis auf die »subjektiven Handlungsgründe«(Holzkamp 1993, S. 28). Weil Menschen sich neue Erkenntnisse, Sichtweisen und Erfahrungen vor dem Hintergrund ihrer biografisch erworbenen Deutungsmuster und im Kontext ihrer eigenen Lernprojekte aneignen, ergibt sich eine zwingende Notwendigkeit für die professionell Lehrenden, Bedingungen für die Selbstorganisation der Lernenden zu schaffen und Prozesse der selbsttätigen und selbstständigen Wissenserschließung zu ermöglichen (vgl. Arnold u. Siebert 1995, S. 91). Dies gelingt erfahrungsgemäß mit aktivierenden Methoden am besten. Entscheidend ist jedoch, in welchem didaktischen Kontext und mit welchem Arbeitsauftrag entsprechende Methoden eingesetzt werden. Nicht jede Gruppen- und Partnerarbeit dient der selbst gesteuerten Wissensaneignung. Und auch das Umgekehrte gilt: Nicht jeder Frontalunterricht verhindert selbstständige Wissensaneignung. Darüber hinaus gilt es mit einer verbreiteten Praxisfolklore aufzuräumen: dem Methodenwechsel. Methodenwechsel selbst ist kein Ausweis für professionelle Bildungsarbeit; es kommt vielmehr darauf an, *wer* die Methoden wechselt und welche Methoden dabei gewechselt werden: solche, die »leiterzentriert« und wenig selbstständigkeitsfördernd sind, oder sogenannte Lernermethoden.

Nicht die Methode selbst und auch nicht der Methodenwechsel sind das Entscheidende, sondern das diesen zugrunde liegende didaktische Anliegen und die Frage nach der Vorbereitung der Lernenden auf den aktiven Umgang mit der Konstruktivität von Wissen.

Wichtige Fragen sind in diesem Zusammenhang:

- Wie müssen selbsterschließungsanregende Lehrimpulse beschaffen sein?
- Gibt es Methoden, die für eine konstruktivitätssensible und selbsterschließungsorientierte Erwachsenenbildung weniger, und solche, die eher geeignet sind?

Vertiefungstext B:

Konstruktivistische Didaktik II

»Der Konstruktivismus beschreibt das Lernen nicht als eine Folge des Lehrens, sondern als eigenständige Konstruktionsleistung des Lernenden. [...]

Die Stärke konstruktivistischer Argumente liegt

- im entschiedenen, respektvollen Eintreten für den Einzelnen und den ›Eigen-Sinn‹ seiner Subjektwerdung
- in der Wahrnehmung der zunehmenden Heterogenität der Schülerinnen und Schüler einer Klasse als einer Chance zu Vielfalt und individueller Entwicklung
- in der damit zusammenhängenden Forderung nach Differenzierung und individueller Förderung
- im geduldigen Blick auf den Einzelnen und seine Möglichkeiten, und zwar sowohl im Unterricht als auch in der pädagogischen Forschung
- in der Erkenntnis der Bedeutung der Beziehungsebene beim Lehren und Lernen – auch dort, wo scheinbar nur auf der Sachebene kommuniziert wird
- in der Forderung nach gezielter Ablösung unterrichtsmethodischer Monokulturen durch eine reiche Gestaltung der Lernumgebung und durch eine Vielfalt von Lehr- und Lernwegen
- in der Erkenntnis der grundlegenden Bedeutung des Wechselverhältnisses von Handeln und Lernen
- in der Stärkung der Verantwortung der Schüler für ihr eigenes Handeln
- in der Aufforderung, die vermeintlichen oder realen Zwänge der Lehrpläne nicht allzu ernst zu nehmen
- in einer veränderten Sicht der Rolle des Lehrers, der Gestalter von Lernumgebungen und Berater sein soll« (Jank u. Meyer 2002, S. 286, 300 f.).

Textkasten 4: Konstruktivistische Didaktik II

Die Kompetenzaspekte »Reading«, »Flexing« und »Reflecting« markieren eine Fähigkeit zum situationsorientierten Handeln oder – wie David E. Hunt (1985) es nennt – zur »Lehreranpassung«: »Reading« definiert er als »sensibles Wahrnehmen der Lehr-/Lernsituation« und »Flexing« als »Modulation«, d. h. als Fähigkeit, »sich in der Lehrerreaktion angesichts des Reading-Prozesses umstellen (zu können)« (S. 9). Wenn »Lehren« und »Lernen« zwei selbstreferenzielle Prozesse darstellen, die zudem subjektspezifisch und damit in den Lerngruppen in einer Vervielfachung unterschiedlich ablaufen, ist es notwendig, auch in der Erwachsenenbildung »den Mythos der Festlegbarkeit von Unterricht durch vorausschauende Planung« (Mühlhausen 1994) zu überwinden und Konzepte situationsorientierten didaktischen Handelns zu entwickeln. Eine Feststellung von David E. Hunt (1985, S. 17) deutet an, worauf es dabei ankommt:

> »Man kann ›reading‹ und ›flexing‹ nicht durch mechanisch reproduzierte Vorlesungen fördern; man muss die Lehrer, mit denen man arbei-

tet, dazu ermutigen, die Anpassung durch ihr Tun zu erfahren, und muss sie, was äußerst wichtig ist, durch sein eigenes Tun beispielhaft zeigen.«

Entscheidend sind in diesem Zusammenhang m. E. zwei Fragen, die noch weitgehend ungeklärt sind:

- Was bedeuten »Lerngegenstand«, »Planung« und »Vorbereitung« bzw. »Lernarrangement« im Rahmen situationsorientierter Bildungsarbeit?
- Wie erwirbt man die Fähigkeit zum »Reading« und »Flexing«, d. h. zur situationssensiblen und produktiven Lernführung von Gruppen und Einzelnen in der Erwachsenenbildung?

»Gelassenheit« steht m. E. zu Recht als Leitbegriff für eine Haltung, die sich von Illusionen der Machbarkeit, Beherrschbarkeit und Planbarkeit im Zusammenhang mit komplexen Systemen und Prozessen verabschiedet hat. Während technokratische Konzepte durch die letztlich naive Annahme gekennzeichnet sind, wachsende Komplexität und Unsicherheit durch vermehrte und präzisere Planung »handhaben« zu können, setzen die neueren Systemtheorien auf eine Steigerung der Anpassungsfähigkeit *im Prozess selbst* (nicht mehr vorab geplante Anpassung der Prozesse). Wenn wir angesichts der Vernetztheit, Kontingenz und Vielfältigkeit der Wirkungszusammenhänge in Bildungsprozessen nicht mehr zwischen Ursachen, Folgen und Nebenfolgen unterscheiden können, ist auch in der Erwachsenenbildung das didaktische Konzept einer Optimierung durch Planung nicht mehr realistisch. Notwendig ist vielmehr eine Binnensteuerung i. S. eines Sichanschmiegens an das Lebendige, d. h. »evolutionsgerechtes Verhalten« (Jantsch), welches eine gelassene Konzentration und ein humanistisches Menschenbild, beides Ausdruck von Biophilie (E. Fromm), voraussetzt. Eine entsprechende Haltung markiert E. Fromm (1981, S. 459) mit den Worten:

> »Fürsorge, Verantwortungsgefühl, Achtung und Erkenntnis stehen miteinander in engem Zusammenhang. Sie bilden ein Syndrom von Einstellungen, die beim reifen Menschen zu finden sind, der seine eigenen Kräfte produktiv entwickelt hat, der nur das haben will, was er sich selbst erarbeitet hat, der seine narzisstischen Träume von Allwissenheit und Allmacht aufgegeben und die Demut erworben hat, die auf einer inneren Stärke beruht, wie sie nur echtes produktives Tätigsein geben kann.«

Offene Fragen, die sich ergeben, sind u. a.:

- Welchen Stellenwert hat die expertenschaftliche Kompetenz von Pädagogen und Pädagoginnen angesichts der Bedeutung dieser ethisch-professionellen Haltung? Ist erwachsenenpädagogische Professionalität auch ohne diese berufsethische Dimension oder auf der Basis anderer Wertorientierungen möglich?
- Wie und in welchen Sozialisationskontexten lassen sich solche professionellen Wertorientierungen gezielt anbahnen? Fördert oder hindert der heimliche Lehrplan der akademischen Sozialisation oder der Berufseinführung die Herausbildung entsprechender Orientierungen?

Lernen erfordert »Perturbationen« (vgl. Arnold u. Siebert 1995, S. 115 ff.), d. h. als relevant wahrgenommene »Störungen« der Mensch-Umwelt-Beziehungen. Dazu gehören auch Differenzwahrnehmungen und Selbstbeobachtungen. Lehre kann Situationen so gestalten, dass viable »Rekonstruktionen« der Lebenswelt ermöglicht werden (»Ermöglichungsdidaktik«). Bildungsarbeit kann »Reservoir« neuen Wissens und neuer Deutungen bereitstellen, auf die Teilnehmende u. U. später zurückgreifen können, die aber in der Verfügung und Verantwortung der Lernenden bleiben. Niemand lässt sich »belehren« und »bekehren«, niemand lernt, der nicht lernen will. Horst Siebert (2002, S. 28) schreibt:

> »Wenn wir das Prinzip der Selbstorganisation des Lernprozesses ernst nehmen, hat das weit reichende Konsequenzen für die Theorie und Praxis der Lehre. [...] Auf ein Schlagwort reduziert: Die ›Belehrungsdidaktik‹ wird durch eine ›Animationsdidaktik‹ ersetzt. Lehrende können Deutungsangebote machen. Ob eine Information bedeutungsvoll ist, hängt von lebensgeschichtlichen Erfahrungen ab und muss deshalb von jedem/r selbst entschieden werden.«

Wenn Menschen als kompetente Lerner mit eigenen Lernprojekten und Lerninteressen angesehen werden, dann ist es nahe liegend zu vermuten, dass sie sich nur *dann* Lernangebote wirksam aneignen, wenn sie mit ihren bisherigen Sichtweisen und Deutungen nicht mehr zurechtkommen, wenn Wissen und Können sich nicht mehr als viabel erweisen *(Hypothese der subjektiven Wissensstörung)*. Eine we-

sentliche Annahme der konstruktivistischen Erwachsenenbildungs-
theorie geht nun davon aus, dass das Ziel der Erwachsenenbildung
deshalb die Wiedergewinnung viablen Wissens sei, wobei es letztlich
der Lerner selbst ist, der allein die Viabilität angebotener Inhalte beurteilen kann; diese ist – systemtheoretisch gesprochen – Teil seiner
lebensweltlichen Viabilität *(Hypothese der notwendigen Subjektivität
von Bildungserfolg)*.

Die didaktische Theorie ist gut beraten, sich nicht vorschnell auf
das universelle Erklärungsmuster einzulassen, dass sämtliche Anlässe des Lernens notwendig mit Perturbationen einhergehen, will sie
nicht einen derart weiten Perturbationsbegriff zulassen, der dann
letztlich auch nichts mehr »differenziert«. Für die weitere Diskussion
ist es m. E. hilfreich und notwendig, die obengenannten lernerbezo-
genen Hypothesen um wissensbezogene Hypothesen zu ergänzen
und unterschiedliche Arten der Wissensverwendung zu unterscheiden. So ist zu vermuten, dass in Bereichen, in denen es um die »strategische Verwendung« bzw. um die »Entscheidungsverwendung wissenschaftlichen Wissens« (Dewe 1988, S. 15) geht (z. B. berufliche
Fortbildung, Computerkurse, allgemein: Anfassungsfortbildung), die
Viabilität und Anverwandlungsplastizität des Wissens sich didaktisch
anders ergibt als in den Bereichen, in denen es um die »Begründungs-
verwendung« neuen Wissens für die Deutung und Reinterpretation
der eigenen Lebenspraxis geht *(Hypothese der unterschiedlichen Anverwandlungsplastizität unterschiedlicher Wissens- und Verwendungsfor-
men)*.

Fragen, die sich ergeben, sind u. a.:

- Sind wirklich alle Lernanlässe »Perturbationen«, oder dramati-
  siert die Bildungstheorie mit solchen Konstruktionen den Sachverhalt des Lernens und verstellt damit den Blick auf eine
  adäquate Konzeptualisierung des alltäglichen, undramatischen
  Lernens, welches gewissermaßen »außerhalb« von Deutungs-
  krisen stattfindet?
- Welche Bedeutung kommt der Motivation und dem Interesse
  der Lernenden zu? Sind sie Bestandteil von Perturbationen,
  oder markieren sie eigenständige Lernanlässe?

Zur Teilnehmerorientierung gehört nicht, dass alle Identitätskon-
strukte der Lernenden erfragt und offengelegt werden. Teilnehmer

und Teilnehmerinnen haben ein Recht darauf, »in Ruhe gelassen zu werden«. Nicht Empathie ist von den Lehrenden gefragt, sondern Perspektivenverschränkung. Bei der Perspektivenverschränkung geht es m. E. um eine veränderte Mentalität im Umgang mit Inhaltlichem in der Erwachsenenbildung. Es geht um die Ausbildung eines Bewusstseins von der Konstruktivität des Inhaltlichen und um die Bereitschaft sowie die Fähigkeit, Lernarrangements zu schaffen. Erhard Meueler (1993) plädiert in diesem Zusammenhang für eine Überwindung des Oberkellnersyndroms in der Erwachsenenbildung – der Oberkellner »bedient mit dem, was er aufzutischen hat«, während ihm die Wünsche und Potenziale seines Gegenübers unbekannt bleiben (Meueler 1993, S. 213).

> »In der klassischen Sozialform der Belehrung wird das unbekannt bleibende Gegenüber mittels der Darstellung des eigenen inhaltlichen Konzeptes und im Gefühl wissenschaftlich abgesicherter inhaltlicher Überlegenheit nicht richtig ernst genommen. Der andere, dessen Namen gar nicht interessiert und daher auch gar nicht erst gefragt wird, soll das Gelehrte lernen, mehr nicht, wenn er denn Fragen stellt, dürfen diese nicht den Fluss der Vermittlung behindern, geschweige denn die Kompetenz-Fassade des Lehrenden ankratzen« (ebd., S. 208).

Erwachsenendidaktik muss sich von solcher Schlichtheit didaktischer Vermittlungsillusionen lösen und eine Professionalität zum »Lehren vom Anderen her« entwickeln. Wesentliche Bausteine für eine solche Ermöglichungsdidaktik sind die Offenheit und der Facettenreichtum von Lernarrangements, die bevorzugte Anwendung von Lerner- bzw. Aktivitätsmethoden, die bewusste und gezielte Förderung der Selbsterschließungskompetenzen bei den Lernenden und die Reduzierung sowie Lebendigkeit der – leider oder sinnvollerweise immer noch notwendigen – Lehr-Inputs. Es geht demnach um zweierlei: um die »Kunst, mit dem Lehren aufzuhören«, und um die »Kunst des Lehrens«. Im Hinblick auf einen solchen Wandel der Lernkultur gibt es eine ganze Reihe von Fragestellungen, wobei auch hier die Professionalisierungsfrage die wesentliche sein dürfte, d. h. die Frage: Wie erreicht man, dass angehende Erwachsenenbildner und -bildnerinnen das Oberkellnersyndrom überwinden und eine ermöglichungsdidaktische Professionalität entwickeln?

Vertiefungstext C:

Konstruktivistische (Erwachsenen-)Didaktik III

»Wir müssen uns von der Illusion verabschieden, dass Teilnehmer/innen das lernen, was wir lehren, dass Lernen also die Abbildungen und Widerspiegelung des Gelehrten ist. [...] Es empfiehlt sich vielmehr, Lehren und Lernen zu entkoppeln. Unsere Lehre ist selbstreferenziell in unseren Erfahrungen und Wissensnetzen verankert; das Lernen der Teilnehmer ist in ihren unverwechselbaren Deutungsmustern, Lebenswelten und kognitiven Landkarten verwurzelt. [...]

Erwachsene sind lernfähig, aber unbelehrbar – dies ist die provokativ zugespitzte Quintessenz des Konstruktivismus. Und doch resultiert daraus keineswegs die Schlussfolgerung, dass Lehre überflüssig oder wirkungslos sei. Lehre regt an zum Selbstlernen, auch zum Widerspruch, zum Querdenken, zum Probedenken ... Lehre ist nicht Belehrung, sondern Lernanregung, Lernhilfe [...]

Die Relevanzkriterien der Lernenden sind meist andere als die der ›Fachleute‹. Dennoch erfolgt diese Konstruktion von Wissensnetzen nicht beliebig. Neues Wissen muss nicht nur brauchbar sein, sondern auch logisch stimmig und konsensfähig, denn auf Dauer sind nur solche Wirklichkeitskonstrukte viabel, die von einer Verständigungsgemeinschaft geteilt werden. [...]

Lehren ist, konstruktivistisch gesehen, eine Balance von Instruktion (d. h. von Wissensangeboten, Deutungsangeboten, Demonstrationen) und Beobachtung der Konstruktionen (d. h. Überprüfung und Reflexion der Aneignungsformen der Beteiligten« (Arnold, Krämer-Stürzl u. Siebert 2005, S. 34).

Textkasten 5: Konstuktivistische (Erwachsenen-)Didaktik III

Lehrende müssen deshalb – so eine grundlegende Konsequenz aus dem Konstruktivismus – mit dem herkömmlichen »Vermittlungslehren« aufhören, um mit einem »Verknüpfungslehren« und »situativem Lehrhandeln« überhaupt beginnen zu können. Über diese »Kunst, mit dem Lehren aufzuhören« schreibt Bertholt Brecht (1965, S. 69):

»Me-ti sagte: Jeder Lehrer muss lernen, mit dem Lehren aufzuhören, wenn es Zeit ist. Das ist eine schwere Kunst. Die wenigsten sind imstande, sich zu gegebener Zeit von der Wirklichkeit vertreten zu lassen. Die wenigsten wissen, wann sie mit dem Lehren fertig sind. Es ist freilich schwer, zuzusehen, wie der Schüler, nachdem man versucht hat, ihm die Fehler zu ersparen, die man selber begangen hat, nunmehr solche Fehler macht. So schlimm es ist, keinen Rat zu bekommen, so schlimm kann es sein, keinen geben zu dürfen.«

4. Systemtheoretische Grundlagen

Systemisches Denken ist nicht neu. Es hat zahlreiche Vorläufer unterschiedlicher Provenienz, denen allen eines gemeinsam ist: der Abschied vom cartesianischen Denken. Dieses ist ein Denken in Ursachen und Wirkungen, welches jeder Erscheinung im Sinne von Wenn-dann-Hypothesen eine Verursachung zuschreibt. Sein Leitmotiv ist das der Technologie, d. h. der Erwartung, man könne, wenn man nur um die Verursachungsfaktoren wüsste, komplexe Zusammenhänge beliebig steuern, wobei häufig bereits übersehen wird, dass jede »Lösung« ihrerseits wieder Ursache komplexer Dynamiken ist und deren Effekte wiederum systemisch wirken und dabei auch auf die Steuerungsinstanz selbst zurückwirken oder diese gar hinwegspülen können.

Mein Lieblingsbeispiel aus der Entwicklungszusammenarbeit:

Auch mit dem Motiv, dem in Entwicklungsländern grassierenden White-Collar-Syndrom entgegenzuwirken, bauten die Deutschen in den 1960er-Jahren eine technische Facharbeiterschule in Thailand auf. In dieser wurden – nach dem Modell des deutschen Facharbeiters – Fachkräfte auf einem vergleichsweise hohen Niveau ausgebildet, von denen man Innovations- und Trickle-down-Impulse für die technologische und wirtschaftliche Entwicklung des Landes erwartete. Als das Projekt – wie man damals sagte – »übergeben« wurde, geschah Folgendes: Die Partner entwickelten aus der Facharbeiterschule eine Universität, und – dies ein Treppenwitz der Entwicklungspolitik – man überreichte dem damaligen Projektleiter die Ehrendoktorwürde.

Ähnliche Beispiele lassen sich in allen Bereichen des Sozialen finden. Ihnen ist gemeinsam, dass es nicht mehr die »gute« Absicht (z. B. der didaktische Anspruch) ist, welcher »die Mittel heiligt«, vielmehr werden deutlicher die Kontingenz sowie die Unkalkulierbarkeit und Kontraproduktivität systemischer Wirkungen gesehen, welche u. a. – vor dem Hintergrund von Nachhaltigkeitsüberlegungen – darin ihren Ausdruck finden kann, dass die optimale didaktische Inszenierung zu einem Erlahmen der Selbstlernkompetenzen beitragen kann. Umgekehrt kann »schlechte Lehre« die Selbstlernanstrengungen mobilisieren (»Man muss sich selbst helfen«) – ein Hinweis, der keineswegs als Plädoyer für eine solche verstanden werden soll. Es geht vielmehr darum, die paradoxalen Wirkungszusammenhänge zwischen Lehren und Lernen ebenfalls nüchtern zu analysieren, um der überhöhten Wertschätzung von »Lehre« zu entgehen – eine Perspektive, die erst das ermöglichungsdidaktische Denken vollständig in den Blick gerückt hat.

Ermöglichungsdidaktik weiß von der nicht unmittelbaren Beeinflussbarkeit autopoietisch geschlossener und selbstreferenziell agierender Systeme und versucht nicht länger, diesen »ärgerlichen Sachverhalt« durch Mehr-desselben-Raffinements zu überspielen. Sie nimmt vielmehr die Logik der Selbstreferenzialität ernst und versteht sich als eine Didaktik der Vielfalt, Nichtlinearität und Wechselbezüglichkeit in Lehr-Lern-Prozessen. Zudem weiß sie auch von der Unvermeidbarkeit von »Nebenwirkungen«, da diese häufig die eigentlichen Wirkungen sind. Hatte die didaktische Tradition das Ungewollte bzw. die ungewollten Nebenwirkungen stets als etwas Bedauerliches behandelt, so erkennt die Ermöglichungsdidaktik gerade in diesen die Artikulation von Eigensinn und Subjektivität. Nebenwirkungen geben Hinweise auf Besonderheiten, Schwierigkeiten, spezifische Resonanzböden, und sie konstituieren die Einmaligkeit der jeweiligen Aneignungssituation. Didaktisches Handeln ist deshalb zuallererst eine Sensibilisierung für diese Besonderheiten sowie eine Professionalisierung der Fähigkeit, diese in die Konstituierung des gemeinsamen Lerninhalts mit hereinzunehmen.

Solche – zunächst zugegebenermaßen noch vagen – Überlegungen lassen sich mithilfe des erreichten systemtheoretischen Diskussionsstandes, der von der Erwachsenendidaktik nur sehr zurückhaltend und ausschnitthaft[9] aufgegriffen wird, erheblich präzisieren. Dabei sind die »Sechs Leitsätze des Systemischen« (s. Textkasten 6), zu denen sich die einschlägigen Beiträge verdichten lassen, maßgebend.

---

9 Deutlich wird dies u. a. in dem Beitrag von Stefanie Hartz *Die Leistungen der Systemtheorie für die Generierung von Forschungsfragen* (2005). Hier wird System in einer »explizit auf Organisationen der Weiterbildung hin ausgerichte(ten Weise)« (S. 28) als institutionelles Setting verstanden, und die Systemtheorie beginnt und endet mit Luhmann. Zumindest fehlen Hinweise auf die systemisch-konstruktivistischen Konzepte, welche das Systemische als einen Deutungszusammenhang verstehen und auch den Blick auf die konstitutive Systemik des Emotionalen und seine Rekonstellierungskräfte im sozialen Handeln zu richten erlauben (z. B. Simon 2006).

Sechs Leitsätze des Systemischen
1 »Wahrheit ist die Erfindung eines Lügners!« (von Foerster, s. von Foerster u. Pörksen 1999).
2 »Wir leben nicht allein zusammen!« (Molter u. Billerbeck 2000).
3 »Ich sehe, was ich sehe!«
4 »Probleme sind Lösungen!« (Mücke 2001).
5 »Man kann nicht nicht kommunizieren!« (Watzlawick et al. 1974).
6 »Die Welt ist nicht so, wie wir sie fühlen!« (Arnold 2005b).

Textkasten 6: Leitsätze des Systemischen

(1) »Wahrheit ist die Erfindung eines Lügners!« (Heinz von Foerster)

Dieser paradoxale Satz beinhaltet die Quintessenz des Konstruktivismus, der die (erwachsenen)didaktischen Debatten der letzten Jahre erheblich beeinflusst und irritiert hat (von Foerster u. Pörksen 1999). Dabei hielt man sich zumeist im Grundsätzlichen auf und glaubte, die »Richtigkeit« des konstruktivistischen Arguments dadurch infrage stellen zu können, dass man seine Selbstwidersprüchlichkeit deutlich herausarbeitet. Ähnlich wie die zitierte Aussage von Heinz von Foerster das Denken in unauflösbare Selbstwiderlegungen führt, folgerte ja schließlich aus der Konstruktivismusthese, dass auch der Konstruktivismus selbst eine Konstruktion sei – eine Behauptung, die zudem das Gegenteil, die Nichtkonstruktion (das Faktische), logisch voraussetzt, weshalb die Konstruktivismusthese selbstwidersprüchlich und deshalb falsch sei. Diesem Dilemma vermag man nur zu entrinnen, wenn man den Streit um Eindeutigkeit beendet und – auch in der wissenschaftlichen Argumentation – lernt, mit den Uneindeutigkeiten bzw. Widersprüchlichkeiten umzugehen – was einem Modus von Wissenschaft gleichkommt, mit dem ja auch die Naturwissenschaften seit der heisenbergschen Unschärferelation zu leben lernen mussten. Daraus folgt:

> »Vielleicht stellen sich bei einer genaueren Analyse Konstruktivisten und die Kritiker, die Neorealisten, gleichermaßen als Entweder-oder-Denker dar und haben sich noch zu wenig mit dem Sowohl-als-auch beschäftigt, welches in der neueren Physik bereits seit längerem ein neues Paradigma zu konstituieren beginnt. In diesem Sinne habe ich immer wieder die Arbeiten von Carl Friedrich von Weizsäcker gelesen. Er zieht aus der Quantentheorie weit reichende erkenntnistheoretische Folgerungen, welche m. E. eine neue Ebene des Denkens markieren – eine Ebene, die jenseits der von den Realisten ›eingeklagten‹ Vermittlung

von Subjekt und Objekt angesiedelt ist, welche implizit der cartesianischen Unterscheidung zwischen ›res cogitans‹ und ›res extensa‹ folgt, die ihrerseits sowohl das Erkennen als auch die Erkennbarkeit selbstverständlich voraussetzt. [...]

Wir können nicht wissen, was wir erkennen, sondern müssen uns der Frage stellen, wie wir erkennen, d. h., wie wir – bevorzugt – die Welt aufordnen. Dies ist auch eine wissenschaftspsychologische Frage, und sie beinhaltet auch und gerade die Frage nach der Seele und den Ängsten des wissenschaftlichen Beobachters, den wir uns so gerne nüchtern und ohne Angst vorstellen. Doch gerade eine Erkenntnistheorie des ›und‹ braucht Mut zum Aushalten des – zunächst – Unerklärbaren. Wir lassen uns zu schnell von den Neorealisten und ihrer Frage nach der Subjekt-Objekt-Vermittlung einschüchtern, lassen uns auf Argumentationen ein, welche nicht überzeugen können, da der Konstruktivismus zur Auflösung des Objektbegriffs im erkennenden Subjekt führt, weshalb wir beides nicht in der uns zur Verfügung stehenden Sprache wirklich ausdrücken können« (Arnold u. Siebert 2006, S. 4 f.).

Wie kann eine Erwachsenenbildung mit dem Satz »Die Wahrheit ist die Erfindung eines Lügners!« umzugehen lernen? Zunächst ist es notwendig, sich von dem Wahrheitsbegriff selbst zu lösen, da dieser noch in zu starkem Maße von der Vorstellung einer intersubjektiv gültigen und konsensuell akzeptierbaren Wirklichkeitsbeschreibung durchdrungen ist. Zudem wird »Wahrheit« seit der Aufklärung mit »wissenschaftlicher Wahrheit« gleichgesetzt, die jedoch allein Vorurteile und Weltbilder nicht zu erschüttern vermag und zudem bezüglich ihrer handlungsleitenden Relevanz im Alltag vielfach überschätzt wird. Aus diesem Grunde kommt den »subjektiven Wahrheiten« für die Orientierung, das Gewissheitserleben sowie das soziale Handeln der Menschen eine sehr viel grundlegendere Bedeutung zu. Man verändert sein Denken, Fühlen und Handeln nicht unter dem Eindruck möglichst »objektiver« Erkenntnisse, sondern indem man angesichts der Erschütterung bzw. Fragilität gewachsener Deutungs- und Fühlweisen zu weiterführenden Orientierungen gelangt.

Die Erwachsenenbildungsgeschichte ist voller Hinweise darauf, dass diese Neuorientierungen durch Lebensweltpartner, Gesprächskreise, eigene Erlebnisse etc. gestiftet werden und es keineswegs stets des expertenschaftlich geschulten »objektiven« Blicks bedarf. Es geht bei einem solchen Lernen nicht um »Wahrheit«, sondern um subjektive Wirklichkeit. Diese war vor dem Lernprozess subjektiv, bleibt dies auch während der Auseinandersetzung mit Neuem und ist dies hernach auch. »Lügen« kann nur, wer eine objektive Wahrheit kennt, und da uns diese – folgt man dem konstruktivistischen Argument – nicht zugänglich ist, sind wir alle stets Lügner, d. h., wir erfinden uns unsere Wirklichkeit nach der Maßgabe dessen, was uns einzuleuchten vermag und was wir verstehen können. Und indem wir so unsere Wirklichkeit definieren, hat diese für uns »reale« Konsequenzen. Wir erkennen und übersehen, gewichten und bagatellisieren, selektieren und fokussieren durch die Brille »unserer« Wirklichkeitskonstruktion, welche stets eine eigene und von denen der anderen unterschieden ist.

Hieraus ergeben sich grundlegende Folgerungen für die Art von Lehre. Diese kann sich nicht länger als »Vermittlung objektiver Erkenntnisse« (im Sinne eines engen Vermittlungsbegriffs) verstehen, sie muss sich vielmehr mit den Gegebenheiten erst einmal arrangieren, d. h. akzeptieren, dass die Logik von Lernen schon stets die der subjektiven Wirklichkeitskonstruktion bzw. biografischen Wissenssynthetisierung gewesen ist. »Lehre« ist deshalb Begleitung bei der Konstruktion subjektiver Wirklichkeiten und zwingend auf eine Pädagogik der Vielfalt verwiesen. Dies bedeutet, dass Lehre nicht nur kein lineares Geschehen i. S. der Input-Output-Logik ist, sondern vielmehr von der Vielfalt der subjektiven Lösungswege, Assoziationen, Anwendungskontexte, Aneignungsschwierigkeiten usw. lebt. Diese müssen in der Gestaltung und Begleitung stets mitbedacht werden. »Differenz« wird so zu einem kontinuierlichen Element der Lernprozesse (Motto: »Es ist zu Beginn different, und es ist auch am Ende different, obgleich alle für sich weitergekommen sind!«), weshalb Didaktik sich von der Illusion lösen muss, sämtliche Lernprozesse seien nach der Logik einfacher Mathematikstunden (»Es gibt nur eine richtige Lösung!«) zu gestalten, zumal auch in den dabei eine Rolle spielenden Aneignungsprozessen mehr Differenz zu Hause ist, als der erzeugungsdidaktische Blick wahrzunehmen vermag. Eine grundlegende ermöglichungsdidaktische Leitfrage ist deshalb die nach den Vorstrukturen und Besonderheiten bei den Lernsubjekten und ihren individuellen Lernprojekten. Sie könnte lauten:

Wie konstruieren die Lerner bevorzugt ihre subjektive Wirklichkeit? Welche Erwartungen, Lern- und Lebensinteressen verbinden sie mit dem Lernprozess, auf den sie sich einlassen?

(2) »Wir leben nicht allein zusammen!« (Molter u. Billerbeck)

Menschen konstruieren »ihre« Wirklichkeit jedoch nicht nur allein im Kontext ihrer jeweils spezifischen Prägungen, Vorerfahrungen und biografischen Erlebnisse, sie tun dies auch gemeinsam, indem sie sich aus ihrer jeweiligen inneren Logik heraus aufeinander beziehen. Dadurch verliert das »Individuelle«, der bevorzugte Ansatzpunkt der abendländischen Pädagogik, gewissermaßen seinen Alleinvertretungsanspruch. Das Soziale wird in seiner eigenen Systemik sichtbar. Damit ist gemeint, dass der Mensch, systemisch gesehen, beides zugleich ist: Er ist Einzelner und Teil sozialer Beziehungen. Beides durchwirkt sich ständig, so dass wir es auch niemals nur mit einer der beiden Seiten zu tun haben.

Als Einzelner begegnet uns der Mensch zwar in seiner subjektiven und bis zu einem gewissen Grade auch »berechenbaren« – weil wiedererkennbaren – Eigenart, bei genauerem Hinsehen jedoch zeigt sich, dass er keineswegs in allen Fragen »Herr im eigenen Haus« ist. Vielmehr wirken in ihm Dynamiken seiner Herkunftskontexte fort und bestimmen sein Denken, Fühlen und Handeln im Hier und Jetzt, und nicht alle Ängste, Beklommenheiten oder Aggressivitäten sind wirklich eigenen Ursprungs. Sein Verhalten kann übernommen sein (und deshalb vielleicht niemals verstanden werden), es kann Ergebnis eigener Erlebnisse mit verstärkenden oder vielleicht kränkenden Reaktionen seiner Bezugsgruppen sein, oder es ist Ausdruck eines überlieferten Gefühls seiner Eltern-, Groß- oder Urgroßeltern, welches von mehreren Generationen getragen werden muss, weil es für einen allein zu schwer ist. Alle diese Dynamiken bestimmen den Einzelnen, der deshalb gar kein Einzelner ist: Er ist die Summe generationsübergreifender Erfahrungen sowie eigener kontextspezifischer biografischer Prägungen; er ist somit immer schon mehr, als er eigentlich selbst sein könnte – ein Aspekt, der der Wiederentdeckung des Selbst in der (Erwachsenen-)Pädagogik zumeist entgeht.

Doch auch in seinem aktuellen Leben steht der Einzelne nicht allein, er ist vielmehr – selbst in seinem Alleinsein – kontinuierlich auf andere bezogen. Diese anderen binden ihn über Erwartungen, Verantwortlichkeiten, Verbindlichkeiten an sich, und er findet sich kaum in der Situation zu tun, was er will. Dieses »er« ergibt sich vielmehr geradezu aus der Summe der mit seinem Handeln in Verbindung stehenden anderen. Deshalb ist der Begriff der Individualität, welcher auch und gerade als Zielbegriff für Bildungsbemühungen herhalten muss, da es stets als vornehmstes Anliegen von Bildung galt, den Menschen »zu seinem Wesen« (Humboldt) zu befreien, unvollkommen, illusionär und also leer. Da der Mensch stets innerlich wie äußerlich »nicht allein zusammenlebt«, gilt es, auch die Individualität neu zu denken. Man versteht zunehmend, dass das Individualitätsideal mit einer wenig klärenden Verkürzung der faktischen systemischen Komplexität einhergeht; der ethische Imperativ der Systemtheorie, »Handle stets so, dass du die Anzahl der Möglichkeiten vergrößerst!« (von Foerster 1997, S. 51), bleibt zunächst ausgeklammert. Dieser Imperativ verweist uns zunächst einmal auf die Klärung der Selbstbeobachtungsfrage: »Welches sind meine (inneren und äußeren) Möglichkeiten, und wer definiert sie?« Dadurch wird Bildung überhaupt erst möglich und profiliert auch ihren charakteristischen Doppelbezug, nämlich einerseits als selbstreflexive Erkenntnis der Determiniertheiten des »eigenen Wesens« und andererseits als bewusste Entscheidung für oder gegen diese von der Basis einer selbstreflexiven Beobachterposition her.

Dieser Prozess verdeutlicht auch eindrücklich, dass Bildung stets auch Selbstbildung ist. Sie kann – auch dies ein notwendiger Abschied von erzeugungsdidaktischen Illusionen – nur »durch Mitvollzug aufseiten des die Wirkungen erleidenden Systems zustande kommen« (Luhmann 1997a, S. 28). Dies bedeutet, dass man einen Menschen nicht »bilden« kann, man kann dem selbstreflexiven Blick auf die inneren und äußeren Dynamiken, die sein Denken, Fühlen und Handeln bestimmen, lediglich »Nahrung« geben oder nicht geben und ihn mitvollziehend und beobachtend begleiten. Um diese mitvollziehende Begleitung fruchtbar werden zu lassen, müssen die Begleiter vieles über die Wirkungsweisen der Systemiken, in denen andere – aber auch sie selbst – stehen, wissen. Denn nur auf der Basis eines solchen Kontextwissens kann man sich als professioneller Begleiter von den allenthalben bereitliegenden Maschinen-Modell-Vorstellungen des Eingreifens, Vermittelns, Kontrollierens usw. wirksam lösen und einen systemischen Stil ermöglichungsdidaktischen Handelns heranreifen lassen. Eine weitere ermöglichungsdidaktische Leitfrage ist deshalb die nach den vergangenen und gegenwärtigen Kontexten, denen die Lernenden »verpflichtet« sind. Sie könnte lauten:

Welche – z. B. themenspezifischen – biografischen Erfahrungen und Situationen haben die Lernenden geprägt? Wie konstruieren sie sich mit diesem Erfahrungsmaterial ihre Sichtweisen und Deutungsmuster? Welche Umdeutungen können die Lernenden aushalten, welche (wahrscheinlich) nicht?

(3) »Ich sehe, was ich sehe!«

Auch bei diesem Leitsatz des Systemischen handelt es sich um eine durch den Konstruktivismus geschärfte Einsicht in die Selbstbezüglichkeit des menschlichen Wahrnehmens, Denkens, Fühlen und Handelns. Diesen Formen des Sichorientierens wohnt nämlich ein struktureller Konservatismus inne, welcher uns dazu führt, unsere Welt stets mit den zunächst parat liegenden vertrauten Mustern zu ordnen. Aus diesem Grunde eröffnet uns eine Analyse der bevorzugten typischen Deutungsmuster einer Person einen Zugang zu ihrer Welt. Indem wir verstehen, welchen Grundregeln das Alltagsbewusstsein folgt, erkennen wir auch, wie Menschen sich ihre Welt zurechtlegen. Denn das durch Deutungsmuster geprägte Sichorientieren im Alltag folgt den eingeübten Bahnen. Neues wird zunächst mit den bekannten Erklärungen gedeutet und interpretiert. Wer mit bestimmten Situationen Bedrohtheitserlebnisse verbindet, wird ähnliche Situationen durchgängig defensiv deuten und zumeist mehr und andere Bedenken artikulieren als ein Mensch, der von solchen Erklärungsmustern frei ist. Und wer früh gelernt hat, dass das, was er anpackt, auch gelingt, wird die ihm begegnenden Situationen optimistischer und risikobereiter deuten als jemand, der schon früh lernen musste (weil er es immer und immer wieder gesagt bekam), dass seine Wirklichkeit nach anderen als seinen eigenen Maßgaben funktioniert.

Bildung impliziert stets eine Weiterentwicklung und Differenzierung bewährter und vertrauter Deutungsmuster – ein Gedanke, der auch und gerade im Kontext von Krisenbewältigung oder Innovationshandeln von grundlegender Bedeutung ist. Denn wenn es mir nicht gelingt, aus meinen bewährten Mustern der Weltdeutung auszusteigen, dann bleibe ich stets meiner Wirklichkeitssicht verhaftet und kann kaum Neues denken. In den sich beschleunigt wandelnden Lebens- und Arbeitssituationen ist eine solche Starrheit jedoch immer weniger funktional. Entscheidend ist vielmehr die Fähigkeit, seine lieb gewonnenen Einsichten und Interpretationsroutinen loszulassen und neue Deutungsformen einzuüben, um die subjektive Wirklichkeit beständig zu transformieren. Wie das gelingen kann und welche »Vorkehrungen« dafür hilfreich sein können, wurde in der Erwachsenendidaktik bereits früh diskutiert, wie u. a. die Debatten um die »Aufklärung des (vielfach als falsch apostrophierten) Bewusstseins«, aber auch die Ansätze des transformativen Erwachsenenlernens zeigen. Gleichwohl ist es bislang noch nicht gelungen, die Aufgabe der Transformation von Deutungsmustern als den eigentlichen Kern des Bildungsgeschehens fest in den Blick zu nehmen; man verblieb mit den Transformationskonzepten zumeist im Bereich der Spezialthematiken wie z. B. Krisenbewältigung, Rückkehr in den Beruf etc. Eine entsprechende Aufwertung des Transformationsanliegens würde uns zudem helfen, ein neues normatives Leitbild des Erwachsenen zu zeichnen, ohne das Erwachsenenbildung nicht denkbar ist. Dies wäre das Leitbild eines Menschen, der in der Lage ist, sein Identitätserleben nicht mehr nur aus der Stabilität seiner gewohnheitsmäßigen Weltinterpretationen herzuleiten, sondern aus seiner Fähigkeit, diese zu verlassen und sich auf neue Deutungen einzulassen. Zwar differenziert und wandelt bereits die bloße Lebenserfahrung eingewöhnte Deutungsmuster, doch bedarf es nach meiner Beobachtung zunehmend didaktisch inszenierter Anlässe, damit solche Transformationsprozesse systematisch angebahnt, initiiert und beratend begleitet werden können.

Seit den Beiträgen der neueren systemischen Konzepte sieht sich der Deutungsmusteransatz m. E. mit einer doppelten Erweiterungsnotwendigkeit konfrontiert, deren Folgen für eine erklärungsstarke Erwachsenendidaktik noch gar nicht ausgedeutet worden sind:

- Zum einen wird die Frage nach der – teilweise verborgenen – subjektiven Intention des in der jeweiligen Musterhaftigkeit liegenden strategischen Interesses des Einzelnen ergänzt und überwölbt durch die Frage nach »seine(r) Wirkung auf die Verhaltensweisen der anderen« (Simon 1997, S. 11) und seine Einbettung in die Regelhaftigkeit des jeweiligen Interaktionskontextes, was bedeutet, dass Deutungen zwar individuellen Gewohnheiten entspringen, aber zugleich – als Ausdruck und Ergebnis – auf das systemische Geschehen im Hier und Jetzt bezogen sind. Individuelle Deutungen dienen somit mehreren »Herren«: Sie sind Ausdruck des individuellen Bemühens um Stabilität und Gewissheit – somit Elemente des individuellen Textes –, zugleich sind sie aber auch – gewissermaßen verselbständigt – Bestandteile eines kollektiven Textes, dessen systemische Logik eigenen Regeln folgt: »Die Kommunikation hat keinen Zweck, keine immanente Entelechie. Sie geschieht oder geschieht nicht – das ist alles, was man dazu sagen kann« (Luhmann 1997b, S. 25).

• Zum anderen sieht sich der Deutungsmusteransatz mit dem Vorwurf konfrontiert, einem kognitivistischen Bias aufzusitzen, da er sich auf die These reduziere »Ich sehe, was ich sehe« und dabei den Aspekt des Emotionalen weitgehend ausblende. Dieser (Selbst-)Kritik habe ich versucht, Rechnung zu tragen, indem ich auch den Blick auf die Musterhaftigkeit des Emotionalen lenkte, und dabei wiederum habe ich versucht, die These stark zu machen, dass der Mensch nicht nur sieht, was er sieht, sondern auch das, was er auszuhalten vermag (vgl. Arnold 2005b). Hieraus ergibt sich die Notwendigkeit, Personen und ihre Deutungsweisen auch vor dem Hintergrund ihrer seelischen Grundstrukturen zu betrachten, woraus sich eine gewisse Nähe zu den Konzepten der systemischen Familientherapie ergibt. Diese hat nämlich – wesentlich stärker, als dies in anderen Zusammenhängen geschieht – in den letzten Jahren das individuelle Verhalten verstärkt im Kontext der emotionalen Muster analysiert, da diese das Individuum zumeist zwangsläufig in seinem Bemühen, emotionale Vertrautheit (wieder) zu erleben, in stets ähnliche Konstellationen oder zu stets ähnlichen Situationsinterpretationen drängt – mit den vertrauten Effekten des »Es geht mir gut, wenn es mir schlecht geht!«.

(4) »Probleme sind Lösungen!« (Mücke 2001)

Diese Leitmaxime der Systemik beleuchtet den Sachverhalt, dass »bewertende« bzw. »charakterisierende« Zuschreibungen systemtheoretisch nicht möglich sind. Wer eine Verhaltensweise, Eigenart oder Interaktionsstruktur als »problematisch« definiert, muss sich fragen lassen, von welchem Beobachterstandpunkt aus er dies tut und inwieweit ihn dieser Beobachterstandpunkt wirklich zu einem privilegierten Zugang zur »Wirklichkeit« befähigt. Selbstverständlich ist diese Frage nur rhetorischer Natur, denn ein konstruktivistisch informierter Beobachter würde niemals für sich in Anspruch nehmen, selbst etwas anderes bei anderen sehen zu können als das, was er sieht bzw. zu sehen vermag. Er kann nur selbst von dieser eigenen Wahrnehmungsbeschränkung wissen und sich entsprechend darauf einstellen zu fragen, wie das Gegenüber seine Selbstreferenzialität handhabt, wie dies Luhmann ausdrückt. Was ihm als Problem erscheint oder was andere oder gar das leidende Subjekt selbst als Problem präsentieren, ist nicht nur ein »Defizit«, sondern auch eine – wenn auch von den Beteiligten als problematisch empfundene – Lösung. In diesem Sinn fragt Fritz B. Simon nach den »Mechanismen und Tricks, mit denen wir verhindern, aus Schaden klug zu werden« (1999, S. 145) und stellt fest (S. 157):

> »Wenn es gelingt, die Umwelt unverändert zu erfahren, reicht das gegebene Verhaltens- und Unterscheidungsrepertoire aus, um auf alle Eventualitäten reagieren zu können. Was immer auch passiert: Es ist alles schon einmal da gewesen. Und auf jede Herausforderung durch Umweltereignisse ist die Antwort schon parat: Das war schon immer so, das haben wir schon immer so gemacht. In der Interaktion zwischen System und Umwelt passiert nichts Neues, nichts stört, es besteht kein Lernbedarf.«

Aus diesem Grunde tendieren Systeme dazu, ihre Strukturen und Lösungsmuster konstant zu halten und nach Möglichkeit nicht zu verändern. Dies wiederum kann dazu führen, dass ein System »hängen bleibt«, d. h. in alten Mustern verharrt, während ringsumher alles bereits nach Veränderung »schreit«. So kann die Verhaltensauffälligkeit eines pubertierenden Jugendlichen auch als der Versuch gewertet werden, die Aufmerksamkeit der Eltern auch weiterhin zu binden oder gar – wie von früh auf gelernt – durch eine solche Absorption der elterlichen Kräfte potenzielle Konflikte zwischen den Ehepartnern zu neutralisieren. In einer solchen Betrachtung erweist sich das »Problem« als eine systemfunktionale »Lösung« (bezogen auf das Familiensystem, während die Systemiken von Kognition und Emotion des so Agierenden bleibenden Schaden nehmen können).

Die neueren Systemtheorien haben die Sensibilität für die Beharrlichkeit solcher subjektiven Wirklichkeitskonstrukte geschärft. Und auch die neuere Hirnforschung hat vielfältige Belege dafür geliefert, dass »problematisches Verhalten« ein nach der Systemfunktionalität zumeist erfolgreiches Verhalten ist, weshalb es i. d. R. wenig wirksam ist, diesem Verhalten mit Verboten und Geboten oder rationalem Diskurs »zu Leibe zu rücken«. Damit der Ausstieg aus solchen latenten Funktionalitäten gelingen kann, ist es deshalb notwendig, diese zu erkennen und auch zu würdigen. Erst in weiteren Schritten kann es dann gelingen, latente Bedeutungszuweisungen ins Bewusstsein zu heben und andere Lösungsformen einzuüben. Watzlawick (1999, S. 145) zitiert in diesem Zusammenhang eine Überlegung von Wittgenstein, welcher feststellte, dass,

>»wenn jemand unsere Aufmerksamkeit auf einen besonderen Aspekt
> eines Spiels lenke, dieses aufhöre, jenes Spiel zu sein. ›[...] er hat uns
> statt unseres ein anderes Spiel gelehrt [...]. – Aber wie konnte durch das
> neue das alte obsolet werden? – Wir sehen nun etwas anderes und kön-
> nen nicht mehr naiv weiterspielen‹ (Wittgenstein 1974). Umdeuten ist
> eine Therapietechnik, die die Tatsache verwendet, dass alle ›Regeln‹,
> alle Wirklichkeiten zweiter Ordnung, relativ sind, dass das Leben so ist,
> wie du sagst, dass es ist. Für viele Menschen ist dies eine bittere Pille.
> Sie ziehen es im Sinne Laings vor, das Spiel zu spielen, nicht zu erken-
> nen, dass sie ein Spiel spielen (Laing 1956), und sie halten ihre Blindheit
> für ehrlich. Für sie wurden diese Bemerkungen nicht gemacht, und sie
> werden nachdrücklich gebeten, sie so schnell wie möglich wieder zu ver-
> gessen.«

Die professionelle Frage, die aus der Problemtrance (»Man sieht Probleme, weil man sie sieht«) führt, lautet: Welche Systemfunktion wird durch die Problematik »gelöst«? Erst wenn diese Frage zunächst hypothetisch, dann in der Interaktion mit den Akteuren geklärt ist, können funktionale Äquivalente ins Gespräch gebracht, angeboten oder gar geübt werden. Dabei steht und fällt der ganze Prozess mit dem Willen der Betroffenen zur Kooperation. Denn was man von ihnen erwartet, ist nicht wenig. Sie sollen Bewährtes loslassen und sich auf eine Sicht der Dinge einlassen bzw. Altes neu zu sehen lernen. Dies ist ein Lernprozess, und es gibt tausend Gründe, sich diesem Schritt in eine neue Perspektive zu widersetzen.

(5) »Man kann nicht nicht kommunizieren!« (Watzlawick)

Dies ist wohl der bekannteste Satz der systemischen Kommunikationstheorie, wie sie bereits 1967 von Watzlawick, Beavin und Jackson skizziert wurde. Mit dieser Formulierung wurde die Ganzheitlichkeit des Kommunikationsgeschehens in den Blick gerückt, welches stets mehr umfasst als die sprachlich artikulierte Intention. Watzlawick et al. (1974, S. 51) drücken dies so aus:

>»Verhalten hat vor allem eine Eigenschaft, die so grundlegend ist, dass
> sie oft übersehen wird: Verhalten hat kein Gegenteil oder, um dieselbe
> Tatsache noch simpler auszudrücken: Man kann sich nicht nicht ver-

halten. Wenn man also akzeptiert, dass alles Verhalten in einer zwischenmenschlichen Situation Mitteilungscharakter hat, d. h. Kommunikation ist, so folgt daraus, dass man, wie immer man es auch versuchen mag, nicht nicht kommunizieren kann. Handeln oder Nichthandeln, Worte oder Schweigen haben alle Mitteilungscharakter: Sie beeinflussen andere, und diese anderen können ihrerseits nicht *nicht* auf diese Kommunikation reagieren und kommunizieren damit selbst.«

Dies bedeutet, dass selbst Schweigen beredt sein kann, und die Art der Begleitumstände einer Aussage – der Tonfall, die Betonung sowie Gestik und Mimik – teilen zumeist mehr mit, als aus dem nüchternen Wortlaut selbst entnommen werden kann, wie zahlreiche – teils belustigende – Missverständnisse zeigen. Indem die systemische Kommunikationstheorie die Mehrkanaligkeit menschlicher Kommunikation in den Blick gerückt hat, konnte sie zwar wesentlich zur Differenzierung ursprünglicher Sender-Empfänger-Modelle beitragen, doch blieb sie lange Zeit der Vorstellung eines *individuell* initiierten, wechselseitig aufeinander bezogenen und steuerbaren Geschehens verhaftet. Durch diese wechselseitige Verwobenheit der Kommunikation entsteht zwar Gesellschaft – ein Gedanke, den insbesondere Niklas Luhmann[10] betonte –, doch prägen die gesellschaftlich institutionalisierten Kommunikationsformen auch ihrerseits die Kommunikation, ohne dass die beteiligten Akteure dieses Geschehen durchschauen; willentlich beeinflussen können sie es selten.

Dieser Sachverhalt ist für Bildungsprozesse von grundlegender Bedeutung. Diese folgen nicht nur der Logik eines Austauschs von Wissen und Kenntnissen, sie sind vielmehr auch durch die Logik der Form, in welcher die unterrichtliche Kommunikation stattfindet, geprägt. In diesem Sinne ist für Simon »die Form der Lehre (stets) der eigentliche Lehrstoff« (Simon 1999, S. 153), da das Fach- und Sachwissen, welches die offiziellen Erwartungen an Bildung bestimmen, sich als äußerst flüchtig und vergessensanfällig erweist:

»Die meisten Erwachsenen haben vergessen, was sie an Datenwissen laut Lehrplan in der Schule hätten vermittelt bekommen sollen. Stattdessen erinnern sie sich aber noch, dass ihnen ein mehr oder weniger

---

10 Er sagt (1981, S. 20): »Die Gesellschaft besteht nicht aus Menschen, sie besteht aus Kommunikation zwischen Menschen.«

wohlmeinender Lehrer versucht hat, die Grundregeln der höheren Mathematik zu vermitteln, während sie dabei gelernt haben, dass sie Idioten sind, nichts wert oder gesellschaftlich randständig, dass sie sich unterwerfen oder katzbuckeln müssen. [...] Auf implizite Weise werden Botschaften über zwischenmenschliche Beziehungen, Menschenbilder sowie moralische und ethische Werte mit Schmuggeltechniken weitergereicht« (ebd., S. 153, 154).

Es sind die institutionell eingelagerten Routinen und Kommunikationsmuster des heimlichen Lehrplans der Bildungsinstitutionen, die in die Kompetenzentwicklung der Lernenden Eingang finden, während diese den Eindruck haben, sie würden »etwas« (eine Sache, einen Gegenstand) lernen. Dieser »heimliche Lehrplan« verdeutlicht, dass die Kommunikationstheorie auch diesen Restriktionsrahmen von Kommunikationsprozessen in den Blick nehmen muss, was sie in ihrer systemischen Weiterentwicklung ja auch zunehmend tut. Der Satz »Man kann nicht *nicht* kommunizieren!« muss nämlich ergänzt und erweitert werden um den Satz: »Und man kann auch nicht *nicht* im Kontext der institutionalisierten Erwartungen und Routinen kommunizieren!« Damit weitet sich der systemische Blick auf die Kommunikationsabläufe und Routinen und nimmt ihre als pathologisch kategorisierten Seiten »nicht mehr innerhalb der Grenzen des Individuums« (Simon 1997, S. 7), sondern innerhalb der Grenzen des Systems, in dem das Individuum kommuniziert, wahr: »Statt ›gestörter‹ physiologischer Prozesse wurde gestörte Kommunikation untersucht« (ebd.) – eine Verschiebung des Fokus, der die didaktische Theoriebildung noch nicht vollständig erreicht hat.

(6) »Die Welt ist nicht so, wie wir sie fühlen!« (Arnold)

In der Schule tobt das Leben! – so lautet ein Buchtitel aus den 1970er-Jahren (Kagerer 1978). Und dieses Leben läuft nach allen möglichen anderen als rein sachlichen Motiven ab. Schülerinnen und Schüler kommen mit ihren großen und kleinen Freuden, ihren Enttäuschungen, Hoffnungen, Ängsten und aus teilweise ausweglosen familiären Verstrickungen in das pädagogische Feld der Schule und sehen sich dort mit einer Lesart des Schulischen konfrontiert, welche durch Sachanforderungen, Leistungserwartungen sowie – neuerdings – Standards gekennzeichnet ist. Dort verhalten sie sich erwartungsgemäß, auffällig oder unauffällig, ohne dass das, was sie bei dem, was sie tun, bewegt, wirklich gesehen, in der erforderlichen Weise berücksichtigt oder zur Sprache gebracht werden kann.[11]

Was den Menschen »bewegt« (oder nicht bewegt bzw. bremst), sind seine Motive und seine Emotionen (siehe auch die gemeinsame lateinische Wurzel *movere* beider Begriffe). Und diese bewegenden Kräfte werden implizit – beiläufig – angebahnt und entwickelt – nicht in jedem Einzelfall gleich, doch unübersehbar so, dass anregendere und ermutigendere Umwelterfahrungen deutlich günstigere Voraussetzungen für die Entwicklung von Lernfähigkeit und Lernbereitschaft beim Heranwachsenden entstehen lassen. Wer – auch im Vorbild und den Reaktionen seiner Bezugspersonen – erleben konnte, dass Bildung sich »lohnt«, für den ist es näher liegend, ebenfalls eine solche bildungsaspirative Grundgestimmtheit zu entwickeln. Von zentraler Bedeutung ist zudem die früh angebahnte Erfahrung der Selbstwirksamkeit: Wer bereits seit Kindesbeinen erfahren konnte, dass er Probleme mit eigenen Kräften lösen kann, dass eigene Gehversuche letztlich – auch über Fehlversuche, die nicht von Kritik oder gar Abwertung (»Du schaffst das nie!«), sondern von geduldiger Ermutigung begleitet werden – zu Erfolgen führen, der entwickelt eher ein Gefühl der Selbstwirksamkeit. Und Selbstwirksamkeitserleben scheint – nach allem, was die Emotionsforschung herausgefunden hat (vgl. Roth 2001; Ulich 1995) – eine Art frühes *Maschengefühl*[12] zu sein, welches die spätere kognitive und emotionale Entwicklung einspurt.

Zahlreiche Lehrerinnen und Lehrer bemühen sich in ihrer täglichen Arbeit darum, diesen emotionalen Milieuprägungen entgegenzuwirken und Schule als betreuende und begleitende Fördereinrichtung stärker zur Wirkung zu bringen, wobei sie einen fast aussichtslosen Kampf führen. Denn Schule kommt im emotional-kognitiven

---

11 Schule kann augenscheinlich nur sachlich (= ohne Ansehen der Person) funktionieren – nach letztlich bürokratischen Maßgaben. Sie ist der offiziellen Logik nach keine betreuende oder gar begleitende, sondern eine instruierende und selektierende Einrichtung – zuständig für die »Regelung« eines gesellschaftlich existenznotwendigen Anliegens: der Verteilung von »Lebenschancen«, wie es der Soziologe Helmut Schelsky ausdrückt. Hierfür ist es notwendig, die »Illusion der Chancengleichheit« am Leben zu erhalten, indem zumindest so getan wird, als gälten für alle dieselben Selektionskriterien, wenn auch die neueren internationalen Schulvergleichstests uns zeigen, dass Schulerfolg in Deutschland zu einem ganz erheblichen Teil sozial vererbt wird.

12 Der Begriff des »Maschengefühls« stammt aus der Transaktionsanalyse und markiert die – häufig unbewusste – Masche, nach der man bevorzugt fühlt und sich die Konstellationen entsprechend zurechtlegt.

Individuierungsprozess spät, vielleicht auch zu spät. Und zudem sind ihre Möglichkeiten zur wirklichen Stärkung der Ich-Kräfte im Kontext des schulischen Selektionsauftrages sehr begrenzt. Man kann sich um einzelne Schülerinnen und Schüler kümmern, kann sich darum bemühen, ihr Selbst zu stärken, doch kann man nur schwer an die früh gelernten Maschengefühle heranreichen oder diese gar durch andere, tragendere Grundeinstimmungen der Persönlichkeit ablösen. Entsprechende Wirkungen lassen sich insbesondere im Bereich der sogenannten Erlebnispädagogik nachweisen, die hier jedoch lediglich als ein Weg – keinesfalls als Königsweg – des emotionalen Lernens erwähnt werden soll. Gleichwohl greift die Erlebnispädagogik einen wichtigen Zusammenhang auf, nämlich den *Zusammenhang zwischen Erleben und Fühlen*: Seine emotionale Grundgestimmtheit (»Maschengefühl«) erwirbt der heranwachsende Mensch durch das Erleben in seinem Umfeld. Emotionales Lernen ist ein implizites Lernen par exellence. Aus diesem Grunde spricht vieles dafür, dass sich ein ergänzendes, korrigierendes oder gar transformierendes Emotionslernen ebenfalls nur im Kontext ähnlich strukturierter »beiläufiger« Erfahrungskontexte erreichen lässt (vgl. Bennett-Goleman 2004; Greenberg et al. 2003). Die Leitfrage für die Auswahl oder Inszenierung entsprechender Kontexte lautet vor allen inhaltlichen Lernanliegen: »Welches Selbstwirksamkeitserleben ermöglichen die Herausforderungen und Aufgaben sowie das Arrangement dieses Kontextes?«

Diese Überlegungen finden in den neueren Konzepten einer systemisch-konstruktivistischen Pädagogik ihren Ausdruck u. a. in der Annahme, dass ...

»[...] es in gewissem Sinne einen *entwicklungsbedingten Vorrang für emotionale Erfahrungen in der frühen Kindheit* gibt, eine Art früh entwickeltes und früh ausgereiftes emotionales Gedächtnis (durch die frühe Ausreifung der Amygdala; Goleman 1995, S. 39, 41). Dadurch entsteht eine allgemeine emotionale ›Tönung‹ auch neu angeschlossener Erfahrungskontexte. Dies ist sicher nicht im Sinne einer ontogenetischen ›Prägung‹ zu verstehen. Aber aus de(m) [...] selbst organisierten Aufbau des Gehirns lässt sich auch folgern, dass nach dem Aufbau der ersten Strukturen und Attraktoren im Gehirn die anderen und neu hinzukommenden Inputs nicht einfach regellos irgendwo abgelegt werden, sondern eben so, dass sie die Nähe der schon gespeicherten Inputs suchen, um sich dort strukturell ›anzudocken‹« (Huschke-Rhein 2003, S. 44; Hervorh. im Orig.).

Welche Bedeutung haben diese Einsichten in die *vorrangige Bedeutung der emotionalen Grundgestimmtheit bzw. »Tönung«* – wir sprachen von emotionalen Maschengefühlen des Menschen – für einen pädagogischen Konstruktivismus? Zunächst stärken sie die konstruktivistische These, dass man über Wirklichkeiten nicht streiten kann, da dieselben Kontexterfahrungen von unterschiedlichen Beteiligten verschieden emotional getönt erlebt und abgelegt werden – ein Mechanismus, der zu grundlegenden Missverständnissen in interkulturellen, aber auch und gerade schulischen Kontexten zu führen vermag.

Gefühle sind innere Programmierungen, d. h. früh im Sozialisationsprozess eingespurte Stellungnahmen zur Welt. Sie bilden die Farbpalette, mit der wir unsere Bilder der Wirklichkeit, d. h. von dem, was auf uns augenscheinlich wirkt, malen. Wir können nicht *nicht* auf unsere eigene Farbpalette zurückgreifen, da wir nur über diejenigen Farben verfügen können, die wir haben. Aus diesem Grunde kann uns die Wirklichkeit zwar etwas antun, aber ob wir bei dem Stimmungsbild, welches dabei entsteht, nur dunkle oder auch ein, zwei helle oder gar grelle Farbtöne verwenden, ist ausschließlich von unseren inneren Möglichkeiten abhängig. Diese finden ihr »Echo« (Heisig u. Savory-Deermann 2001) in den sozialen Beziehungen, in denen wir stehen. *Deshalb ist jedes emotionale Bild der Wirklichkeit auch etwas ganz Eigenes und selbst Erzeugtes.* Und es scheint noch etwas hinzuzukommen: Die Farben müssen zum Einsatz gelangen. Man sucht deshalb geradezu nach geeigneten Motiven, die sich in den Farbtönen darstellen lassen, welche wir auf der Farbpalette unserer Seele bereithalten. Diese Wirkungsweise unserer Emotionalität radikalisiert nochmals zusätzlich die Grundthese des pädagogischen Konstruktivismus, welche besagt, dass wir uns die soziale Wirklichkeit, die uns begegnet oder unter der wir leiden, in der Art, wie sie sich uns präsentiert, selbst schaffen (vgl. Ciompi 1997).

Emotionale Kompetenz setzt ein selbstreflexives Wissen über die eigene Farbpalette voraus: Man muss seine bevorzugten Weisen des »Sich-in-der-Welt-Fühlens« (Buddrus 1992) mit nüchternem und mutigem Blick sehen, um zu erkennen, wie man sich der Welt (bzw. den Kollegen, Schülerinnen etc.) zuwendet und zumutet. Dadurch wird eine Gewandtheit angebahnt, die gerade für pädagogische Professionals von Bedeutung ist. Diese sind zwar »auch nur Menschen«, doch dürfen sie sich nicht »zumuten«, sondern müssen andere in der Art, wie diese ihre »Selbstreferenz handhaben« (Luhmann 2004,

S. 63), in der sie auch oft geradezu gefangen sind, beobachten und fördernd begleiten; dies ist das eigentliche Kernanliegen jeglicher Bildungsarbeit.

Hinzu kommt noch eine weitere Überlegung, die geeignet ist, unser Ursache-Wirkungs-Denken zu erschüttern: »Weinen wir, weil wir traurig sind, oder sind wir traurig, weil wir weinen?«, so die Frage, die der amerikanische Pragmatist William James (1981) schon früh in die Debatte um die emotionale Konstruktion der Wirklichkeit eingebracht hat. Damit erschütterte er die verbreitete »Bewertungs-Gefühls-Logik« (Stavemann 2001, S. 51), der zufolge Menschen dadurch in emotionale Stimmungen geraten, dass sie eine Situation mehr oder weniger bewusst bewerten und dazu das in ihnen lauernde »passende« Emotionsmuster aktivieren. Wer gelernt hat, den Umgang mit Autorität als Angst auslösende Infragestellung zu erleben, in dem springt dieses Gefühl auch in harmlosen und unbedrohlichen Situationen im Umgang mit Vorgesetzten oder Lehrern an. Die Frage, die William James aufwirft, macht allerdings auf einen Aspekt aufmerksam, den unser kausal-lineares Denken eher nicht gewohnt ist wahrzunehmen: die *Emergenz der Emotion*, d. h. ihre spontan-autopoietische Entstehung. Der zufolge handelt es sich bei Emotionen um komplexe physiologische Programmierungen, die – nach letztlich psychologischen sowie physiologisch-biochemischen Maßgaben – auch spontan in einer Person entstehen und dann bewirken, dass man sich die Ereignisse sucht, die zu dem jeweiligen emergierenden Gefühl passen, oder dass man sich die Situation, in der man sich gerade zufällig befindet, so zurechtlegt, dass die emergierende Emotion »gerechtfertigt« erscheint (vgl. LeDoux 2001).

Das Verstehen dieses Mechanismus der »Selbstkonstruktion unserer Freuden und Leiden« (Arnold 2005b, S. 119 ff.) markiert eine weitere notwendige Lektion eines Prozesses der emotionalen Kompetenzentwicklung, welche man als Schubumkehr im Weltbild bezeichnen kann: Es gibt angesichts des geschilderten Mechanismus keine Ursachen für Gefühlszustände im Äußeren bzw. keine für die Gefühlszustände, die in einer Situation so und nicht anders auftreten. Es könnte alles auch anders sein (und ist es auch!) – und sei dies nur in der Form einer leicht aufgehellten Darstellung bzw. einer leidenschaftsloseren Wahrnehmung des Bedrängenden (z. B. der störenden Schüler oder des »unmöglichen« Schulleiters). Hierzu liefern bereits die seit vielen Lehrergenerationen bekannte Problembesitz-Frage von

Thomas Gordon (u. a. 1977) und die aus ihrer Beantwortung sich ergebende Sprachform (»Sprache der Annahme« oder »Ich-Botschaften«) wichtige Anregungen und Regeln, gegen die jedoch zumeist in den als bedrängend erlebten Verdichtungssituationen verstoßen wird.

Diese Ausführungen zeigen, wie Subjekt und Objekt im Prozess der erkennenden und fühlenden Wahrnehmung aufeinander bezogen sind. Erkennen und Fühlen basieren immer auf Früherem (z. B. Misstrauen, Komplexgeprägtheiten im jungschen Sinne; vgl. Kast 1999), sie drängen auf Wiedererkennen und Wiederholung im Prozess der Wahrnehmung. Deshalb können wir die »objektiven« Anforderungen oder das, was Interaktionspartner von uns wollen, immer nur missverstehen, d. h. nur im Kontext unserer eigenen inneren Logik verstehen. Dies zu wissen ist allein schon ein wichtiger Schritt in Richtung einer emotionalen Kompetenzentwicklung. Der Kampf um das Rechthaben kann aufgegeben werden, wenn man sieht, dass Systeme andere Systeme nicht verstehen können (vgl. Luhmann 2004) – ein Schlag für die Pädagogik, in der das »pädagogische Verstehen« großgeschrieben wird. Wenn wir jedoch auf der Hut zu sein und darauf zu achten gelernt haben, welches Eigene uns im »Objektiven« begegnet, können wir flexibler und Raum gebender sowie weniger entschieden auftreten. Schuldzuweisen und Rechthabenwollen können zurücktreten, wenn wir Stop&Think-Schleifen zwischen unsere Wahrnehmung und unsere emotional-kognitive Reaktion einzubauen vermögen.

Emotionale Kompetenz setzt ein Wissen von der Emergenz und der gestaltenden Kraft des Emotionalen voraus. Erst dann können das Lamento, welches die Verursachung des eigenen Gefühlserlebens stets im Außen sucht, verstummen und wesentliche Voraussetzungen für eine professionellere – emotional selbstreflexivere und gewandtere – Gestaltung von Interaktion erarbeitet werden. Diese Erarbeitung ist ein Münchhausen-Prozess, ein Lernen zweiter Ordnung, in welchem sich nicht nur das Wissen verändert, sondern auch die Art, wie man (bevorzugt) lernt und deutet, wie man sich erlebt und zu handeln vermag.

Eine Basiseinsicht in die Systemik von Kognition und Emotion ist die, dass Widerstand, überwertiges Reagieren oder Streitbereitschaft immer auch und oft in erster Linie ganz eigene Gründe haben, mit denen man sich die Weltsichten baut, die möglichst dem entsprechen, was man schon immer als plausibel und gewiss empfand, denn »Gewissheit« ist ein Maschengefühl. Dieses Vorgehen ist zwar nicht wissenschaftlich, aber durchaus verbreitet. Wer andere Sichtweisen bzw. Infragestellungen bisheriger Lesarten vehement und pauschal verwirft (z. B. die Sichtweise, dass die uns umgebende Welt der weichen Tatsachen ein Produkt unserer Sinnesorgane ist) und gar zum aggressiven Gegenangriff übergeht, dem nutzt dieser Streit, weil er ihm hilft, an Vertrautem festzuhalten. Fritz B. Simon spricht in diesem Zusammenhang von der »Kunst, nicht zu lernen« (1999a), Lernen zu vermeiden. Im Festhalten an Vertrautem sind wir alle Weltmeister, weshalb wir vielleicht tief im Inneren unsere Probleme oft auch überhaupt nicht lösen wollen.

Diesem egozentrischen Fühlen, Denken und Handeln fehlt zumeist die Einsicht in die motivierende Determinierung durch die eigene Emotionalität, durch das Sichfühlen in Anbetracht von Verunsicherung, Infragestellung sowie Loslassenmüssen. Man kann es sich zumeist »nicht leisten«, das Vertraute wirklich aufzugeben oder zu verändern. Mit einer solchen grundsätzlichen – weil überlebenswichtigen – Skepsis hält man an allem fest: an den Versprechungen einer mechanistischen Didaktik ebenso wie an den Vorstellungen der letztlich überlegenen eigenen Sicht der Dinge. So wertet der Fachdidaktiker den Pädagogen und der Fachvertreter gar beide ab, weil jeweils die eigene Sicht der Dinge und der eigene Beitrag das sind, was zählt. Vielleicht spürt man zwar, dass das, was man tut, vielfach nicht die erwarteten und behaupteten Effekte hat, doch macht man weiter so wie bisher, weil Neues nicht in Sicht ist oder bewusst übersehen wird, denn Neues ist ungewohnt, und Ungewohntes macht Angst – womit wir wieder bei der emotionalen Konstruktion der Wirklichkeit wären.

Der Wandel der Lernkulturen wird jedoch nicht gelingen, wenn wir uns nicht darauf einlassen, die Emotionalität unserer eigenen Weltsichten zu erkennen und zu hinterfragen. Denn Lernkulturwandel setzt den reflexiven Umgang mit sich selbst voraus. Wir müssen uns zurücknehmen, und wir müssen anerkennen lernen, dass das Gegenüber auch im Besitz einer – seiner – Wahrheit ist und dass es an dieser mit guten Gründen festhält. Menschen in »helfenden Berufen« – und Lehrer gehören dazu – bedürfen dieser Selbstreflexivität in besonderem Maße, denn ihre Aufgabe ist es – wie bereits erwähnt –, das Gegenüber in seiner Entwicklung und seinem Lernen zu begleiten und zu unterstützen. Dies gelingt nicht, wenn sie die Interaktion gemäß eigenen verborgenen, vielleicht narzisstischen Bedürfnissen rekonstellieren – wozu sie ja die Machtposition haben – und damit ein solches Echorauschen verbreiten (vgl. Heisig u. Savory-Deermann 2001), dass ihnen die kognitiv-emotionalen Muster der anderen völlig verborgen bleiben.

»Gefühle sind unwissenschaftlich« – so das verbreitete Denken in den Sozialwissenschaften. »Sei doch nicht so emotional!« – mit dieser Abmoderation kann man rasch Debatten beenden und Diskussionspartner diskreditieren. Doch diese Geringschätzung des Emotionalen bröckelt, wie auch die Versuche zeigen, Konzepte und Modelle zur Förderung der emotionalen Kompetenz (z. B. von Führungskräften) zu entwickeln und zu erproben. Häufig entgeht solchen Versuchen allerdings das Wesen des Emotionalen, die »Affektlogik«, wie dies der Berner Psychologe L. Ciompi nennt (Ciompi 2003): Gefühle sind sowohl stammesgeschichtlich als auch individuell unser »erster Verstand«. Bevor der Mensch denkt, orientiert er sich emotional bzw. intuitiv in seiner Umwelt, und dabei entstehen grundlegende Einspurungen, die seinen Modus des »Sich-in-der-Welt-Fühlens« prägen (vgl. Cameron-Bandler u. Lebeau 1997). Und diese emotionalen Einspurungen werden niemals wieder völlig eingeebnet, sie überdauern und sie durchwirken auch und gerade *die* Bereiche unseres Denkens und Handelns, in denen wir glauben, uns rein sachlich – »objektiv« gerechtfertigt – zu verhalten. Es gibt keine Sachlichkeit ohne Gefühle, gerade nüchterne oder gar rigorose Sachlichkeit sowie verbissene Rechthabereien oder »Kämpfe um die Realität« (Simon) verweisen auf ganz spezifische emotionale Bedürfnisse sowie »Versäumnisse« im Individuierungsprozess (vgl. De Sousa 1997).

Bekannt geworden sind die hirnphysiologischen Forschungen mit sogenannten Split-Brain-Patienten, die Untersuchungen bei Menschen mit schweren hirnorganischen Schädigungen oder auch die Arbeiten über das sogenannte »Bauchhirn« (vgl. Damasio 1997). Diese Forschungen ergaben, dass Kognition ohne Emotion kein soziales Verhalten ermöglicht. Zwar verfügen z. B. Menschen mit einer hirnorganischen Verletzung zumeist nach ihrer Heilung über all ihr Wissen und ihre Erfahrungen, doch sind sie oft kaum mehr in der Lage, Entscheidungen zu treffen und Stellung zu nehmen. Entgegen der »intellektualistischen Illusion«, Wissen sei alles, und das bessere Argument erlaube besseres bzw. sachangemesseneres Handeln, und auch, Lernen sei letztlich ein rein kognitives Geschehen, zeigen uns solche Ergebnisse sowie die neueren emotionspsychologischen Arbeiten, dass dem nicht so ist. Menschen lernen und handeln im Kontext ihrer Emotionalität. Sie sehen die Welt nicht nur so, wie sie sie sehen (können), sondern auch so, wie sie sie auszuhalten vermögen bzw. auszuhalten gelernt haben (vgl. Arnold 2005b).

Diese Rehabilitierung des Emotionalen führt uns nun *nicht*, wie bisweilen sogleich eingeworfen, zu einer Pädagogik des Diffusen oder der »großen Gefühle«, sondern fordert uns dazu heraus, in unseren Entwürfen »realistischer« zu werden, d. h. den Gegebenheiten der emotional-kognitiven Ganzheitlichkeit von Lernen und Kompetenz-entwicklung Rechnung zu tragen (vgl. Goleman 1995, 1999; Goleman et al. 2002; Goleman 2003). Wir stehen heute vor der Herausforde-rung, den kompetenzbildenden Durchmischungen von Kognition und Emotion in Lehr-Lern-Prozessen stärker nachzuspüren, diese in unserer Didaktik zu berücksichtigen und die Lernkulturen unserer Gesellschaft nicht bloß nach rein kognitiven Gesichtspunkten – bzw. gar »Standards« – zu optimieren. Dies hat Auswirkungen auf alle Ebe-nen des Pädagogischen:

- auf die Art ihrer Diskurse, die sehr aufgeregt und anklagend (bisweilen auch verdächtigend) daherkommen,
- auf die Bildungspolitik, welche von Lernkulturwandel nur redet, aber bevorzugt intellektualistische Standardisierungen reali-siert,
- auf das pädagogisch-didaktische Handeln im Unterricht sowie
- auf die Selbstreflexivität und Gelassenheit der pädagogischen Professionals sowie ihren Umgang mit Führen und Geführt-werden (vgl. Arnold 2004b).

5. Didaktik als die Kunst, zwischen die Erfahrungen zu gehen

Didaktik hat ihre Karriere als eine Entscheidungstheorie absolviert. Aus diesem Grunde sind didaktische Modelle bevorzugt mit Leitfragen ausgestattet, mit deren Hilfe viel Klarheit und Präzision in die Vorstellung von dem, was Didaktik ist und was sie leisten kann, hineingekommen ist. Dies gilt in besonderem Maße für die didaktischen Leitfragen, die Wolfgang Klafki mit seiner didaktischen Analyse grundgelegt hat und die seitdem eine Art Eigenwirkung in der didaktischen Vorbereitung von Lehrerinnen und Lehrern entfalten konnte. Folgt man der präzisen Zusammenfassung seines Ansatze aus dem Jahre 1980, so geht es Klafki vor allem darum, am Bildungsbegriff als »Zentralkategorie einer kritischen Didaktik und einer ihr entsprechenden Konzeption der Unterrichtsplanung« (S. 12) um jeden Preis festzuhalten, da Unterricht der generellen Zielsetzung verpflichtet sei,

> »den Lernenden Hilfen zur Entwicklung ihrer *Selbstbestimmungs-* und *Solidaritätsfähigkeit*, deren eines Moment Mitbestimmungsfähigkeit ist, zu geben. Selbstbestimmungs- und Solidaritätsfähigkeit schließen, als konstitutive Momente, rationale Diskursfähigkeit, d. h. Fähigkeit zur Begründung und Reflexion, entwickelte Emotionalität und Handlungsfähigkeit, d. h. die Fähigkeit ein, auf die eigenen Beziehungen zur natürlichen und gesellschaftlichen Wirklichkeit im Sinne begründeter Zielsetzungen aktiv einzuwirken« (Hervorh. im Orig.).

Diese Zielbegründung versucht Klafki einzulösen, indem er der »Begründungsproblematik« (ebd., S. 15 ff.) eine besondere Bedeutung zumisst und die bekannten fünf Leitfragen definiert, mit deren Hilfe er – für die Lehrerinnen und Lehrer – hofft, *die* Inhalte ermitteln zu können, denen begründet ein »Bildungsgehalt« zugeschrieben werden kann. So weit, so gut. Mit diesen Überlegungen hat viel Klarheit und Begründungsforderung in die didaktische Praxis Einzug gehalten. Doch ist die didaktische Begründung wirklich die, welche der Bildung der Lernenden dient? Oder hilft sie nur, ein Komplexitätsproblem des Lehrenden zu reduzieren?

Eine grundlegende didaktische Folgerung aus den konstruktivistischen Lerntheorien ist die der »Situierung« des Lernens. Menschen – so diese Folgerung – lernen dann am nachhaltigsten, wenn man dem Rechnung trägt, was ohnehin stattfindet: Jeder lernt nur, was er lernt bzw. lernen kann. Indem er sich mit Neuem auseinandersetzt, deutet und interpretiert er dieses mithilfe dessen, was ihm bereits bekannt und vertraut ist. Aus diesem Grunde kommt dem Lernen *an* und *in* Situationen eine grundlegende Relevanz zu. In den letzten Jahren haben insbesondere die Ansätze eines »Lernens am Arbeitsplatz« (vgl. Dehnbostel 2002) eine große Bedeutung erlangt, die zudem durch die sich ständig verbessernden Möglichkeiten eines PC-based E-Learning sowie die sich mit diesen verbindenden Konzeptionen eines betrieblichen Wissensmanagements noch ungeahnte Potenziale aufweisen. Doch auch die »üblichen« Lehrunterlagen können situationsorientiert aufbereitet werden, wie u. a. die Erfahrungen im Fernstudien- oder Schulbuchbereich zeigen. Lerner lernen auch dann nachhaltiger, wenn sich das zu Lernende ihnen in der Handlungslogik ihrer betrieblichen Abläufe und Situationen präsentiert – ein Aspekt, dem die an der Systematik der Wissenschaft orientierten curricularen Planungen zumeist nicht entsprechen.

Erfahrung: Der Stoff, aus dem unsere Wirklichkeit ist

»Erfahrung« ist jedoch mehr als lediglich ein Anknüpfungspunkt; sie ist vielmehr auch das Material, mit welchem die Lerner sich Neues verdeutlichen und in welches sie dieses »einweben«. Dieses weiß die Erwachsenendidaktik bereits seit längerem, wie u. a. der bekannte Ansatz von Oscar Negt aus den 70er-Jahren des letzten Jahrhunderts zeigt (Negt 1975). Dieser ging von dem Sachverhalt aus, dass »Wissen« nur dann eine tatsächliche Lebensrelevanz entfalten kann, wenn es an die Deutungsmuster, Sichtweisen und Erfahrungen derer anschließt, die mit ihm als Lernende in Verbindung kommen. Diese Begegnung kann nicht nur ermöglicht, sie kann auch erleichtert werden, indem das Lernen an »exemplarische« Situationen anschließt. Diese »Exemplarik« ermöglicht es, dass Lernende vieles wiedererkennen und gleichzeitig in ein neues Licht tauchen können. Durch die Didaktisierung dieses Prozesses kann die Erkenntnis universaler Muster und Regeln erleichtert werden, wodurch sich auch alltägliches Routinewissen verändern und weiterentwickeln kann. Aufklärung und gesellschaftliches Bewusstsein sind demnach nicht durch Belehrung, sondern durch die Erarbeitung neuer Perspektiven auf vertraute Erklärungen erreichbar. Wer glaubt, top-down »aufklären« zu können, so die in bestimmten historischen Phasen vertretene Auffassung, der scheitert zumeist an der Gewissheitskraft der eigenen Erfahrung. Erfahrungswissen kann nur durch induktiv ansetzendes Reflexionslernen transformiert werden.

Diese Überlegungen werden auch durch die Ergebnisse der Neurowissenschaften bestätigt. So stellt der Neuropsychologe Elkhonon Goldberg in einem Interview mit dem *Focus* im Juni 2005 (Goldberg 2005, S. 87, 84) fest, dass

>»wir die Welt zunehmend durch das Prisma unserer Erfahrungen (sehen), und das beraubt uns zu einem gewissen Grad der Fähigkeit, alle Details unserer Erlebnisse zu erfassen. [...] Wir haben Hinweise, nach denen die rechte Hemisphäre des Gehirns auf die Verarbeitung von Neuem spezialisiert ist. Die linke setzt sich mit Dingen auseinander, zu denen wir bereits viel Erfahrung gesammelt haben. [...] Unser Erfahrungsschatz, der in der linken Hirnhälfte gespeichert ist, ermöglicht uns das spontane richtige Einordnen einer neuen Situation, die bestimmte Ähnlichkeiten mit bereits erlebten hat. Insofern ist Intuition eine Belohnung für harte geistige Arbeit.«

Diese Einsichten verdeutlichen, dass »Erfahrung« eine emotional-kognitive Programmatik in Gang setzt, in deren Rahmen wir dazu tendieren, den Schienen des Vertrauten zu folgen. Dadurch ist gewährleistet, dass wir unmittelbar handlungsfähig sind und auch ohne genaue Prüfung einer Gegebenheit häufig intuitiv die richtige – weil bewährte – Entscheidung zu treffen in der Lage sind. Von Nachteil ist diese emotional-kognitive Programmatik dann, wenn sie uns Gefährdungen erkennen lässt, wo keine sind, oder eine Nähe stiftende Vertrautheit in Situationen entstehen lässt, die riskant sind. Besonders »überwertig« (Riemann 1998) empfindende Menschen stehen deshalb in der Gefahr, sich durch unangepasste emotional-kognitive Beurteilungen soziale Chancen zu verbauen oder Risiken zu übersehen bzw. zu »überspüren«. In solchen Fällen ist die Frage nach den Möglichkeiten eines transformativen Lernens, d. h. eines Lernens, mit dessen Hilfe man eingespurte emotional-kognitive Programme zunächst zu erkennen und dann hinter sich zu lassen lernt, von grundlegender Bedeutung. In ihnen begegnet uns ein Erfahrungslernen eigener Art. Dieses ist ein explizit reflexives »Emotionslernen« (Arnold 2005b), dessen didaktische Implikationen bislang erst in Ansätzen ausgelotet werden konnten.

Folgt man den von Manfred Spitzer (2002) popularisierten Einsichten der Hirnforschung, so ist noch ein weiteres Ergebnis der Hirnphysiologie für das Lernen relevant. Lernen scheint nämlich insbesondere dann stattzufinden, wenn es den Lernenden gelingt, vom Einzelnen zu abstrahieren. Dies gilt auch für die individuellen Erfahrungen. Nicht das »stumpfsinnige Regeln-auswendig-Lernen« (ebd., S. 78) stiftet demnach wirklich nachhaltige Lernerfolge, sondern das Sichbeziehen auf Beispiele, »wenn möglich (auf) die richtigen und guten Beispiele« (ebd.). Dies bedeutet, dass auch durch die Hirnforschung nahegelegt wird, zwar von Beispielen auszugehen und an diesen zu lernen, sich dabei gleichwohl auf Abstrahierung, Modellbildung und Regelbildung zu beziehen, wobei der Konstruktivismus noch ergänzend auf die Bedeutung von »Viabilität« anstelle von »Objektivität« verweist:

- »Auch Lernen ist eine aktive, biografisch verankerte Konstruktion von (viablen) Wirklichkeiten.
- Lernen ist strukturdeterminiert, d. h., wir verarbeiten das, was in unser kognitives System passt, für das wir kognitiv und emotional aufgeschlossen sind, was uns sinnvoll und brauchbar erscheit.
- Neue Lerninhalte müssen ›anschlussfähig‹ sein, sie müssen sich verknüpfen lassen mit vorhandenen Erfahrungen und Wissensbeständen. Isoliertes, auswendig gelerntes Wissen bleibt ›träge‹, äußerlich.
- Der Lernende entscheidet selber, was er will. Er hört das, was er hört und was ihm verständlich ist« (Arnold et al. 2005, S. 33).

Dieses Erfahrungslernen kennzeichnet somit keine eigenständige Form des Lernens, sondern charakterisiert das, was stets in Bildungs- bzw. Lernprozessen stattfindet. Lerner folgen ihrer eigenen Logik – ein Sachverhalt, der besonders dort stark zur Geltung tritt, wo sich eine nötigende Sachlogik nicht eindeutig ausmachen lässt. Dies ist in all den Bereichen der Fall, in denen es um Orientierungswissen geht; aber auch in Lernangeboten, die sich auf gesellschaftliche, soziale sowie persönliche Fragen des Lebens beziehen, ist die Erfahrungslogik das, was den Lernprozess trägt, strukturiert und auch limitiert. In technischen Aus- und Fortbildungsgängen hingegen ist der Lerner gehalten, sich Erklärungswissen anzueignen, das sich nach naturgesetzlichen bzw. vorab »entschiedenen« Sachzusammenhängen bemisst. Ob eine Computerprogrammierung oder eine Kfz-Reparatur so oder anders als erfolgreich anzusehen ist, ist in der Regel weniger strittig als die Frage, wie in konkreten Erziehungssituationen oder bei Konflikten in Partnerschaft und Beruf erfolgreich zu interagieren ist. Zugegeben, diese Gegenüberstellung ist pointiert, und sie berücksichtigt auch nicht, dass auch die Anwendung sachgesetzlichen Wissens eingebettet in soziale Kontexte sowie Arbeitsprozesse erfolgt, weshalb auch der wirkliche Aufbau entsprechender Kompetenzstrukturen situiert und kontextual erfolgt (vgl. Müller 2006). Gleichwohl bleibt ein gradueller Unterschied, weshalb Erfahrungslernen zu Recht als Topos eines sozialen Lernens im Vordergrund steht.

Erfahrungen prägen jedoch den Aneignungsprozess erwachsener Lerner nicht nur, sie kanalisieren und begrenzen ihn vielmehr auch. »Erfahrungen machen blind!«, sagt der Volksmund. Gemeint ist, dass Erfahrungen auch Sicherheit verleihen, weshalb ihre Weiterentwicklung oder gar Aufgabe nur um den Preis eines Muts zum Umgang mit Unsicherheit »zu haben« ist. Dieser Mut ist in all den Bereichen gefordert, in denen die Innovation und Entwicklung davon abhängig ist, dass Menschen ihre Gewohnheiten und »bewährten« Sichtweisen grundlegend verändern. Entsprechende Transformationen der gewohnheitsmäßigen Sichtweisen sind insbesondere dann unausweichlich, wenn krisenhafte Veränderungen der Lebenssituation einen mit der unausweichlichen Tatsache konfrontieren, dass die bisherige Plausibilität und Gewissheit nicht mehr gegeben sind. Dies ist in Lebenskrisen infolge Krankheit, Behinderung, Partnerverlust etc. häufig der Fall. Die bisherigen Deutungs- und Emotionsmuster tragen nicht mehr, und bisweilen lassen sich zunächst verzweifelte Versuche beobachten, dennoch alles beim Alten zu lassen. Hiervon zeugen u. a. Fälle, in denen Menschen, die ihren Arbeitsplatz verloren haben, über Wochen und Monate weiter jeden Morgen aus dem Hause gehen, um sich selbst und ihrer Umwelt gegenüber den Schein von Kontinuität wahren zu können.

Dies zeigt, dass Erfahrungen der Stoff sind, aus dem unsere Identität sich konstituiert. Erfahrungen sind komplexe Muster des Denkens und Fühlens, mit denen wir uns in Situationen orientieren und unser Handeln begründen. Deutungs- und Emotionsmuster helfen uns, die Welt wiederzuerkennen, und entlasten uns von der überfordernden Aufgabe, Komplexität immer wieder neu zu reduzieren, um angemessen reagieren zu können. Sie garantieren uns sozusagen ein Mindestmaß an Vertrautem, da sie das Alte in die Rezeption des Neuen mitbringen. Neues stellt sich uns somit niemals als vollständig neu dar, wir operieren vielmehr mit einem stets selektiven Blick, der zunächst nur wiedererkennt und erst durch Abweichungserleben lernen und sich öffnen kann. Es ist genau dieser Öffnungsprozess, der häufig dafür ausschlaggebend ist, ob und mit welcher Nachhaltigkeit Menschen in der Lage sind, angemessen mit veränderten Lagen umzugehen.

Die Angemessenheit von Wirklichkeitsdeutungen und entsprechenden Reaktionen ergibt sich dabei selten allein vor dem Hintergrund irgendwelcher sachlicher Beurteilungsmaßstäbe; ob eine Wirklichkeitsinterpretation angemessen ist, zeigt sich vielmehr daran, ob sie uns auf gangbare Wege des Handelns und Reagierens zu führen vermag. Der Konstruktivismus hat deshalb den Begriff der »Viabilität« an die Stelle von Wahrheitsvorstellungen gerückt und damit deutlich darauf hingewiesen, dass Menschen nicht ausschließlich und zumeist auch nicht in erster Linie aufgrund der Richtigkeit von Deutungen und Konstruktionen, sondern aufgrund eines subjektiven Erlebens von Angemessenheit sich sozial aufeinander beziehen und ihrem Handeln Sinn zuzuschreiben vermögen. Das Angemessenheitserleben ist eine unhintergehbar subjektive Kategorie, hinter welcher sich eine schier unauflösliche Komplexität von Vorgeprägtheiten, Routinen, Charaktereigenschaften usw. verbirgt. Diese Komplexität lässt es undenkbar erscheinen, dass Verstehen im Sinne eines Eins-zu-eins-Nacherlebens überhaupt möglich oder gar nötig ist. Menschen interagieren und kooperieren vielmehr stets auf der Basis eines partiellen Missverständnisses. Missverstehen ist somit der Normalfall, und Zusammenleben gelingt, wenn die subjektive Komplexität den Einzelnen nicht zu einer hermetischen Überwertigkeit im Denken, Fühlen und Handeln (ver)führt, mit deren Artikulationen das Gegenüber nicht mehr viabel (im Sinne seiner eigenen Gangbarkeit) umzugehen vermag. Nicht Verstehen, wohl aber Koevolution ist möglich, solange die Beteiligten mit den wechselseitigen Zulieferungen an Deutungen, Wirklichkeitsinterpretationen sowie Reaktionen sich »Baustoffe« für die Gestaltung ihrer eigenen Wege zu liefern vermögen. Konflikt und Destruktion setzen stets dort ein, wo diese Zulieferungen Viabilität zerstören und Interpretationsstress auslösen.

Weil das Angemessenheitserleben als eine unhintergehbare subjektive Kategorie angesehen werden muss, können Belehrung und Aufklärung im Sinne der alten Vorstellung eines Gefälles zwischen

Lehrer und Schüler, Therapeut und Klient oder Dozent und Teilnehmer nicht funktionieren. Indem z. B. die Didaktik ihre Konzepte mit solchen Hintergrundvorstellungen auflädt, setzt sie die unsystemische Denkweise der Maschinenmodelle fort. »Erwachsene sind lernfähig, aber unbelehrbar!« (Arnold u. Siebert 2004) – dies bedeutet, dass Menschen grundsätzlich nur zu ihren eigenen Bedingungen lernen. Sie eignen sich Neues zunächst – und häufig auch auf Dauer – lediglich im Kontext ihres bisherigen Plausibilitätserlebens an, und oft weigern sie sich auch, einleuchtende Gegenargumente wirklich aufzugreifen und umzudenken. Dieser oft anzutreffende Sachverhalt verdeutlicht uns, dass der aus der Aufklärung überkommene Glaube an die Überzeugungskraft des »besseren« Arguments unterkomplex und ausschließlich kognitionsfixiert ist. Um umzudenken, benötigen Menschen wesentlich mehr und auch andere »Baustoffe« als lediglich Argumente. Überlegungen sind vielmehr unauflöslich mit Überzeugungen und Emotionen durchdrungen, weshalb Veränderung oder gar Transformation, wie bereits ausgeführt wurde, als ein ganzheitlicher kognitiv-emotionaler Prozess analysiert werden muss, über dessen Tiefenkomplexität die anzutreffenden didaktischen Erklärungsmodelle zumeist hinwegsehen.

Didaktik als die »Kunst des Dazwischengehens«

Vor dem Hintergrund solcher systemisch-konstruktivistischer Überlegungen zur Didaktik ergibt sich die Notwendigkeit, neu und verändert über »Steuerung« in didaktischen Kontexten nachzudenken. »Intervention« – etwas freier übersetzbar als »Kunst des Dazwischengehens« – ist das grundlegende Merkmal jeder professionellen Tätigkeit. Als »professionell« lassen sich Tätigkeiten bezeichnen, welche es mit der Gestaltung komplexer Aufgaben, die eine verbindliche und wirkungssichere Ablaufregelung in den allermeisten Fällen ausschließen, zu tun haben. Den Professionals wird deshalb eine relative Autonomie bei der Gestaltung dieser Aufgaben zugestanden, da ihr sachangemessenes Handeln in seiner Effektivität unmittelbar davon abhängig ist, dass sie ihr Handeln in der Situation selbstständig entscheiden und verantworten. Basis eines solchen Handelns ist eine komplexe Kompetenz, welche in wissenschaftlichen Ausbildungen und Phasen der Praxiserprobung und -bewährung aufgebaut und zertifiziert wird. Der Grad der Professionalität ist geradezu ablesbar an dem Ausmaß der diesen Fachkräften »zugestandenen« Autonomie, weshalb alle Versuche, dieses Handeln zu standardisieren, der Professionalisierung entgegenwirken und das Kind mit dem Bade auszuschütten drohen (vgl. Winkel 2005a).[13]

Was bedeutet dieser professionalisierungstheoretische Blick (vgl. Combe u. Helsper 1996) für das Lehrerhandeln? Zunächst ist die *Komplexität dieses Handelns* – oder, besser gesagt: seine komplexe Ungesichertheit – nüchtern als unhintergehbar in den Blick zu nehmen, eine Haltung, die uns auch gegenüber einfachen Anleitungskonzepten à la »Heimannottoschulz« oder der »Sprache der Annahme« (Gordon 1977) misstrauisch machen muss, da wir bis heute über keine universal akzeptierten Theorien des Lehrens oder Erziehens verfügen, die uns wirklich angeben könnten – um mit Oelkers (1987, S. 193) zu sprechen –, »wie ein psychisches System ein anderes so beeinflussen kann, dass das andere System beeinflusst wird«. Rezepte sind deshalb notwendig stets unterkomplex: Sie erzeugen bei den Handelnden zwar Sicherheit, gehen aber mit einem hohen Risiko der Unangepasstheit im Konkreten einher (»Steuerungsillusion«), und sie machen – zum Berufshabitus verdichtet – blind gegenüber der überraschenden Vielfalt der das Erziehungs- oder Unterrichtsgeschehen eigentlich bedingenden Faktoren (»Selbsterstarrungsrisiko«).

Gleichwohl können Pädagogik und Didaktik sich nicht herausreden – nach dem Motto: »Wo Bildung ohnehin zu schwierig, zu unwahrscheinlich geworden ist, braucht man sich auch nicht mehr um sie (d. h. um den Unterricht, der sie ›erzeugte‹) zu kümmern – man überlässt sie am besten dem Zufall« (Luhmann u. Schorr 1979, S. 187). Es geht vielmehr darum, auf der Basis einer nüchternen

---

13 In diesem Sinne stellt Heinz Klippert (2004, S. 65) fest: »Nachhaltige Unterrichtsentwicklung verlangt mehr als das bloße Verstehen und Akzeptieren von Teststandards und Musteraufgaben. Der mittlerweile fast schon legendäre Ausspruch ›Ein Schwein wird durch ständiges Wiegen nicht fetter‹ unterstreicht diese Überlegungen. Von daher ist Vorsicht geboten. Vorsicht ist auch deshalb angezeigt, weil das skizzierte Setzen auf neue Bildungsstandards, Kerncurricula, Tests und verstärktes Bildungsmonitoring von Testinstituten und Schulaufsicht die unverkennbare Gefahr in sich birgt, dass die in den letzten Jahren in Gang gekommene Dezentralisierung schul- und unterrichtsspezifischer Entscheidungsprozesse einer neuen Re-Zentralisierung wird weichen müssen – mit Testinstituten und gezielten Inspektionen als Kern. Wohin das führen kann, lässt sich in Ländern mit ausgeprägter Testtradition studieren (z. B. England), in denen das testbezogene Pauken an der Tagesordnung ist. Im Klartext: Gelernt wird ›für den nächsten Ligatest, nicht fürs Leben‹.«

Wahrnehmung des Systemischen in Erziehungs- und Unterrichts-
prozessen dem professionellen Handeln vor Ort neue Lesarten anzu-
bieten, mit deren Hilfe Lehrerinnen und Lehrer sich beim Unterrichten oder Erziehen »selbst über die Schulter schauen« (Meyer 2004,
S. 136) können. So lässt sich vermeiden, dass man der »Steuerungsillusion« aufsitzt und dem »Erstarrungsrisiko« erliegt. Durch die Ein-
nahme einer Beobachterposition, die keine Selbstverteidigungspositi-
on ist, wird eine reflexive pädagogische Praxis möglich, die selbst ein-
löst, was bislang bevorzugt von den Theorien und Konzepten erwartet
wurde: verantwortbares Entscheiden und Sichverhalten in konkret-
komplexen Kontexten.

Lehrerinnen und Lehrer müssen intervenieren, selbst wenn wir
wissen, dass sie dabei andere kaum nachhaltig intentional beeinflussen und steuern können. Die Vielfalt, Eigendynamiken und Wechsel-
bezüglichkeiten der dabei aktivierten Systemiken schließen zudem
ein standardisiertes Vorgehen aus, obgleich alles in uns nach Über-
sichtlichkeit und (Wirkungs-)Sicherheit »schreit« und auch die Bedingungen Komplexitätsreduktion um jeden Preis verlangen. Diese
Spannungslage ist nur zu balancieren, *wenn die Reflexivität selbst zur
Routine wird.*

Dadurch wandelt sich der Charakter der Intervention. Diese folgt
nicht mehr den linearen Logiken des »Von-A-nach-B« oder des
»Wenn-A-dann-B«, sondern ist von Reflexionsschleifen durchbro-
chen, in denen Lehrende die Entschiedenheit ihres Vorgehens aufwei-
chen, mit Gewissheiten und Zurechnungen behutsam umgehen
(»Wir haben das doch behandelt?«) und grundsätzlich prozesshaft
voranzuschreiten lernen. Die Intervention wird so zur Begleitung, deren Planung – immer auf dem Hintergrund einer Reflexionsschleife,
deren Substanz sich aus wissenschaftlichem Wissen und Selbstdis-
tanzierung (»Entleidenschaftlichung«) speist – stärker »situativ«-pro-
zesshaft erfolgt (vgl. Mühlhausen 1994).

Versteht man die Didaktik als Vermittlungswissenschaft, so erweist sich die Frage nach den Zusammenhängen zwischen Lehren
und Lernen, d. h. zwischen lehrenden Systemen und lernenden Systemen, als grundlegend – nicht nur, aber auch für das schulische Lehren und Lernen (vgl. Terhart 2005, S. 2). Wendet man sich den in der
Didaktik vertretenen Konzepten und Modellen zu, so kann man –
folgt man der vereinfachenden Epocheneinteilung »von Klafki über
›Heimanottoschulz‹ zu systemisch-konstruktivistischen Ansätzen« –

eine allmähliche Verschmelzung bzw. substanzielle Neubestimmung der didaktischen Faktoren beobachten, die auch Ausdruck einer komplexeren Erforschung der Zusammenhänge zwischen Wissen, Lernen und Kompetenzentwicklung sind. Gerade in der Wissensgesellschaft ist Wissen auch nicht mehr das, was es einmal war, obgleich wir weitermachen wie bisher: Wir versuchen, das Wissen in Büchern oder auf Festplatten einzufangen und es – didaktisch reduziert, analysiert und arrangiert! – bevorzugt über Lehrbücher und Lehrerexpertisen in Lehr-Lern-Prozesse einzuspeisen, wobei wir bisweilen auch der Logik des bekannten Cartoons folgen, in welchem der Schüler zum Lehrer sagt: »Also ich muss jetzt singen, nur weil sie Musiklehrer sind?«

Indem wir so handeln, reproduzieren wir eine prägutenbergsche Didaktik, die mehr eine Distribuierung von Wissen gewesen ist als eine Aneignungsunterstützung. Lernen mussten die Menschen schon immer selbst, nur mussten sie dafür früher das Wissen der verbalen Unterweisung entnehmen, was schon lange nicht mehr nötig ist. Man »vergaß« eigentlich bloß, die so eingespurte Lehr-Lern-Kultur zu überdenken, als der Buchdruck erfunden war und die lesenden Gesellschaften sich entwickelten, da es wohl schon immer einfacher war, den »Weiter-so-Bornierungen« (Beck 1997, S. 171) zu folgen, statt Bisheriges loszulassen und Zukunft radikal (= an die Wurzeln gehend) neu zu denken.

Auch im Hinblick auf den Charakter des Wissens folgen wir in der Didaktik noch einer sehr, sehr alten Vorstellung, nämlich der der prinzipiellen Abbildbarkeit des relevanten Wissens im Schulcurriculum. Und dabei verdrängen wir gerne, dass wir schon längst den Hase-und-Igel-Wettlauf zwischen Wissensentwicklung und Curriculumentwicklung verloren haben, weshalb man z. B. in der beruflichen Bildung mehr und mehr dazu übergeht, den Wandel gewissermaßen in das Curriculum einzubauen, indem man Menschen auf den Wandel vorbereitet und ihnen immer stärker hilft, *die* Kenntnisse, Fähigkeiten und Fertigkeiten zu entwickeln, mit denen sie ihre Kompetenzen selbst schärfen und aktuell halten können. Metakognitive sowie methodische Kompetenzen gewinnen dabei zusätzlich, aber auch anstelle des rein kognitiven Wissens mehr und mehr an Bedeutung – mit ungeahnten Rückwirkungen auf das, was wir didaktisch zu denken gewohnt sind.

Selbstverständlich müssen die nachwachsenden Menschen zunächst »etwas« wissen, bevor sie den Umgang mit diesem Wissen lernen und eigene Erschließungskompetenzen entwickeln können –, doch dieses prinzipielle Argument wird noch zu stark im Sinne der »Weiter-so-Bornierung« verwandt, und wir fragen uns kaum ernsthaft, wie dieses Basiswissen denn beschaffen sein müsste und ob das, was wir traditionell so anbieten, denn schon dem entspricht, worum es geht. Insgesamt wird vielmehr die kompetenzbildende Bedeutung von Wissen überschätzt – ein Sachverhalt, von dem in der wissenschaftlichen Debatte schon mal als »intellektualistischer Illusion« die Rede ist.

Indem wir z. B. glauben, man müsse die Wissensblöcke nur genauer beschreiben, standardisieren und quantifizieren, verbleiben wir in der Tradition der bildungstheoretischen Didaktik, welche von der unbewiesenen – aber immer noch bestimmenden – Hypothese ausging, der Inhalt sei das eigentlich Wesentliche (These vom Primat des Inhalts), und schüren mehr oder weniger bewusst die »Lehr-Lern-Illusion« mit ihrer unbewiesenen Annahme, die beste Voraussetzung dafür, dass etwas »gelernt« werde, sei es zu »lehren« (vgl. Holzkamp 2004).

Wie ernüchternd müssen da Forschungsergebnisse anmuten, welche uns nahelegen, dass die kompetenzbildende Wirkung des Inhaltlichen auch nicht mehr das ist, was sie einmal – oder doch vielleicht noch nie? – war (vgl. *Exkurs*). Vielmehr mehren sich die Hinweise darauf, dass Wissen nur als Prozesswissen (vgl. Rauner 2004) kompetenzbildend bzw. »expansiv« (Faulstich u. Ludwig 2004) wirksam ist, d. h., wenn es sich an den für das Leben und Arbeiten der Lernenden »bedeutsamen Situationen« (ebd.) und ihrer Handlungslogik orientiert und weniger der Struktur des Wissens selbst und seiner Präsentationslogik folgt.

Exkurs: Befragung von Studierenden zu ihren schulischen Lernerfahrungen

Im Wintersemester 2004/2005 wurden die 105 an der Vorlesung Einführung in die Pädagogik (TU Kaiserslautern) teilnehmenden Studenten und Studentinnen im Hinblick auf ihre Einschätzungen zur Nachhaltigkeit ihrer schulischen Lernprozesse befragt. Nimmt man die untenstehenden Prozentwerte zu ausgewählten Aspekten dieser anonymen Erhebung in den Blick, so findet man wieder einmal bestätigt, dass der vielfach kritisierte »Methodenmonismus« (vgl. Klippert 2004) unsere Lernkultur nach wie vor kennzeichnet – mit mäßigen

Erfolgen bezüglich der Nachhaltigkeit schulischer Kompetenzentwicklung:

- So geben 53% der Befragten an, dass sie zwei Drittel von dem, was sie einmal lernen mussten, wieder vergessen haben.
- So verneinen ebenfalls 53% der Befragten, dass sie in der Schule »übergreifende Schlüsselqualifikationen« entwickeln konnten.
- Und so geben 73% an, dass sie in ihrer Schulzeit eher Frontalunterricht erlebt hätten.

Frage	völlig richtig[*]	eher richtig	eher falsch	völlig falsch
Bisher habe ich in meinem Leben fast nur für die Schule gelernt.	16	50	24	10
Zwei Drittel von dem, was ich einmal lernen musste, habe ich wieder vergessen.	17	36	43	4
Ich habe in meiner Schulzeit übergreifende Schlüsselqualifikationen entwickeln können.	3	44	46	7
Ich habe in meiner Schulzeit zu 90% nur Frontalunterricht erlebt.	45	28	20	7
Ich möchte es als Lehrer bzw. Lehrerin einmal ganz anders machen, als ich es selbst in der Schule erlebt habe.	20	44	32	4

[*] Alle Angaben in Prozent.

Tab. 9: Schulische Lernerfahrungen

Von der Didaktik ersten Grades zur Didaktik dritten Grades

Tabelle 10 stellt in groben Pinselstrichen den Wandel des didaktischen Denkens in den zurückliegenden Jahrzehnten dar. Es ist der Wandel von der bildungstheoretischen Didaktik (ersten Grades) über die lehr-lern-theoretische Didaktik (zweiten Grades) zu einem neuen Ansatz, der mit dem Arbeitsbegriff »Ermöglichungsdidaktik« (dritten Grades) grob markiert ist. Es handelt sich dabei um einen Wandel, in dem die jeweils vorangehende Epoche nicht durch das aufkommende Denken vollständig abgelöst wird, sondern in diesem aufgeht. So liegt der Didaktik zweiten Grades einerseits die These zugrunde, dass die unterrichtlichen Entscheidungsfaktoren (= die Faktoren, durch deren Handhabung der Lehrende seine Intervention steuert) gleichwertig und interdependent aufeinander bezogen seien (Interdependenzthese), ohne dass dadurch die didaktische Analyse (= Frage nach dem Bildungsgehalt eines Inhaltes) vollständig obsolet würde. Sie geht vielmehr in einen interdependenten Planungskontext ein, in dem z. B. auch – genauso prinzipiell – eine *methodische Analyse* die Frage zu beantworten hat: »Welche Selbsterschließungs- oder Kooperations- und Reflexionsmethoden trainieren die Lerner?« (Vgl. Klippert 2004, S. 142 ff.). Und es war schließlich der methodenorientierten Didaktik zu verdanken, dass Lehrende sich auch Lernprozesse vorzustellen begannen, in denen die methodische Erfahrung der Lerner den eigentlichen Inhalt darstellten, d. h., die Methode wird hierbei zum Inhalt – ein deutlicher Beleg für die verdichtete Implikation der didaktischen Entscheidungsfaktoren, welche der »Lehrende« für sein Intervenieren nutzt.

	Didaktik ersten Grades (bildungstheoretische Didaktik)	Didaktik zweiten Grades (lehr-lern-theoretische Didaktik)	Didaktik dritten Grades (Ermöglichungs-didaktik)
Didaktikgenerationen	Ziele Inhalte Methoden Medien	Ziele Inhalte Methoden Medien	Ziele & Inhalte & Methoden & Medien
Leitthese	Primat des Inhalts	Interdependenz der Faktoren	echter Implikationszusammenhang
Lernkultur	typografische Lernkultur	multimediale Lernkultur	Lernkultur pluraler Selbststeuerung
Leitfrage	Was sollen Lerner lernen?	Wie sollen Lerner was lernen?	Wie entstehen Kompetenzen?
Intervention	Vermitteln	Arrangieren (bzw. »Entscheiden«)	Ermöglichen
Entwicklungsrichtung	————————————————————————————→		

Tab. 10: Die Verdichtung des didaktischen Implikationszusammenhanges

Ähnlich verhält es sich mit dem Shift zum ermöglichungsdidaktischen Denken: Dieses radikalisiert – um nur einen Aspekt herauszugreifen – die Interdependenzannahme zu einer – echten[14] – Implikationsannahme, welche nicht nur die Gleichwertigkeit und wechselseitige Aufeinanderbezogenheit der Faktoren betont, sondern ihre sich wechselseitig konstruierenden Wirkungsdynamiken in den Blick rückt. Konkret bedeutet dies, dass *der eine Faktor den anderen konstituiert*. So haben wir z. B. die Medien nicht allein, weil diese sich eignen, Inhalte adäquat zu übermitteln oder zu visualisieren, sondern wir haben letztlich auch nur solche Inhalte, die sich in diesen Medien transportieren lassen, und andere nicht. So ist unser Wissensbegriff durch und durch typografisch, da das Medium »Buch« Wissensdokumentation und -präsentation so und nicht anders – nämlich der linearen Logik der Darlegung folgend – ermöglicht. Über welche Wissensformen wir verfügen und wie wir mit diesen – z. B. lernend – umgehen werden, wenn wir zukünftige immer stärker mit hypertextualen und multimedialen Inszenierungen konfrontiert sind, können wir letztlich nicht absehen. Es werden auf alle Fälle andere sein, weshalb auch die zukünftigen Formen des Lernens sich grundlegend werden wandeln müssen. Denn »man kann nicht die Ressourcen der neuen Medien nutzen und zugleich unverändert an dem typografischen Bildungsideal festhalten wollen« (Giesecke 2005, S. 20).

Reflexive Auswege aus der Selbsterstarrung

Unterrichten und Erziehen sind die Interventionsebenen von Lehrerinnen und Lehrern. Um auf diesen Ebenen wirksam handeln zu können, benötigen sie Orientierungen, welche ihnen die Didaktik und die Erziehungstheorie bereitzustellen versprechen – und was sie auch in Hülle und Fülle tun. Eine der grundlegenden Orientierungen jedoch, welche die neuere erziehungswissenschaftliche Forschung nahe legt,

---

14 Zwar spricht auch bereits Herwig Blankertz (1978) vom Implikationszusammenhang, doch beschreibt er dann nur Interdependenzen. »Implikation« ist jedoch m. E. ein zu starker Begriff zur Kennzeichnung dessen, was er damit meint; vielleicht ahnte er in den 70er-Jahren bereits, dass die Provokation der Interdependenzannahme noch nicht der letzte Entwicklungsschritt gewesen ist und es sich in Wahrheit um den Prozess einer sich verdichtenden Implikation handelt, deren Auswirkungen erst im Kontext der E-Learning-Debatte und der Pädagogik des Lernkulturwandels mehr und mehr zutage tritt.

ist die, dass pädagogisches Handeln, will es situationsangemessen sein, auf Rezepte und Rezeptologien nach Möglichkeit zu verzichten habe und dass es gerade dieser Verzicht sei, der seine Professionalität ausmache.

Es kommt demgegenüber darauf an, nicht wider bessere Einsicht so weiterzumachen wie bisher – indem ich als Lehrender die Lage so deute, wie ich sie deute, und deshalb auch nur erkenne (und tue!), was ich dabei zu erkennen und zu tun gewohnt bin, und so in meiner gewohnten Interventionshaltung »erstarre«. Vielmehr sind aus der Feststellung von Jürgen Oelkers radikale Konsequenzen zu ziehen (1995, S. IX):

> »Skepsis kann sich nur die Reflexion leisten, in bester Absicht vielleicht, aber ohne Macht gegenüber dem, was Erziehung leisten muss, nämlich die feste Illusion der Kausalität.«

Diese Feststellung bedeutet nun gleichwohl nicht, dass die Pädagogik bei ihrer Komplexitätsreduktion trotzdem an der Illusion der Kausalität festzuhalten habe, sie wirft vielmehr die Frage auf, wie man – systemisch-konstruktivistisch informiert – überhaupt noch pädagogisch handeln kann, wenn man handeln muss. Grundlegend ist dafür die paradoxe Maßgabe, dass man dem »Rezept zur Vermeidung von Rezepten« verpflichtet bleibt, da dieses uns eine Beobachterebene zu eröffnen vermag (»Ich weiß, wie ich beobachte [und verändern kann], was ich mache«), von welcher aus sich professionellere Zugänge zur Gestaltung und Weiterentwicklung unterrichtlicher Interaktionsdynamiken zu ergeben vermögen. Wer Rezepte vermeiden kann, löst sich von eingefahrenen Bahnen, die ihm Sicherheit vermitteln, und öffnet sich dem didaktischen Risiko. Ihm kann misslingen, was ihm derzeit auch bloß augenscheinlich gelingt. Insgesamt ist er darum bemüht, die Standpunkte, Sichtweisen und Möglichkeiten derer, für deren Entwicklung er »zuständig« und »verantwortlich« ist, systematisch zu erforschen und dem, was ihm dabei sichtbar wird, zu folgen. Zwar ist dieses an anderer Stelle dargestellte *Modell subsidiären Handelns* (= ein Handeln, welches grundsätzlich nur interveniert, wenn die Systemkräfte sich nicht selbst zu helfen vermögen oder z. B. strategische Ziele aus dem Blick geraten), noch kaum auf die didaktische oder erzieherische Umsetzungsebene bezogen, doch ist dies prinzipiell möglich (vgl. Mühlhausen 2005; Arnold 2000).[15] Ein solches ermöglichungsdidaktisches Handeln hat die Schrittfolge Handlung – Reflexion – Analyse – Handlung, wobei die Analyse nicht, entsprechend einer linearen Logik, als »Blaupause des Unterrichts« vorangestellt ist. Wir erkennen die Systemik des pädagogischen Feldes nur im Feld selbst und häufig auch bloß in der rückblickenden Reflexion, auf deren Basis wir das Geschehene anders und neu sehen lernen und uns so das Geschehene auch neu zu konstruieren vermögen.

Ein ermöglichungsdidaktisches Vorgehen orientiert sich an den Lernenden und traut diesen grundsätzlich mehr zu, als wir gewohnt sind, ihnen zuzutrauen. Die Ermöglichungsdidaktik (vgl. Arnold u. Schüßler 2003) richtet die Skepsis der Reflexion somit in erster Linie auch gegen das, was uns Lehrenden so zu sein scheint, wie es uns scheint. An die Stelle der »Vermittlung«, die nicht im Sinne einer Übertragung möglich ist, obgleich wir davon reden, muss die Konstruktion durch die Lernenden treten, welche durch nichts – und schon gar nicht durch das »Behandeln« seitens des Lehrers oder der Lehrerin – wirklich ersetzt werden kann.[16]

Diese Ausführungen rücken andere Formen eines didaktisch begründeten »Intervenierens« in den Blick, denen die Praxis selbst aber mit einem zählebigen Traditionalismus entgegensteht, wodurch sie eine Lernkultur am Leben erhält, deren Kompetenzbildungswirkungen eine erschreckend geringe Nachhaltigkeit aufweisen, wie die im Exkurs erwähnten Ergebnisse beispielhaft zeigen.

---

15 Ein entsprechendes Beurteilungsraster für lebendige Lehrproben findet sich in dem Buch *Wandel der Lernkulturen* (Arnold u. Schüßler 1998, S. 217). Gleichzeitig wird darauf hingewiesen, »(dass ein solches [lebendiges; R. A.] Lehrverhalten nichts anderes ist als die Fähigkeit, komplexe Lehr-Lern-Systeme produktiv durch Anregung zu steuern. Grundlage einer solchen systemischen Fähigkeit (= Fähigkeit zum produktiven Umgang mit selbst gesteuerten Systemen) ist [...] eine professionelle Gelassenheit, die sich allerdings nicht in einem Klima von Versagensangst, Einschüchterung und Demütigung entwickeln kann« (S. 218).

16 Kersten Reich (1996, S. 123) plädiert dafür, dass »jeder zum Erfinder seiner Wirklichkeit werden (muss)«, und stellt fest: »Je rezeptiver Wissen angeeignet wird, desto mehr bleibt es äußerlich bzw. oberflächlich und wird schneller vergessen. Zwar mögen Lerner so kurzfristig sehr viel Wissen einpauken, um Prüfungen zu bestehen oder irgendwelche für sie formalen Abschlüsse zu realisieren, aber je mangelhafter dabei ihre eigene konstruktive Erarbeitung ist, desto schlechter fallen in der Regel die längerfristigen Behaltenseffekte und Motivationen aus. [...] Stets muss man den Erfindungen Anderer mehr trauen als dem eigenen Vermögen: Schulbücher, Wissenstexte, Aufgabenstellungen, die Herkunft der Lernziele und Medien, den Zeittakt, die Raumordnung, soziale Strukturen, dies alles überlässt man einer äußeren Fertigung durch Experten, deren meist bloß theoretisches Wissen unhinterfragt die Lehrer/Pädagogen dominiert und die Schüler/Teilnehmer diszipliniert.«

6. Wie entsteht der Inhalt des Lernprozesses?
Oder: Die Systemik des pädagogischen Feldes

Die neueren Systemtheorien und der Konstruktivismus sind Geschwister. Deshalb ist vielfach auch von systemisch-konstruktivistischen Konzepten die Rede, und auch in der Pädagogik werden seit einiger Zeit Entwürfe einer »systemisch-konstruktivistischen Pädagogik« (Reich 1996; Voß 1998) diskutiert. Grundlegend ist dabei die Einsicht, dass Systeme – und dies gilt auch für kognitiv-emotionale Systeme – selbstreferenziell geschlossen sind. »Selbstreferenziell« kennzeichnet dabei den Sachverhalt, dass Systeme »die Elemente, aus denen sie bestehen, durch die Elemente, aus denen sie bestehen, selbst produzieren und reproduzieren« (Luhmann 1985, S. 403). Zugegebenermaßen klingt diese Feststellung zunächst tautologisch, bei genauerem Nachdenken markiert dieser Satz jedoch einen grundlegenden Wechsel, nämlich den Wechsel von einem mechanistischen zu einem systemischen Bild des Lebens, und wir können auch in unserem Verständnis vom Lernen nicht mehr länger so tun, als sei es möglich – gewissermaßen von außen –, Lerngegenstände in das kognitive System eines Lernenden zu »transportieren«:

> »Auch Lernen muss deshalb als Prozess der Restrukturierung innerhalb eines geschlossenen Systems begriffen werden [...]. Diese Theorie schließt alle Annahmen aus, die davon ausgehen, dass Elemente oder Strukturen eines solchen Systems von außen bezogen oder von außen nach innen transportiert werden können« (Luhmann 1987, S. 60). Und auch Sozialisation »[...] ist somit nur als Eigenleistung des sozialisierten Systems möglich« (ebd.).

Die ärgerliche Tatsache der systemischen Geschlossenheit

Dieser Befund ist eine ärgerliche Tatsache, werden doch vertraute Sichtweisen erschüttert. Dies erklärt auch teilweise die Aggressivität, mit der die Debatte geführt wird. Systemische Geschlossenheit bedeutet, dass kognitiv-emotionale Systeme ihre Deutungen, Fühl- und Denkweisen gegenüber dem, was ihnen begegnet, aus den Systemelementen bilden, welche sie bereits in sich tragen. Weder Kognition noch Emotion haben eine Öffnung, durch welche Wissen oder Gefühle »hineingeschoben« werden können. »Lernen« ist daher – wie es der Systemiker Fritz B. Simon (1999, S. 152) ausdrückt –»niemals eine passive Informationsaufnahme, sondern stets ein aktiver, innengesteuerter Selektionsprozess« und folgt mithin spezifischen Dynamiken.

Solche Überlegungen müssen zunächst einmal als Provokation empfunden werden für eine Didaktik, die sich als Vermittlungswissenschaft versteht, und dies tun die meisten der derzeit aktuellen didaktischen Modelle. Diese übersehen noch größtenteils Forschungsergebnisse, die uns nachdrücklich vor Augen führen, dass »Lernen ein aktiv-konstruktiver Prozess (ist), der stets in einem bestimmten Kontext und damit situativ sowie multidimensional und systemisch erfolgt« (Reinmann-Rothmeier u. Mandl 1997a, S. 366), wodurch einer lehrorientierten und vorrangig von stofflichen Vorabfestlegungen ausgehenden Unterrichtsplanung und -gestaltung viel von ihrer Begründung entzogen wird, so populär, vertraut und eingefahren entsprechende alltagsdidaktische Vorstellungen auch sein mögen. Letztlich vermögen diese mechanistisch-didaktischen Konzepte nicht zu erklären, wieso – wie in der Konstruktivismusdebatte oft zitiert – etwas gelernt wird, ohne dass gelehrt wurde, oder häufig etwas anderes gelernt wird, als gelehrt wurde, und weshalb oft etwas nicht gelernt wird, obgleich es gelehrt wurde (vgl. Arnold u. Siebert 2003). Solche Phänomene, die wir alle kennen, können nicht im Rahmen einer mechanistischen Didaktik geklärt werden; sie legen einen anderen Zugang zur Frage des Lernens nahe, wie er sich in der systemischen Pädagogik andeutet.

Die Gegenüberstellung von Erzeugzeugungsdidaktik einerseits und Ermöglichungsdidaktik andererseits (vgl. Tabelle 3) ist zugegebenermaßen zuspitzend. Sie zeigt jedoch, dass wir heute auf dem Weg sind, uns von den Interventionshoffnungen und den Machbarkeitsfantasien, wie sie auch die Bildungspolitik immer noch teilt, mehr und mehr zu lösen. Der Grund liegt darin, dass wir erkannt haben, dass nachhaltiges und kompetenzbildendes Lernen davon abhängig ist, ob es gelingt, die Vielfalt der Aneignungslogiken der Subjekte zunächst zu respektieren und ihre Aneignungsaktivitäten zu fördern. Lernende müssen die Gelegenheit erhalten, aktiv, kooperativ und konstruktiv (i. S. der Konstruktion ihres Wissens) sowie situativ (in ihren Lebens- und Anwendungskontexten) tätig zu sein. Wer auf Standardisierung setzt sowie die Vermittlung durch Input überschätzt, hat den anstehenden Schritt von einer mechanistischen Pädagogik der Einheit (bzw. Vereinheitlichung) zu einer systemischen Pädagogik der Vielfalt noch nicht einmal in Ansätzen vollzogen.

Lehren vom Anderen her

Die systemisch-konstruktivistische Pädagogik drängt uns zu einer Neubestimmung des Verhältnisses von Lehren und Lernen. Dabei gilt es auch, die Ergebnisse der neurophysiologischen Kognitionsforschung aufzugreifen, welche uns zu der Einsicht drängen, dass ...

»[...] das Gehirn keine bloß informationsverarbeitende Maschinerie (ist); es produziert sich sein Raster der Weltwahrnehmung; unter diesem Raster nimmt es Reize auf, verarbeitet sie nach den ihm eigenen Regeln und generiert Informationen. [...] Das Hirn konserviert keinen Abdruck des Außen; es generiert sich ›seine‹ Welt, in der es Außensignale bestimmten internen Verhaltenssteuerungsmechanismen zuordnet, diese damit modifiziert und so eine Einheit produziert, die wir in dessen Effekt, dem Verhalten, studieren können« (Breidbach 1996, S. 7).

Die Pädagogik macht es sich m. E. bislang zu einfach, wenn sie sich – wie unlängst in einer der führenden Fachzeitschriften geschehen[17] – damit tröstet, dass die neueren Einblicke in die Systemik von Kognition und Emotion bekannte reformpädagogische Prinzipien eher bestätigten als dementierten und darüber hinaus kaum weiter gehende Anregungen entwickelten. Letzteres ist nach meinem Eindruck nicht richtig. Vielmehr zeigen die Einblicke, die uns die Hirnforschung in diese Systemik gibt, dass die mechanistische Didaktik, die auf *Einheit, Inputsteuerung und Standardisierung* setzt, immer schon unrealistisch war, da Kopf und Herz mit diesen Außensteuerungen machen, was sie machen – fast könnte man sagen: was sie »wollen«. Dies ist wenig genug, da diese Steuerungen vielfach an dem vorbeizielen, was machbar und erwartbar ist, und vielfach fokussieren sie nicht auf die spezifischen Potenziale und Möglichkeiten der Lernenden.

Machbar und erwartbar ist systemtheoretisch *nicht*, dass verschiedene lernende Systeme alle – nachhaltig! – auf denselben Stand ge-

---

17 Gemeint ist die *Zeitschrift für Pädagogik* 4/2004 zum Thema »Gehirnforschung und Pädagogik«.

bracht werden können – dies muss misslingen, was es ja auch tut, wie die erschreckend geringen Behaltenseffekte solcher Bemühungen zeigen –, *machbar ist lediglich, dass die Subjekte mit ihren Kompetenzen entsprechend ihrer eigenen Logik (ihren Möglichkeiten, Interessen und Erfahrungen) für sich selbst weiterkommen.* Diese Absicht muss bewusster Anspruch jeglicher Bildungsarbeit werden, die den Einsichten von Systemik und Neurophysiologie gerecht werden möchte, zumal nur aus einem Anknüpfen an der eigenen Logik des Lerners – an seinen Ich-Kräften – auch die außer- und überfachlichen Kompetenzen (Problemlösungsfähigkeit, Kooperationsfähigkeit, Selbstbewusstsein usw.) entstehen können, die letztlich auf dem Erleben von Selbstwirksamkeit und Authentizität aufbauen.

Es ist wie verhext!

»Hexen« wurden – so eine Lesart – Menschen genannt, die auf der Grenze (»auf der Hecke«) zwischen zwei Welten lebten. Nimmt man die bildungspolitischen Reformbemühungen der letzten Jahre in den Blick, so gibt es zwar viel Positives zu berichten, doch blieb die Reform auf dem Weg von der mechanistischen zur systemischen Pädagogik nach meinem Eindruck auf der Hecke sitzen, da man sich nicht klar für Selbststeuerung, Wirkungsunsicherheit und Vielfalt entschieden hat. Mit dem handlungsorientierten Lernen, welches insbesondere in der Berufsbildung den Gedanken der Schlüsselqualifikation in den Vordergrund rückte, kam die Bildung in unserem Land einen großen Schritt voran. Ähnliches gilt für die Konzepte eines Methodentrainings sowie die vielfältigen Ansätze zur Nutzung von selbst gesteuerten Lernprozessen (z. B. bei Fernstudien- und E-Learning-Angeboten) sowie von »informellem Lernen« (z. B. Lernen am Arbeitsplatz), wobei Ungeheuerliches geschieht: Menschen lernen, ohne dass im herkömmlichen Sinne gelehrt wird. Der Lernerfolg, der sich dort einstellt, ist ihr Lernerfolg; dieser lebt von ihrer eigenen Selbstlernkompetenz, deren spezifische Ausprägung kaum standardisierbaren Mustern folgt.

Nimmt man die Entwicklungen der letzten Jahre in den Blick, so kann man – wie in Tabelle 11 gezeigt – davon ausgehen, dass sich Bildung stets zwischen den Polen »gesellschaftlich erwartete Selektion« (»Nicht alle dürfen alles erreichen!«) und »notwendige Kompetenzentwicklung« (»Entscheidend ist das reale Können!«) aufgespannt sieht.

Beide Pole dieser Spannungslage sind starke Magnetfelder, und in ihnen vollzieht sich der Paradigmenwechsel (besser: »Lernkulturwandel«) von A nach C, d. h. von der durch Input- und Standardisierungsüberschätzung gekennzeichneten »mechanistischen Pädagogik« zu der auf Vielfalt und Prozessorientierung setzenden »systemischen Pädagogik«. Dieser Lernkulturwandel folgt nicht dem direkten Weg, sondern über einen Zwischenhalt in der HEOL-Welt, der Zwischenwelt des handlungs- und erfahrungsorientierten Lernens, mit dem man bereits einen erheblichen Teil der Wegstrecke hinter sich gebracht hat. In dieser Welt versucht man jedoch noch, das Neue (Orientierung an den je individuellen Eigenlogiken der Lernenden) mit den Erwartungen des Alten (Inputsteuerung, Standardisierung) irgendwie in Verbindung zu bringen, was letztlich dem paradoxen Bemühen gleichkommt, jemanden zur Selbststeuerung führen zu wollen.

Erwartungspol: Selektion			
	Standardisierung		
Input-steuerung	**A** *Mechanistische Pädagogik* • Lehren • Vermitteln • Führen	**B** *Zwischenwelt des handlungs- und erfahrungsorientierten Lernens (»HEOL-Welt«)*	Prozess-orientierung
		C *systemische Pädagogik* • Lernen • Selbsttätigkeit • Aneignen	
	Vielfalt		
Erwartungspol: Kompetenzentwicklung			

Tab. 11: Unterwegs von der mechanistischen zur systemischen Pädagogik

Die Luft in der HEOL-Welt wird allerdings dünner, da auch in ihr die unabweisbaren Argumente, mit denen uns die Hirnforschung und die Systemtheorien konfrontieren, *nicht mehr übersehen werden*. Deshalb wird auch der didaktische Trick, nicht mehr durch Interventionen zu steuern, sondern durch die Manipulation der Umwelt die letztlich erwartete Entwicklung zu gewährleisten, mehr und mehr durchschaut. Dabei wird nämlich, wie Peter Fuchs (1999, S. 42) scharf herausarbeitete,

»die autopoietische Geschlossenheit psychischer und sozialer Systeme akzeptiert und daraus dann gefolgert, dass die zielgerichtete, kontrollierte Variation von Umweltbedingungen Systeme zu Selbständerungen stimuliert, die sozusagen nahe dem liegen, was das intervenierende und das intervenierte System erhoffen. Wir haben es dann mit einer Hypostasierung von Umwelt zu tun.«

Einen wirklich logisch denkbaren Weg aus diesem »asylum ignorantiae« (ebd., S. 43) von Bildung und Didaktik haben wir bislang nicht, wohl aber erste Hinweise. Dabei deutet vieles darauf hin, dass Bildung und Kompetenzentwicklung sich in Zukunft noch stärker aus den Kraftfeldern von Inputsteuerung und Standardisierung werden befreien müssen, um die Stärkung der Kompetenzentwicklung des lernenden Subjektes wirklich in einer sich an dessen innere Logik anschmiegenden Form begleiten und fördern zu können. Und auf diesem Weg – es ist der Weg von B nach C – werden wir von der tatsächlichen Wirkungssystemik der menschlichen Kognition und Emotion nicht länger absehen können, indem wir so tun, als sei Intervention zwar nicht möglich, während sie von uns »letztlich cartesisch doch gewollt wird« (ebd.).

Die systemisch-konstruktivistische Pädagogik drängt uns darüber hinaus auch zu einer Neubestimmung des lernenden Subjektes, dessen Kompetenzentwicklung ohne eine Stärkung seiner »Ich-Kräfte« (Brater 1988) nicht wirklich gelingen kann. Dies wird in der neueren didaktischen Forschung immer deutlicher. Sie hat herausgearbeitet, dass methodische Kompetenzen vom bisherigen Selbstwirksamkeitserleben und soziale Kompetenzen von den früh eingespurten Formen des Umgangs grundlegend (vor)geprägt sind. Ähnliches gilt für die emotionale Kompetenz, die zudem wieder mehr und mehr als eine das Erleben und das Lernen des Subjektes durchwirkende Größe in den Blick gerät.

Dieses Subjekt ist zudem nicht »Individuum«, sondern zugleich Schnittstelle verschiedener diachroner (historischer) und synchroner (aktueller) Dynamiken. Es ist nicht nur der Möglichkeitsraum erreichbarer Bildungsreifung, sondern auch der Symptomträger der Pathologien der Systeme, in welche es eingebettet war und ist. Diese werden von der Pädagogik und der Didaktik noch zu wenig in ihren das Verhalten und die Lernfähigkeit fördernden oder hemmenden Wirkungen berücksichtigt. Noch immer hängt das pädagogische Denken – in der Tradition des aufklärerischen Subjektivismus – dem Individualisierungsblick an, welcher den Einzelnen als lernendes System konzipiert, ohne ausreichend zu erkennen, dass dieses lernende System selbst als Element übergreifender Systemkontexte, die es durchwirken und bestimmen, angesehen und erkannt werden muss.

Erst sehr behutsam werden solche systemischen Sichtweisen aufgegriffen und in ihrer das pädagogische Weltbild erschütternden Dimension ausgelotet (vgl. Hubrig u. Herrmann 2005). So hat z. B. Wilhelm Rotthaus (2002) in seinem *Entwurf einer systemischen Erziehung* die Antiquiertheiten der instrumentellen Zweck-Mittel-Pädagogik kritisch in den Blick genommen und »als erste wichtigste Grunderkenntnis für Erziehung« gefordert (S. 66):

> »Menschen sind nicht in verlässlicher Weise zu einem ganz bestimmten, von einem anderen festgelegten Verhalten zu veranlassen. [...] Nicht die von außen auf es [das Kind; R. A.] ausgerichtete, beispielsweise erzieherische Maßnahme bestimmt in erster Linie das Verhalten des Kindes, sondern vielmehr bestimmen die Struktur und das innere Prozessieren des Kindes über das Schicksal der erzieherischen Maßnahme. Natürlich gibt es erzieherisch wirksamere Maßnahmen und erzieherisch unwirksamere, das heißt, es gibt große Unterschiede in der Wahrscheinlichkeit des Erfolges von erzieherischen Maßnahmen. [...] Grundsätzlich aber gilt diese Regel, die als basale Erkenntnis einer systemischen Erziehung anzusehen ist.«

Vor dem Hintergrund solcher Überlegungen wendet sich die neuere Pädagogik gegen die »Überschätzung der erzieherischen Einflussmöglichkeiten« (ebd., S. 67) und plädiert u. a. für eine »Selbstlimitation« (Lenzen 1996, S. 151 ff.). Dieses Plädoyer ist nun nicht so zu verstehen, dass die Selbstwerdung des Menschen bereits als sich realisierendes Programm in einer eigenen Logik vorgegeben und Erziehung somit überflüssig sei. Sie ist vielmehr notwendig, aber wirkungsunsicher. Die eigene Logik der kognitiv-emotionalen Systemik realisiert sich nämlich paradoxerweise offensichtlich nur in der Auseinandersetzung mit erzieherischen und sozialisatorischen Ansprüchen im Wechselspiel zwischen Anpassung und Widerstand. Dieter Lenzen, der Berliner Erziehungswissenschaftler und langjährige Präsident der Freien Universität Berlin, plädiert angesichts dieser unhintergehbaren Notwendigkeit, aber Wirkungsunsicherheit erzieherischen Handelns für »Zulassen statt Machen« und »Teilhaben statt Fremdgestalten« (ebd., S. 156).

Welche Folgerungen ergeben sich aus solchen erziehungswissen-schaftlichen Reflexionen für das praktische Erziehungshandeln in Familie, Gesellschaft und Unterricht? Zunächst geht es um die Kenntnis solcher Zusammenhänge sowie um die Fähigkeit, diese in konkreten pädagogischen Handlungssituationen mithilfe einer aufdeckenden Methodik ans Licht zu bringen. Die neuere systemische Pädagogik hat sich in den letzten Jahren deshalb verstärkt der Methodenfrage zugewandt (vgl. Reich 1996, S. 224 ff.) und dabei auch Zusammenstellungen und Sichtungen von Methoden entwickelt, die zwar nicht sämtlich neu sind, sich aber grundlegend von den Vermittlungsmethoden der mechanistischen Didaktik abgrenzen (vgl. Arnold u. Schüßler 2002a, b). Neuartig sind in diesem Zusammenhang auch Methoden, die von der systemischen Aufstellungsarbeit inspiriert worden sind. In diesem Zusammenhang sei beispielhaft die Arbeit von Marianne Franke-Gricksch (2001) erwähnt, die in ihrer Unterrichtsarbeit die Einübung in das systemische Sehen selbst als Bildungsziel verfolgt und dabei – wenn auch unter deutlicher Bezugnahme auf den recht problematischen Ansatz Bert Hellingers – wichtige Erfahrungen sammeln konnte. Ihr Ansatz holt die Kinder gezielt in den Dynamiken ab, in denen sie stehen. Sie beschreibt ihr »neue(s) Verständnis für die Kinder« (ebd., S. 7) mit den Worten:

»Ich sah ihre Einbindung und Loyalität ihren Familien gegenüber. Ich erkannte aber auch die Kräfte, mit denen sie Elternhaus und Schule ständig zu verknüpfen bemüht waren, und erlebte, dass eben diese Kräfte fruchtbar werden können. Das geschieht nämlich dann, wenn wir uns als Lehrer den Elternhäusern von Herzen öffnen, ihnen sozusagen Einlass gewähren als permanente unsichtbare Präsenz in der Klasse.«

Sie schildert in ihrem Praxisbericht sehr detailliert, wie ihre Bemühungen, diese Öffnung herzustellen, letztlich zu einer echten Lernhilfe für die Entwicklung ihrer Schülerinnen und Schüler heranwuchsen – ausgelöst durch grundlegende Reflexionen und Veränderungen der eigenen Praxis (ebd., S. 78 f.):

»Schaffe ich in der Klasse zu starre oder zu weiche Beziehungsrealitäten? Findet der einzelne Schüler Halt und Grenzen, innerhalb deren er sich entwickeln kann? Oder sind die von mir gesetzten Regeln zu starr, sodass die Schüler sich in den Widerstand zurückziehen, sich nicht entwickeln können? Schöpfe ich innerhalb der Klasse mit den Kindern den durch die Schulordnung gegebenen Freirahmen aus? Welche Vorstellungen von Realität bringen die Schüler mit, wie überlagern sich ihre Konzepte von der Wirklichkeit, die sie vom Elternhaus mitbringen? Nach welchen unterschiedlichen Spielregeln richten sich die Schüler? Gibt es einen Gesamtkonsens, eine Spielregel für alle, oder ist es möglich, dass in einer Klassengemeinschaft oder Schule mehrere Spielregeln nebeneinander bestehen? Bald hatte ich erkannt, dass sich Kinder auch in den Klassen nach ihren familiären Landkarten richten. Änderungen zeichnen sich ab, je mehr eine Klasse zu einem eigenen lebendigen System geworden war und dem Kind neue Weltdeutungen und anderes Verhalten in ihrem Feld ermöglichte.«

Solche Praxiserfahrungen stehen beispielhaft für eine systemische Pädagogik, die ihre Maßgaben aus dem Prozess sowie der ihr begegnenden Vielfalt und Spezifität selbst abzuleiten vermag. Zudem wird deutlich, dass das in diesem Beispiel nur angedeutete Vorgehen sich an dem bereits unhintergehbar gegebenen systemischem Eingebundensein der Lernenden bewusst orientiert (Kinder richten sich nach ihren familiären Landkarten!), welches man nicht übersehen oder gar dementieren darf, wenn wirklich nachhaltige Kompetenzentwicklung gelingen soll. Nachhaltige Kompetenzentwicklung muss systemisch angeschlossen erfolgen. Sie ist nicht standardisierbar, da die Lebens- und Erfahrungswelten der Subjekte, an die angeschlossen werden muss, vielfältig und spezifisch sind. Sie gelingt – so viel sei als vorgreifendes Fazit gefolgert –, wenn sie gewachsene Wirklichkeitskonstruktionen behutsam zu erweitern und über neue Einbindungen (z. B. im Klassenverband, in Erlebniskontexten) zu stabilisieren vermag.

7. Schulentwicklung als Konstruktion schulischer Wirklichkeit

»Was für den meandernden Fluss sein Bett, ist für die Beschäftigten eine erfolgreiche Führung: ein Halt, keine Einengung« (Prange u. Arlt 2005, S. 26).

Der Begriff der Schulentwicklung transportiert eine neue Sicht auf Schule und stellt sich uns heute als Teil einer umfassenden Entwicklung dar, welche im Kern darauf bezogen ist, »Schule neu (zu) denken«, wie es Hartmut von Hentig (1993) ausdrückt. In ähnlicher Weise wird versucht, »Schule neu (zu) erfinden« (Voß 2002), wobei deutlich mit dem systemisch-konstruktivistischen Argument zu Werke gegangen wird, dass die Welt nicht so ist, wie sie uns erscheint, und auch nicht so bleiben muss, wie wir sie – bisweilen aus purer Nachlässigkeit sowie Gedankenlosigkeit – nach dem bewährten Muster des Weiter-so-wie-bisher – zu organisieren gewohnt sind.

Abschiede von lieb gewonnenen Gewohnheiten

So stellt sich uns die vorherrschende Lernkultur des lehrerabhängigen Lernens bei genauerer Analyse als – rückblickend gedankenlose – Fortsetzung einer Form der Distribuierung von Wissen dar, welche so lange »funktional« gewesen ist, solange andere Distribuierungsformen (z. B. der Buchdruck) noch nicht erfunden oder breit zugänglich waren (vgl. Giesecke 1992). Als sich dies änderte, wurden die mittlerweile gewohnten Formen von Lehren, Vorlesung (!) und Literalität (neuerdings: *literacy*) einfach beibehalten und mit ständig wechselnden neuen Begründungen versehen, leicht modifiziert fortgesetzt, immer stabilisiert durch den psychologischen Mechanismus der da lautet: »Was ich selbst durchlaufen habe oder praktiziere, kann doch nicht verkehrt sein«. Auf dieser Basis verlängern sich die überlieferten Elemente der Inszenierung von Schule und Lehr-Lern-Prozessen bis in unsere Tage hinein. Versuche, das Bekannte, dessen Insuffizienz vielfach (und nicht erst durch PISA) belegt wurde, grundlegend infrage zu stellen, wirken auf uns provozierend und erschreckend, zu mächtig wirkt unsere »Schwungkraft der Gewohnheit« (Bhikkhu 1994). Dies gilt u. a. für Clemens Albrechts (2005, S. 165) Feststellung,

»dass wir uns längst auf dem Weg in eine postliterale Gesellschaft befinden, in der Schrift und Schriftlichkeit durch Überlagerung von visuellen Medien ihren Stellenwert wandeln, indem sie nur noch der Transformation von bereits repräsentierten Bildern in Sprache dienen. Die Ausbildung einer Lesekultur, die Literalisierung ganzer Gesellschaften ist also reversibel. Insofern lebt auch hier die schulische Leseförderung von Voraussetzungen, die sie selbst nicht reproduzieren kann.«

Clemens zitiert in diesem Zusammenhang Harald Haarmann, den wohl besten Kenner der Geschichte der Schriftentwicklung, welcher in seiner *Universalgeschichte der Schrift* (1991, S. 15) feststellt:

»Wie relativ der Stellenwert der Schrift für den zivilisatorischen Fortschritt heutzutage ist, davon haben die meisten gar keine Vorstellung. Wir leben in einem Zeitalter, in dem Schrift nicht mehr das wichtigste Medium ist, um die Informationsflut der hochtechnisierten Industriegesellschaft zu bewältigen. Längst haben andere Technologien die Leistung der Schrift um ein Vielfaches überboten, und eine Gesellschaft, die noch heute nur mit Schrift operiert, ist hoffnungslos veraltet.«

Sicherlich kann und soll dieser Verweis auf die historische Relativierung von Literalität hier nicht eine Entwarnung oder gar Bagatellisierung hinsichtlich der erschreckenden Befunde zur Lesefähigkeit einläuten, da Wissensgesellschaften auch und in besonderem Maße davon leben, dass Erkenntnisse dokumentiert und von anderen nachvollzogen und angeeignet werden können. »Literalität« steht hier nur beispielhaft für das *Verlängerungsdenken*, durch welches unsere gesellschaftliche Konstruktion von Schule als »Buchschule« letztlich immer noch geprägt ist, was den Blick auf die eigentlich zentrale Frage nach den *Kompetenzen*, welche »die Teilnahme am berufsbezogenen und alltäglichen Leben (sichern)« (Vbw 2003, S. 297), verstellt. Damit diese Frage wirksam in den Vordergrund von Bildungspolitik und Schulentwicklung gerückt werden kann, sind schmerzhafte Abschiede von vertrauten Vorstellungen notwendig. U. a. gilt dies auch für die »Zertifikatsgläubigkeit des deutschen Bildungswesens«, welche zugunsten »eines Wissens um reale Kompetenz« (ebd., S. 219) verabschiedet werden muss.

**Abschiede von den Schwungkräften der Gewohnheit –
die Basis einer gelingenden Schulentwicklung**

»Abschiedspunkte«:

- *Trennung von Lehren und Lernen*, womit zwei fragwürdige Annahmen Hand in Hand gehen, nämlich einerseits die, dass, wer lehrt, nicht lernt, und andererseits die, dass Lehren eine zwangläufige Bedingung für das Lernen sei (Vermittlungsillusion)
- *Lernen im Gleichschritt* (bzw. die Vorstellung von der notwendigen Synchronizität des Lernens), d. h. die Vorstellung, dass die Parallelschaltung von individuellen Lernprozessen (im Klassenverband, im Jahrgang) ein notwendig universales Muster von Schule zu sein habe (Illusion der Gleichschaltbarkeit)
- *einseitiger Methodenbesitz* im Lehr-Lern-Prozess, welcher »garantiert«, dass der Lehrende entscheidet, welche Methode eingesetzt wird, wodurch der Lerner seine eigene Methodenkompetenz kaum entwickeln und üben kann (Illusion der Fremdsteuerung der Selbststeuerung)
- *Fixierung auf die* (vermeintlich invariant bedeutsamen) *Inhalte*, bei denen wir eigentlich nicht wissen, welche Bedeutung ihnen tatsächlich als Basis oder Bestandteil von Kompetenzentwicklung zukommt (intellektualistische Illusion)
- *»Wie es ist, ist es unvermeidlich und ›gut‹«* – eine Weiter-so-wie-bisher-Haltung, die uns hindert, uns wirklich auf Neues einzulassen und die Gegebenheiten in ihrer grundlegenden Veränderbarkeit zu erkennen (zumal das, was uns vertraut ist, nicht die denkbar besten Ergebnisse liefert) (die Macht des Faktischen).

Textkasten 7: Abschiedspunkte

Schulentwicklung benötigt eine (didaktische) Vision

Schulentwicklung »steht und fällt« mit der Vision derer, die sie in Gang setzen und realisieren möchten. »Wer nicht weiß, wo er hinwill, landet leicht dort, wo er gar nicht hinmöchte« – dies ein bekannter Leitsatz der Lernzieltheorie, und man möchte ergänzen: »Oder er landet dort, wo er bereits gewesen ist (oft bloß rhetorisch neu gewandet)!« Vision ist allerdings mehr als eine Zielbestimmung, sie speist sich aus Überzeugungen und dem Wunsch, die richtigen Dinge zu tun. Als engagierter Entwurf lebt sie von der glaubwürdigen Umsetzung im Verhalten derer, die als Schulleiter, Teamleiter oder Lehrende Verantwortung tragen. Visionen müssen »sichtbar gelebt« werden. Dies bedeutet, dass Ziele wie »Selbststeuerungsfähigkeit« oder der Anspruch »Wir-sind-eine-Schule-in-der-Konfliktfähigkeit-gelernt-wird!« nicht im Kontext stark hierarchisch gegliederter Zuständigkeits- und Aufgabenverteilung glaubwürdig realisiert werden können. Ebenso kann »Kommunikationsfähigkeit« nicht von Lehrerteams wirklich gefördert werden, in denen die Beteiligten nicht miteinander reden können.

Aus diesem Grunde »sperrt« sich der Anspruch der »Schulentwicklung« gegen jegliches symbolische Gehabe. Schulentwicklung
muss unter die Haut gehen, d. h., sie muss das bislang Vertraute neu
zu sehen und zu gestalten bereit sein, wenn sie wirklich etwas in Gang
setzen möchte. »Pflichtübungen« nach dem Motto »Wir-definieren-
unser-Schulprogramm!« gehen ins Leere, wenn sich nicht zugleich
die Kooperations- und Kommunikationsformen verändern. Notwendig ist hierzu eine kritische Bestandsaufnahme. Man muss bereit
sein, wirklich zu erfahren, wie die eigene Arbeit von den Betroffenen
(Schülerinnen und Schülern), den Beteiligten (Eltern, Schulverwaltung, abnehmenden Betrieben oder weiterführenden Bildungsein-
richtungen) sowie den Kolleginnen und Kollegen wirklich gesehen
wird, wenn man wissen möchte, wo man auf dem Weg zur »lernenden Schule« zu starten beginnt.

Bereits diese einleitenden Bemerkungen zeigen deutlich, dass
Schulentwicklung ein Projekt ist, welches nur gelingen kann, wenn
die inneren Voraussetzungen der Beteiligten dies ebenso zulassen wie
die äußeren Rahmenbedingungen. »Alter Wein in neuen Schläu-
chen« bringt die Selbstorganisationskräfte, von denen Schulentwicklung notwendig lebt, bereits im Ansatz zum Erliegen, weil eine Ver-
trauenskultur bei den Akteuren sich nicht etablieren kann und alle
Neuansätze in den erwähnten Schwungkräften unserer Gewohnheit
verpuffen. Hans-Günther Rolff[8], der deutsche Schulentwicklungs-
spezialist, nimmt deshalb zu Recht die »Selbstorganisation« und die
»Organisationsentwicklung« als die zentralen Mechanismen des
Wandels von Schule in den Blick und schreibt (1993, S. 147, 153; Hervorh. im Orig.):

> »Konsequente Schulentwicklung läuft auf Organisationslernen hinaus.
> Ziel und Weg von Schulentwicklung lassen sich als Selbstorganisation
> beschreiben, und Selbstorganisation verlangt nach Organisationsent-
> wicklung. [...] Organisationsentwicklung (OE) ist ein Ansatz, *eine Orga-
> nisation von innen heraus weiterzuentwickeln.*
>
> OE ist ein offenes, planmäßiges, zielorientiertes und langfristiges
> Vorgehen im Umgang mit Veränderungsforderungen und Verände-
> rungsabsichten in sozialen Systemen.

---

18 Prof. Dr. Hans-Günther Rolff vom Dortmunder Institut für Schulentwicklungsfor-
schung ist Mitglied der Leitung des Master-Fernstudiums »Schulmanagement« an der TU
Kaiserslautern, dessen Ziel es ist, Schulleiterinnen und Schulleiter für die Gestaltung von
Schulentwicklungsprozessen zu qualifizieren (vgl. www.zfuw.de [09.09.2006]).

OE ist nicht nur Technik oder Verfahren. In einem Organisations-
entwicklungsprozess werden wohl viele Techniken angewendet, wobei
aber die dabei sichtbar werdende Einstellung zum Menschen den Aus-
schlag gibt und die Glaubwürdigkeit der Motive und Absichten beeinflusst.«

Mit diesen Worten ist alles gesagt: Natürlich benötigt Schulentwicklung Fachleute, die wissen, wie man Veränderungsprozesse im Sinne
einer Gratwanderung zwischen Akzeptanzsicherung und Dissensma-
nagement produktiv gestaltet, d. h. in einer Weise, dass Ziele und Anspruch nicht aus dem Blick geraten. Über die dabei erfolgreichen Strategien, Instrumente und Vorgehensweisen ist ausreichend geforscht
und gearbeitet worden, so dass es genügt, diese Erfahrungen Lehrerinnen und Lehrern in Aus- und Weiterbildungsprozessen zugänglich zu machen.[19] Und das ist dringend notwendig, da diese bislang
ihren Tätigkeitsbereich fast ausschließlich individualpädagogisch
(= Kompetenzentwicklung von Einzelnen) und nicht organisationspä-
dagogisch (= Weiterentwicklung von Organisationen) zu konzipieren
gelernt haben. Es ist deshalb nicht weiter verwunderlich, dass Lehrerinnen und Lehrer – von Ausnahmen abgesehen – noch kaum über
systematische organisationspädagogische Kenntnisse zu der Frage
verfügen,

»wie es möglich ist, Organisationen, deren Entwicklung in kompli-
ziertester Weise durch innere Faktoren und Außenbeziehungen ver-
schiedenster Art beeinflusst werden, nicht einer weithin quasi-natur-
wüchsigen Eigendynamik zu überlassen, sondern sie im Sinne von
Organisationsentwicklung bzw. durch Organisationslernen rational
aufzuklären, um Beeinflussungs- und Gestaltungsmöglichkeiten zu erkennen und wahrzunehmen« (Geißler 2000, S. 7).

Nimmt man den Konstruktivismus ernst, so zeigt sich auch hier, dass
Systeme von außen nicht verändert werden können, sie können sich
gleichwohl von innen heraus wandeln. Damit dies geschieht, benöti-

---

19 Wegweisend sind in diesem Sinne die »Curricularen Standards des Faches Bildungswissenschaften«, die im Kontext der rheinland-pfälzischen Lehrerbildungsreform erarbeitet wurden (vgl. www.mwwfk.rlp.de [09.09.2006]), denen ein Kompetenzprofil zugrunde liegt, welches auch die folgende Kompetenz umfasst: Lehrerinnen und Lehrer
»beteiligen sich aktiv an der Schulentwicklung. Sie beziehen sich bei der Reflexion ihrer
Tätigkeiten und der Entwicklung ihrer Schule auf die Ergebnisse wissenschaftlicher Studien und auf die öffentliche Bildungsdiskussion sowie die Entwicklungen der Bildungspolitik (ebd., S. 10).«

gen Schulen keine Vordenker oder Standardisierer, sondern Begleiter, die dem Lehrerteam sowie der Schulleitung, aber auch den Betroffenen helfen, ihre eigenen Ziele und Ressourcen zu bestimmen. Ein Schulprogramm, welches auf diesem Wege – von unten – entsteht, hat den Namen verdient; eines, das lediglich als erneute Pflichtübung »abgegeben« wird, ist keines. Externe – unparteiische – Prozessbegleitung, die lediglich formal die notwendigen Prozesse in Gang setzt, erweist sich in diesem ersten Stadium vielfach als unverzichtbar; gleichwohl müssen die Beteiligten eigene Kompetenzen aufbauen, um ihren Alltag auch dauerhaft projekthaft (mit Zielen, Zuständigkeiten, Timeline etc.) gestalten und kriterienorientiert selbst überprüfen zu können.

Learning Communities

Schulen sind komplexe Systeme, in denen Strukturen sowie die unterschiedlichsten Motive, Emotionen und Kompetenzen aller beteiligten Akteure vielfältig zusammenwirken. Wie wir gesehen haben, sind Systeme zudem Kontexte der Kooperation und Kommunikation, welche nicht absichtsvoll und zielsicher gesteuert werden können. Sie entwickeln die Strukturen, Prozesse und Routinen, aus denen sie bestehen, aus den Strukturen, Prozessen und Routinen, aus denen sie bestehen – so die paradoxe Beschreibung der Systemtheorie. Schulentwicklung muss deshalb von dieser gegebenen Selbstorganisation der Systementwicklung ausgehen und kann auch nur »von innen heraus« gelingen.

In seinem Buch *Improving schools from within* beschreibt Roland S. Barth (1990, p. XVI) die Schule als eine »community of learners«, in welcher alle Beteiligten sich für die Weiterentwicklung und Reform des Lernens engagieren. Für ihn kennzeichnet Kollegialität die dabei bedeutungsvolle und konstruktive Form von Interaktion, weshalb »becoming colleagues« (ebd., p. 29) die wesentliche Voraussetzung einer wirklich systemischen Schulentwicklung darstellt. Betrachtet man unter dem Gesichtspunkt von Kollegialität die Kooperationspraxis in unseren Schulen, so stellt sich eine – wie Barth anschaulich beschreibt – große Ernüchterung ein: In den allermeisten Schule wird die große Kraft, welche Kollegialität für die Erreichung eines gemeinsamen Zieles spenden kann, vollständig ignoriert: »It is recognized neither as part of the problem nor as part of the solution« (ebd., p. 30).

Gleichwohl beleuchtet der Blick auf die Kollegialität genau den Stoff, aus welchem Organisationen und ihre Kulturen bestehen: das soziale Handeln. Dieses ist ein Handeln, welches »sinnhaft motiviert« (Max Weber) sowie grundsätzlich »bezogen« ist – selbst dann, wenn man isoliert vor sich hin arbeitet, realisiert man genau damit ein sehr spezielles Muster von Bezogenheit. Die Hauptüberlegung von Barth geht nun in die Richtung, deutlich herauszuarbeiten, dass interaktive Bezogenheit für eine lebendige Entwicklung systemischer Kontexte unverzichtbar ist. Diese Bezogenheit ist aus einer anderen Substanz als das Sichvertragen oder gar Freundschaftlichkeit. Barth grenzt »collegiality« deshalb von den verbreiteten Formen von »congeniality« ab und stellt fest (ebd., p. 31):

- »Collegiality is the presence of four specific behaviours, as follows:
- Adults in schools talk about practice. These conversations about teaching and learning are frequent, continuous, concrete, and precise.
- Adults in School observe each other engaged in the practice of teaching and administration. These observations become the practice to reflect on and talk about.
- Adults engage together in work on curriculum by planning, designing, researching, and evaluating curriculum.
- Finally, adults in schools teach each other what they know about teaching, learning, and leading. Craft knowledge is revealed, articulated, and shared.«

Diese vier Charakteristika schulischer Kollegialität werden in den neueren Schulentwicklungskonzepten, in denen Selbstorganisation großgeschrieben wird, aufgegriffen. So widmen u. a. Claus G. Buhren und Hans-Günter Rolff (2002) der Teamentwicklung besondere Aufmerksamkeit, wobei sie im Team gewissermaßen »die Hochform einer Gruppe« (S. 122) sehen. Denn Lehrerinnen und Lehrer sind es zwar gewohnt, unterschiedlichen Gruppen anzugehören, bei denen der Auftrag zumeist relativ abstrakt ist (Kollegium, Fachgruppen etc.), und in diesen erwartete Rollen zu spielen, doch bedarf es noch einiger Entwicklung, damit aus diesen Gruppen auch wirkliche Teams werden.

Wie aus Gruppen Teams werden

Buhren und Rolff (ebd., S. 112) sehen den Charakter von Teams darin gegeben, dass diese

- eine gemeinsame Arbeitsaufgabe haben
- unmittelbar zusammenarbeiten
- gemeinsame Ziele verfolgen und
- ein Wir-Gefühl entwickeln.

Je mehr Gruppen den Charakter von Teams annehmen, desto ausgeprägter sind in ihnen auch die Merkmale der Kollegialität. Dies entspricht auch dem Anspruch eines »building professional community in schools«, wie ihn Sharon Kruse, Karen Seashore und Anthony Bryk (1994) vertreten. Für sie steht die Professionalisierung der Lehrertätigkeit im Zentrum von Schulentwicklung. Gerade weil Schulentwicklung ein Prozess in unsicherem und komplexem Gelände ist, ist es nach ihrer Auffassung unabdingbar, diese individuelle Professionalisierung in den Mittelpunkt zu rücken (p. 3):

> »Researchers and reformers can't afford to overlook the impact of decisions and actions that teachers, working together in some type of sustained professional contact, take to improve school performance. This collective reflection, development of standards and expectations and formulation of plans for action are major hallmarks of a well-developed professional community. In schools where professional community is strong, teachers enjoy much greater support from their colleagues. Research suggests they feel more effective at their jobs.«

Ähnlich wie bei der Frage nach dem Schaffen von Unternehmenskultur – man hat bereits immer eine, die Frage ist nur, ob eine lebendige oder eine tote – verweist auch die Frage, wie man die vorfindbaren Gruppen zu Teams bzw. wie man aus Einzelkämpfern Kollegien entwickeln kann, auf eine schwierige Problematik. Vorausgesetzt wird nämlich eine innere Haltung, deren Vorhandensein durch die bisherigen Bedingungen eher behindert als gefördert wurde. Es war bislang »rentabler« für den einzelnen Lehrer bzw. die einzelne Lehrerin, sich möglichst auf sich selbst zu verlassen statt auf die Kooperation in der Gruppe. Dies meint auch Barth (1990, p. 32), wenn er sagt:

»Collegiality requires that everyone be willing to give up something without knowing in advance just what that may be. But the risk and cost of interdependence are nothing next to the risk and costs of sustaining a climate of emotional toxicity and costs of working in isolation, in opposite corners of the sandbox.«

Team- bzw. Kollegienentwicklung setzt jedoch – und hierin liegt die Paradoxie – etwas voraus, was ihr selbst erst als Ziel dient: die Schaffung einer Vertauensbasis für kooperative Interdependenz, welche stets eine Dependenz (von der Zuverlässigkeit und Qualität der Zuarbeit der Kollegen) mit beinhaltet. Die Frage ist deshalb, wie in Schulentwicklungsprojekten diese Paradoxie aufgelöst werden kann, zumal die Qualität der Beziehung der Erwachsenen (Lehrerinnen und Lehrer) untereinander das »sine qua non« (ebd.) der Verbesserung ist. Es spricht viel dafür, dass Schulleiterinnen und Schulleiter, die Kollegialität wertschätzen und unterstützen, eine wesentliche Voraussetzung für die Entwicklung kooperativer Beziehungsmuster sind. Indem sie ihre diesbezüglichen Einschätzungen und Erwartungen offen artikulieren und selbst den beständigen Dialog mit den Lehrerinnen und Lehrern pflegen, tragen sie für alle sichtbar dazu bei, dass eine Vertrauens-, Dialog- und Kooperationskultur entstehen kann. Ähnliches gilt für ihr wertschätzendes und unterstützendes Verhalten gegenüber kollegialen Kooperationsvorhaben.

Die Ermunterung (»empowerment«) der Lehrerinnen und Lehrer zu kooperativem Arbeiten findet zunächst in der gemeinsamen Unterrichtsplanung sowie in der kooperativen Weiterentwicklung gemeinsamer Anliegen ihren Ausdruck. Leonhard Horster und Hans-Günter Rolff haben in ihrem Buch *Unterrichtsentwicklung* (2001) diesem Anliegen deshalb einen eigenen Abschnitt gewidmet. Für sie ist die »Entwicklung einer Kultur der Zusammenarbeit« (S. 80) u. a. folgendermaßen gekennzeichnet:

(1) Lehrerinnen und Lehrer entwickeln gemeinsam den Fachunterricht weiter, wobei – wie sie es ausdrücken – »ein behutsamer Umgang mit der Arbeitszeit der Lehrkräfte« (ebd., S. 81) eine wichtige Rolle spielt:

»Zum einen sollte sich die Kooperation in der Unterrichtsplanung auf einige exemplarische Themen konzentrieren, zum anderen sollten Kooperationszeiten so kalkuliert werden, dass sie im Rahmen einer Fachkonferenz, vielleicht eines Fachtages, zu Ergebnissen führen, die unterrichtliche Arbeit für längere Zeit beeinflussen können. Kooperation in diesem Sinne bedeutet, dass sich durch die gemeinsame Planung exemplarischer Themen mit der Zeit ein Vorrat auch an gemeinsamen Vorstellungen herausbilden kann« (ebd.).

(2) Lehrerinnen und Lehrer planen und entwickeln Projekte kooperativ, wobei es insbesondere darum geht, allmählich die Kompetenzen im Kollegium zu entwickeln, »die in einem vorwiegend fachlich sozialisierten Kollegium (vor allem der Schulformen der S II mit vergleichsweise elaborierten Fachstrukturen) nicht selbstverständlich vorauszusetzen sind« (ebd., S. 83), wie u. a. die Ergebnisse einer interdisziplinären Projektplanung zum Thema »Werbung für die eigene Schule« zeigt:

> »Die Mitglieder der Arbeitsgruppe erfuhren nun leibhaftig, dass die Planung eines fächerverbindenden Projektes Kompetenzen fordert, die keine der beteiligten Personen für sich alleine besitzt und die auch nicht durch das Eingreifen einer nächsthöheren Hierarchiestufe ersetzt werden können, sondern die sich allenfalls als ein Ergebnis gemeinsamer Arbeit einstellen« (ebd., S. 84).

Zahlreiche Gruppen scheitern an der Aufgabe, sich über ein Verfahren zu verständigen, mit dem sie sich aus den unterschiedlichen fachlichen Hintergründen heraus auf ein gemeinsames Planungsverfahren einigen können. Um hier erfolgreich zu sein, ist es notwendig,

- »sich auf eine gemeinsame Zielvorstellung zu einigen,
- die zur Realisierung dieser Zielvorstellung erforderlichen Mittel zu diskutieren,
- sich auf die spezifischen Beiträge der verschiedenen Fächer zu einigen
- und alles das in einen zeitlichen Ablauf zu bringen, der ein sinnvolles Zusammenwirken der beteiligten Fächer ermöglicht,
- wobei die curricularen Vorgaben z. T. sehr unterschiedlicher Fächer zu berücksichtigen waren« (ebd.).

(3) Lehrerinnen und Lehrer treffen Absprachen bezüglich der abgestimmten Förderung der Methodenkompetenzen. Damit Schülerinnen und Schüler ihre Fähigkeiten zum selbständigen Lernen optimieren können, ist es notwendig – z. B. auf der Basis einer das kollegiale Selbstverständnis leitenden Vision –, koordinierte Maßnahmen zu er-

greifen, damit entsprechende Schülermethoden auch systematisch geübt und trainiert werden können (vgl. Arnold u. Schüßler 1998, S. 162 ff.). Hierbei gilt (Arnold 1995, S. 302 f.):

»Es ist nicht mehr der Lehrer, der die Methode ›hat‹, vielmehr gilt der Satz: ›Der Schüler hat Methode‹ (Gaudig). [...] Wenn man nach Gestaltungsmöglichkeiten für lebendiges Lernen ›sucht‹, ›langt‹ es deshalb auch in der betrieblichen Bildungsarbeit nicht, an die Stelle eines alles erdrückenden Frontalunterrichts lediglich für ›Methodenvarianz‹ zu plädieren bzw. für dieselbe zu ›ermutigen‹, wie dies bisweilen geschieht. Gefragt werden muss vielmehr, welche Methoden da variiert werden sollen und von wem sie variiert werden sollen. Und schließlich muss auch gefragt werden, in welchem Geist, d. h. nach welchem didaktischen Konzept, die Methoden variiert werden sollen. Denn die methodischen Arrangements, die den Lehrenden i. d. R. ›einfallen‹, haben eines gemeinsam: Sie gehen davon aus, dass es letztlich darauf ankommt, die Fremdsteuerung des Lernenden zu verfeinern oder zu intensivieren. [...]
Übergreifende Qualifikationen, wie z. B. die Schlüsselqualifikationen ›Problemlösungsfähigkeit‹, ›Selbstständigkeit‹ etc., sperren sich jedoch gegen eine solche fremdgesteuerte Vermittlung. Sie können eigentlich nicht entwickelt werden, sie können sich nur – in geeigneten Lernarrangements – selbst entwickeln. Es kommt deshalb darauf an, erstens geeignete Lernarrangements zu schaffen und zweitens solche Methoden verstärkt ›ins Spiel zu bringen‹, die ein in diesem Sinne selbsterschließendes Lernen ermöglichen. Und nimmt man unter einer solchen Perspektive die ›üblichen‹ Methoden in den Blick, so zeigt sich, dass es bislang eigentlich nur sehr wenige wirklich ›offene‹ Lern- und Erschließungsmethoden gibt, die einerseits tatsächlich geeignet sind, selbstorganisiertes lebendiges Lernen ›stattfinden‹ zu lassen.«

(4) Diese drei Formen der Förderung der Zusammenarbeit von Lehrerinnen und Lehrern markieren nur beispielhaft, worum es bei der Etablierung der professionellen Kollegialität in Schulen zu gehen hat. Grundlegend ist dabei eine Doppelperspektive: Zum einen geht es um die Förderung einer umfassenden »Zuständigkeit« der zentralen Akteure für die fachliche und profilbezogene Weiterentwicklung und Verbesserung der eigenen Arbeit, zum anderen geht es um die Gewährleistung professioneller Autonomie. Indem Lehrerinnen und Lehrer zu den eigentlichen Trägern dieser Entwicklung werden können, sind auch sie es, welche die Etablierung und Wahrung von Standards zu gewährleisten haben. Gleichzeitig ergeben sich für die Schul-

leitungen neue Zuständigkeits- und Verantwortungsbereiche. Diese sind mehr und mehr für die Gewährleistung der notwendigen Unterstützungsstrukturen sowie für die leitbildorientierte Visionsarbeit verantwortlich, sie begleiten und coachen das Kollegium und wirken im Kontext der Maßgaben von Selbstorganisation und Autonomieförderung.

Entwicklung professioneller Teams durch Führung zur Selbstführung

Schulentwicklung benötigt Führungskräfte, die ihre Professionalität nicht aus einer Allzuständigkeit und einer Kontrollmentalität ableiten, sondern zu einem systemangemessenen Handeln in der Lage sind. Damit eine solche Kompetenz entwickelt werden kann, müssen sowohl theoretische als auch verhaltensbezogene sowie selbstreflexive Lernprozesse stattfinden. Ergebnis solcher Lernprozesse ist ein Führungshandeln, das wach und zuständig, aber nicht gängelnd und bevormundend ist. Führungskräfte, die zu einer solchen stellvertretenden Führung in der Lage sind, kennen ihre eigenen latenten Dominanzansprüche, aber auch deren Fragwürdigkeit. Sie sind in der Lage, als professionelle Mentoren die Entwicklung lernender Organisationen zu gestalten (vgl. Arnold 2000; Fischer u. Schratz 1993).

Aus diesem Grunde geht man heute davon aus, dass eine wirklich nachhaltige Schulentwicklung nur gelingt, wenn die Betroffenen beteiligt werden und wenn es gelingt, sie zur Selbstführung zu führen, d. h. dazu, ihre eigenen Problemlösungsprozesse zu coachen. »Und was wird dann aus den Führungskräften, wenn alle sich selbst führen?« – so könnte man fragen. Die Antwort auf diese Frage kann nicht pauschal gegeben werden, zeichnet sich doch hinter diesem Wandel zu einer Kultur der Selbstführung ein weitgehend verändertes Anforderungsprofil für gerade diese Gruppe der »Leiter und Leiterinnen« bzw. der Koordinations- und Zielerreichungsverantwortlichen ab. »Moderne Führung ist« – so könnte man dieses neue Anforderungsprofil paradox überschreiben – »eine Führung zur Selbstführung.« Für den eigenen Führungsanspruch von Führungskräften bedeutet dies, dass sie nur noch dort führen, wo Selbstführung nicht oder noch nicht gelingt. Diese stellvertretende Führung folgt dem Subsidiaritätsprinzip, nur in den Bereichen tätig zu werden, in denen die Eigenkräfte der Teams nicht ausreichen. Gleichwohl ist stellvertretende Führung nicht mit Nichtführung zu verwechseln. Sie ist vielmehr die systemisch intelligentere Form von Führung, weiß sie doch, dass Zielerreichung nur unter Nutzung der bereits vorhandenen Kräfte und am besten nur im Einklang mit ihnen möglich ist. Stellvertretende Führung stellt zudem hohe Anforderungen an die Sensibilität und die Selbstbeherrschung der Führungskräfte. Diese müssen sich auf eine Neubestimmung ihrer Rolle wirklich einlassen und sich von den Vorstellungen des »Im-Griff-Habens«, »Darüberstehens« und »Machens« ein Stück weit lösen. Demgegenüber sind weiche Kompetenzen gefragt. Führungskräfte müssen soziale, kommunikative und schließlich sogar didaktische Fähigkeiten entwickeln. Sie sind letztlich für das Lernen und die Entwicklung ihrer Teams verantwortlich. Hierfür müssen sie dialogoffen und dialogfähig werden. Der Erfolg ihres Handelns hängt nämlich in letzter Instanz davon ab, ob und inwieweit es ihnen gelingt, Einzelne und Gruppen in ihren Entwicklungsvorhaben zu beraten, Wandlungsprozesse zu begleiten und eine kontinuierliche Sensibilität für soziale Eigendynamik von organisatorischem Wandel aufzubringen.

Moderne Führung erhält somit in lernenden Schulen die Aufgabe, für die Moderation der Selbstorganisation zuständig zu sein. Grundlage für ein in diesem Sinne sensibles und prozess- sowie entwicklungsförderliches Führen ist zunächst ein Abschied von der Illusion der Machbarkeit und Allzuständigkeit.

Ein systemisches bzw. ermöglichungsorientiertes Konzept von Führung setzt völlig anders an. Es geht nicht von der Frage aus, wie ein soziales System zu steuern sei, sondern versucht zu verstehen, wie sich ein soziales System selbst steuert. Es versucht deshalb auch nicht, eine ausgefeilte Strategie für die Motivation von Mitarbeiterinnen und Mitarbeitern zu entwickeln, sondern geht vielmehr davon aus, dass es zunächst erforderlich sei, die Motivation dieser Menschen zu »entdecken«. Entsprechend sind auch die Funktionen, die eine Führungskraft zu erfüllen hat, anders definiert. Es geht nicht nur um das Setzen von Zielen, sondern um das Klären von Zielen. Diese Formulierung verdeutlicht, dass es zwar Sachzwänge gibt, dass aber die Ziele, die ein Unternehmen bzw. eine Organisation zu erreichen hat, letztlich nicht von oben herab bestimmt werden können, ohne dass die Mitarbeiterinnen und Mitarbeiter die Chance haben, diese Ziele mitzubestimmen, sich präzisierend und auch korrigierend in die Zielplanung einzubringen und auch eigene Ziele mit dieser Zielplanung in Verbindung zu bringen. Nur wenn es der Führungskraft gelingt, die Zielklärung in diesem Sinne dialogisch und partizipativ zu »organisieren«, kann sie eine Struktur schaffen, in der die Eigenkräfte des Systems in den Dienst der Zielerreichung gestellt werden. Wenn alles von außen kommt und die Menschen nur als Plan- und Vorgabenerfüller angesprochen werden, darf man sich nicht wundern, wenn sie sich auch mit der Zeit auf die Erledigung des Notwendigsten beschränken.

Wie realisiere ich den Anspruch der stellvertretenden Führung?
(1) Ziele klären!
(2) Ziele visualisieren!
(3) Feedbackkultur »pflegen« und sichtbar leben!
(4) Mitarbeiterpotenziale erkennen und fördern!
(5) Stillstandsgefahren erkennen (Frühwarnorientierung)!

Textkasten 8: Stellvertretende Führung – ermöglichungs- und potenzialorientiert (Arnold 2000, S. 32)

Die Stärkung von Professional Communities als Strategie der Schulentwicklung

Sharon Kruse et al. (1994) haben in der amerikanischen Schulentwicklungsdebatte darauf verwiesen, dass die Entwicklung professioneller Teams zahlreiche Implikationen für andere Reformbereiche hat. Insbesondere bewirkt die Stärkung der Rolle und Verantwortung der Lehrkräfte nicht automatisch eine Verbesserung der Unterrichtsarbeit, vielmehr sind auch Effekte zu beobachten, durch welche sich zunehmende bürokratische Aktivitäten negativ auf die eigentliche pädagogische Ebene auswirken, sei es, dass sie Ressourcen bündeln oder die innere Distanz der Lehrkräfte zum Gesamtanliegen ungewollt vergrößern. Aus diesem Grunde ist es notwendig, zusätzliche Voraussetzungen zu schaffen (ebd., p. 4):

> »There must be support within the school for teachers who want to take risks and trey new techniques and ideas. Otherwise, serious and lasting change cannot be sustained.«

Entsprechend müssen sowohl strukturelle als auch soziale Voraussetzungen geschaffen werden, damit professionelle Teams bzw. Kollegien ihre enormen Wirkungspotenziale auch wirklich entfalten können. Zu den grundlegenden strukturellen Voraussetzungen zählen (ebd., p. 4 f.):

- »*Time to meet and talk*«: Damit regelmäßiger Austausch sowie kollegiale Selbstorganisation stattfinden können, ist es notwendig, Gesprächstermine im Stundenplan der Lehrer fest einzuplanen. Im Idealfall sollten tägliche Treffen auf Fachlehrer- oder Klassenlehrerebene möglich sein, aber auch regelmäßige Sitzungen des Gesamtkollegiums. Entscheidend ist, dass diese Sitzungen nicht nur für die Erledigung der administrativen Belange (welche häufig auch gar nicht der Diskussion in einem Plenum bedürfen) »verbraucht« werden, sondern ausreichend Zeit für die kriterienorientierte Reflexion der eigenen Arbeit gewähren.

- »*Pysical proximity*«: Damit ist gemeint, dass die Arbeitsplätze für Lehrerinnen und Lehrer zumeist die räumliche Isolierung befördern, da Räume für gemeinsame Treffen zur Diskussion der Unterrichtspraxis fehlen. Ebenso schadet die »Politik der geschlossenen Klassenzimmertür« der Entwicklung des Gefühls einer gemeinsamen professionellen Verantwortung und fördert die Fortdauer überlieferter Agreements, wie z. B. des Arguments, dass der Unterricht jeweils »die Angelegenheit« des einzelnen Lehrers sei.

- »*Interdependent teaching roles*«: Schulen, die sich über die Stärkung der professionellen Kollegialität von Lehrerinnen und Lehrern entwickeln, müssen gezielt Situationen schaffen, in denen diese zusammenarbeiten können. Die bereits erwähnten Formen zur gemeinsamen Entwicklung des Fachunterrichts oder zur gemeinsamen Entwicklung der methodischen Kompetenzen von Schülerinnen und Schülern stellen wesentliche Möglichkeiten für die Anbahnung einer entsprechenden Kooperation bereit. Gleichwohl sind diese anlassbezogenen Kooperationen nur der Beginn für eine wirklich organisationsgestaltende Zusammenarbeit:

> »The team provides a lasting, substantial structure for sustaining communication based in shared goals. As teachers work together, they develop a sense of community and a greater sense of effectiveness« (Kruse et al. 1994, S. 5).

- »*Communication structures*«: Zudem entstehen bei der Stärkung der professionellen Kommunikation in Kollegien mehr und mehr eine Routine sowie etablierte Formen des Austauschs von

Ideen im Sinne eines Netzwerkes zur Diskussion von Erfahrungen im Hinblick auf Unterricht, Curriculum, Beurteilung sowie andere professionelle Anliegen. Dieses Netzwerk kann und sollte durch die Nutzung elektronischer Medien (Mail-System, Chatroom, Plattform) systematisch unterstützt und »sichtbar« gemacht werden.

- »*Teacher empowerment and school autonomy*«: Dieser Zusammenhang verweist auf die eigentliche bildungspolitische Breitenwirkung einer auf Stärkung der professionellen Selbststeuerung und Kommunikation gerichteten Schulentwicklung. Stark professionell orientierte Kollegien und Teams stehen nämlich zugleich für einen höheren Grad an Lehrerautonomie, da Lehrer und Lehrerinnen mit deutlich stärkeren Mitwirkungsmöglichkeiten in den professionellen Belangen ihres Faches auch ein höheres Maß an Verantwortung entwickeln:

»The flexibility allows them to respond to the specific needs they see. Instead of being guided by rules, they are guided by the norms and beliefs of the professional community« (ebd., p. 5).

Diese strukturellen Voraussetzungen gewährleisten aber lediglich einen Rahmen, in dem sich professionelle Kooperation wirksam entfalten kann – jedoch nicht muss. Damit dieser Rahmen gefüllt werden kann, müssen sich Haltungen und Fähigkeiten entwickeln können, die auch und gerade hohe Anforderungen an das persönliche Wachstum von Lehrerinnen und Lehrern mit sich bringen.

Lehrerinnen und Lehrer sind keine Führungskräfte, obgleich sie täglich führen:[20] Sie planen und arrangieren Unterricht, geben Anweisungen, organisieren Unterstützung, bewerten und ermutigen – alles Tätigkeiten, wie sie auch von Führungskräften zu leisten sind und geleistet werden. Und doch gibt es einen m. E. entscheidenden Unterschied zwischen einer pädagogisch-didaktischen Führung von Lehr-Lern-Prozessen und dem, was Lehrerinnen und Lehrer zu leisten haben, wenn sie Lehrerteams als Schulleiterinnen und -leiter führen und Schulentwicklungsprozesse gestalten sollen: Sie müssen projekthaft und organisationsbezogen denken und handeln können, und

---

20 Die folgenden Ausführungen folgen den bereits an anderer Stelle publizierten Überlegungen (vgl. Arnold 2004b, 2005b, S. 209 ff.).

sie müssen dabei eine selbstreflexive Überzeugungsautorität zu leben vermögen.

Das produktive Gestalten einer Überzeugungsautorität erfordert fachliche Kompetenz sowie Integrations- und Begeisterungsfähigkeit dafür, in einem Team von Lehrkräften systemische Prozesse in Gang setzen und begleiten zu können, die der zielorientierten und qualitäts- bewussten Entwicklung des schulischen Kontextes zugute kommen. Dieses Unterfangen ist gerade in schulischen Milieus nicht einfach. Denn neben der zumeist unzureichend entwickelten Fähigkeit des Leitungspersonals, projekthaft und organisationsbezogen überzeu- gend handeln zu können, präsentiert sich auch die Klientel der »Ge- führten« häufig und mit guten – auch inneren – Gründen als sperrig. Das Autoritätsthema ist nämlich für beide Seiten – Führer und Ge- führte – oft aus inneren Gründen unterschwellig virulent, worauf noch einzugehen sein wird. Zu Teilen ist die Virulenz von Führung und Geführtwerden wohl eine spezifisch deutsche Thematik, da der Führungsbegriff aufgrund der Vergangenheit historisch kontami- niert ist und man deshalb gerne zu Anglizismen wie »Leadership« greift. Aber auch die antiautoritären Konzepte in der sozialwissen- schaftlichen Pädagogik haben im Resultat die Erarbeitung tragfähiger konstruktiver Modelle pädagogisch-organisationaler Führung eher gebremst, wodurch die deutsche Schulpädagogik in einen erhebli- chen historischen Rückstand zu den Entwicklungen im englischspra- chigen Kontext geriet.

Die »Entleidenschaftlichung« der eigenen Wahrnehmung und Beurteilung sowie das Wissen von der emotionalen Konstruiertheit stellen wichtige Stufen auf dem Weg in eine selbstreflexive Beobach- terposition dar, und die Fähigkeit, in eine solche Position zu wechseln, ist nicht nur eine Schlüsselqualifikation, von der der Erfolg sozialen Handelns abhängig ist, sie ist auch die Zentralkompetenz kommuni- kationsintensiver Berufe, zu denen der Lehrerberuf ebenso wie sämt- liche Führungspositionen zählen. Eine solche »Entleidenschaftli- chung« ist deshalb nicht nur für Führende zentral, er gilt auch und in besonderem Maße für die Geführten in schulischen Kontexten (Leh- rerinnen und Lehrer), zumal diese ja ihrerseits führen (Klassen, Lern- gruppen, Einzelne). Und damit sind wir an einer zentralen Frage, auf die schon T. W. Adorno in seinen *Tabus über den Lehrerberuf* hinge- wiesen hat: Es geht um »psychologische Deformation« durch den Lehrerberuf (Adorno 1970), welche Adorno auch durch die Wirkun-

---

Systemic Leadership

(1) Schulische Führungskräfte wissen Bescheid über die Relativität eigener und fremder Deutungen, sie sind weniger entschieden mit ihren Behauptungen und gehen von der Möglichkeit eigener und fremder Fehler bzw. Fehleinschätzungen aus (Irrtumsoffenheit).

(2) Sie können Widersprüchlichkeiten, Unvereinbarkeiten sowie Ungelöstheiten stehen lassen und vermeiden die abschließende »Verkündigung« einer richtigen Lesart (Divergenztoleranz).

(3) Sie planen Prozesse weniger linear als vielmehr aufgaben- und situationsbezogen, wobei sie von vornherein davon ausgehen, dass ihre Zielerwartungen und Zeitvorgaben von der Dynamik der Schulentwicklung verändert werden (Veränderungsoffenheit).

(4) Sie verfügen über ein reichhaltiges methodisches Instrumentarium, das sie bei der Entwicklung professioneller Kollegialität anbieten können (Methodenorientierung).

(5) Sie sind darum bemüht, die eigenen arbeits-, kooperations- und kommunikationsmethodischen Kompetenzen der Beteiligten zu stärken, da diese wichtige Voraussetzungen für die Entwicklung einer Konstruktionskompetenz bei den Kooperationspartnern darstellen (Methodentraining).

(6) Sie können mit Unsicherheit umgehen, wissend, dass sich nur in unsicheren Phasen die Aneignungs- und Selbstorganisationsdynamiken der Subjekte wirksam entfalten können (Umgang mit Unsicherheit).

(7) Sie wissen, dass sie Ergebnisse und Erfolge nicht sicher bewirken können (Wirkungsoffenheit).

(8) Sie arrangieren Situationen (z. B. des professionellen Austauschs), die inhaltlich und methodisch eine Vielfalt von möglichen Wegen eröffnen (Arrangement).

(9) Sie können sich zurücknehmen und auf die Rolle der Ressourcenperson, des Beraters und Begleiters beschränken (Begleitungsorientierung).

(10) Sie sind beständig darum bemüht, ihre eigenen projektiv-verzerrenden Interventionen in systemische Kontexte zu erkennen und sich selbst sowie anderen gegenüber eine Beobachterposition einzunehmen (Beobachterhaltung).

Textkasten 9: Anforderungen an eine systemische Führung
(nach: Arnold 2005b, S. 260)

gen überflüssigen Autoritätserlebens (in Ausbildung und Referendariat) konstituiert sieht (S. 85 f.):

> »Immer wieder hört man [...], dass Studienreferendare in ihrer Ausbildungszeit gebrochen würden, gleichgemacht, dass man ihnen den Elan austreibe, das Beste an ihnen. [...] Besonders hätte man darauf zu achten, wie weit der Begriff der schulischen Notwendigkeit geistige Freiheit und geistige Bildung unterdrückt. Das kommt dann an den Tag in der Geistfeindschaft mancher Schulverwaltungen, welche die Lehrer planvoll an wissenschaftlicher Arbeit hindern, sie immer wieder down to earth bringen, misstrauisch gegen solche, die, wie sie wohl sagen, höher hinaus- oder woanders hinwollen. Solche Geistfeindschaft, die den Lehrern selbst widerfährt, setzt nur allzu leicht in ihrer Haltung gegenüber den Schülern sich fort.«

Zwar hat sich gegenüber dieser mehr als 40 Jahre alten Feststellung mittlerweile sicherlich vieles geändert, doch erleben einige Referendare und Lehrer heute immer noch ihren Berufseinstieg sowie ihre Berufsausübung als »Geistfeindschaft«, um mit Adorno zu sprechen. Kaum im öffentlichen Bewusstsein ist jedoch der hier aufgezeigte Zusammenhang zwischen eigenem Autoritätserleben (zumal in kritischen Lebensphasen) einerseits und ihren Auswirkungen in einer »unerkannte(n) Feindschaft gegen Autorität« (Feldenkrais 1992, S. 50), welche Führen und Geführtwerden zum Problem der Schulentwicklung werden lässt, andererseits. Es lohnt sich, die hier angedeuteten Zusammenhänge in Zukunft empirisch noch weiter auszuloten, um nicht oben, in der Bildungspolitik, Innovationen in Gang setzen zu wollen, deren Gelingen unten, im Hinterland des Lehrerbildungsalltags, bereits im Ansatz konterkariert wird.

Es sind jedoch nicht nur die Führungskräfte, welche ihre emotionale Selbstreflexivität entwickeln müssen, um zu einer wirklich an der Stärkung der Kollegialität orientierten Führung auch innerlich in der Lage zu sein. Vielmehr »lebt« die Entwicklung schulischer Kollegialität auch von den sozial-emotionalen Ressourcen der Lehrerinnen und Lehrer. Nicht nur ihr eigenes grundsätzliches – bisweilen problematisches – Verhältnis zur Autorität, sondern auch ihre eigenen sozial-emotionalen Ressourcen sind für das Gelingen einer kollegialitätsstärkenden Schulentwicklung von grundlegender Bedeutung.

In diesem Sinne sprechen Kruse et al. (1994) von fünf Aspekten, die aufseiten des Personals für die Stärkung einer professionellen Kollegialität maßgeblich sind, wobei der vorletzte Aspekt sich auf die Führung und die ersten drei Aspekte sich auf die Mentalitätsstruktur im Kollegium beziehen (p. 5):

- »*Openess to improvement*«: Lehrerinnen und Lehrer müssen innovationsoffen und veränderungsbereit sein bzw. bleiben. Schulentwicklung benötigt Lehrkräfte, welche bereit sind, Risiken einzugehen und neue Techniken und Ideen auszuprobieren. Veränderungsbereitschaft ist deshalb eine notwendige professionelle Grundhaltung, die sich jedoch nur wirklich entwickeln kann, wenn die Akteure die Erfahrung machen können, dass sie bei ihren Lern- und Suchbewegungen sowie ihren Bemühungen, ihre professionellen Handlungsspielräume auszubauen und zu erweitern, wirksam unterstützt werden.

- »*Trust and respect*«: Lehrerinnen und Lehrer müssen fühlen können, dass sie aufgrund ihrer spezifischen beruflichen Erfahrung und Kompetenz sowohl in der Schule als auch vom schulischen Umfeld und der Gesellschaft wertgeschätzt werden:

»Respect, trust, and a shared sense of loyality build professional commitment and the cooperation required for collaboration and shared decision making« (ebd.).

- »*Cognitive and skill base*«: Erfolgreicher Unterricht basiert auch auf den Kompetenzen, Fähigkeiten und Erfahrungen professioneller Lehrkräfte. Deshalb müssen die Lehrerinnen und Lehrer auch in die Lage versetzt werden, diese Wissens- und Kompetenzbasis selbst gesteuert zu sichern und weiterzuentwickeln:

»Structures such as peer counseling, along with help from external sources, can spreed that expertise among faculty members, and can thereby help marginal or ineffective teachers improve« (ebd.).

- »*Supportive leadership*«: Unterstützende Führung durch eine einzelne oder durch mehrere Personen ist abhängig von dem zentralen Fokus, den diese Führung in den Blick rückt. Wenn Schulleiter und -leiterinnen mit dem Kollegium lediglich in administrativen Belangen in Kontakt treten, dann bildet sich dieser Administrationsblick auch als Kern der Kollegiumsentwicklung – die dann keine ist! – heraus. Demgegenüber muss eine Schulleitung, welche die Kollegialität stärkt, sich zuerst als »a prime ›keeper‹ of the school vision« (ebd.) verstehen:

»Leadership needs to keep the school focused on shared purpose, continuous improvement an collaboration. Communications from the schools leadership will set the tone for the school. For example, if a principal contacts the faculty only on matters of organizational procedure, teachers will see these as the school's major concern and may give less attention to teaching and learning« (ebd.).

- »*Socialization*«: Jede Schule rekrutiert beständig neue Lehrerinnen und Lehrer, ohne jeweils systematisch zu gewährleisten, dass diese mit der gelebten Schulvision in Kontakt gebracht werden und eine entsprechende Enkulturation erleben können. So bleibt die Vision zumeist im Dunkeln, weshalb die Frage, ob eine neue Lehrkraft die Schulvision teilt und sichtbar leben kann, mehr oder weniger dem Zufall überlassen bleibt:

»Staff must impart a sense that new teachers are an important and productive part of meaningful collective. School culture must encourage some behaviors and discourage others, in a daily process aimed at working toward the school mission« (ebd.).

Auch für die Lehrerbildung hat in den letzten Jahren das Kompetenzmodell mehr und mehr an Bedeutung gewonnen. Damit sickert das aus der Berufsbildungsforschung stammende Konzept auch in Bereiche ein, in denen man bislang zumeist der Auffassung war, dass eine wissenschaftliche Ausbildung auch Garant für die Herausbildung übergreifender sozialer und emotionaler Kompetenzen sowie einer grundlegenden Veränderungskompetenz sei. Begonnen hat das Ganze mit dem Konzept der Schlüsselqualifikationen, das im Kern dem Anliegen Rechnung trug, die Entwicklung umfassender Handlungskompetenzen stärker in den Blick zu rücken. Es gab und gibt nämlich ein wachsendes Unbehagen bezüglich einer Bildungspraxis, die durch Wissensvermittlung in zumeist frontalunterrichtlichen Lernkulturen geprägt ist. Immer deutlicher wurden die ungewollten Nebenwirkungen einer solchen »Wissensmast«, die u. a. darin ihren Ausdruck fanden, dass solchermaßen sozialisierte Menschen wenig Vertrauen in ihre eigenen Kräfte entwickeln konnten, da sie ja gewohnt waren, dass ihr Lernen in erster Linie ein Anpassungslernen bzw. ein – wie Klaus Holzkamp (1993) es nannte – »defensives Lernen«, d. h. ein Lernen zur Vermeidung von Nachteilen (z. B. Verpassen von Bildungsabschlüssen), zu sein habe.

Ist es verwunderlich, dass die Lernhaltungen, die dabei entstehen, eher passiver Natur sind? Ist es verwunderlich, dass Anpassungslerner wenig Gespür dafür entwickelt haben, dass es auf sie ankommt, dass sie nicht nur Empfänger, sondern auch Produzenten von Wissen und Problemlösungen sein können? Und ist es verwunderlich, dass die so Ausgebildeten später nicht in ausreichendem Maße über Motivationen, Selbstkompetenzen und Strategien verfügen, um ihre Arbeitsumgebung gestaltend verändern und weiterentwickeln zu können?

Schulische Kollegialität zu stärken erfordert demnach einiges Wissen über die dabei zu berücksichtigenden strukturellen Aspekte einerseits sowie die dabei erforderlichen sozial-emotionalen Ressourcen andererseits. Fasst man die von Kruse et al. (1994) vorgestellten Differenzierungen zusammen, wie hier in Tabelle 12 geschehen, so ergibt sich die Folie, vor deren Hintergrund eine kollegialitätsstärkende Schulentwicklung ihre Ziele sowie ihr Vorgehen und die Auswahl ihrer »Maßnahmen« zu begründen hat.

social and human ressources	openess to improvement	trust and respect	cognitive and skill base	supportive leadership	socialization
critical elements					
reflective dialog					
deprivatization of practice	**Ziel**: Stärkung professioneller Kollegialität **Strategie**: Empowerment der Kompetenzen der Lehrerinnen und Lehrer sowie Förderung der sozial-emotionalen Selbstreflexivität im Führen und Geführtwerden				
collective focus on student learning					
collaboration					
shared norms and values					

Tab. 12: Heuristischer Raster zur Koordinierung einer systemischen Schulentwicklung

Neue Lehrer/innen braucht das Land – Anmerkungen zur Lehrerbildungsreform

Die pädagogische Professionalität von Lehrerinnen und Lehrern basiert auf zahlreichen Kompetenzen, welche sie in die Lage versetzen, aus ihrer fachlichen Kompetenz (als Mathematik-, Deutsch- oder Elektrotechniklehrer) heraus nachhaltige Aneignungsprozesse bei Lernenden zu initiieren und diese wirksam zu begleiten. Um solche pädagogisch-didaktischen Fähigkeiten erwerben zu können, ist es notwendig, wissenschaftliches Wissen über Erziehungs-, Bildungs- und Lernprozesse zu erwerben (Begriffe, Theorien, Forschungsergebnisse, Modelle und Konzepte). Nur auf der Basis eines solchen *erziehungswissenschaftlichen Differenzierungswissens* ist man in der Lage, die komplexen Gegebenheiten in der Praxis anders und vielfältiger – eben differenzierter – wahrzunehmen, als dies die Brille der eigenen lernbiografischen Erfahrungen zulässt.

Zukünftige Lehrerinnen und Lehrer erwerben jedoch nicht nur das erziehungswissenschaftliche Wissen, welches man ihnen in den

Studien- und Ausbildungskontexten zugänglich macht, sie lernen vielmehr auch durch den »heimlichen Lehrplan« dieser Kontexte selbst. Ihre pädagogische Professionalität, d. h. ihre Fähigkeiten, die Selbstlernkompetenzen der Lernenden zu stärken und ihre Kompetenzentwicklung nachhaltig anzuregen, zu fördern und zu begleiten, ist grundlegend geprägt durch das Ausmaß, in welchem sie selbst sich als selbst gesteuert Lernende haben erleben – oder nicht erleben – dürfen. An dieser vielfach übersehenen inneren Selbstwidersprüchlichkeit der Lehrerbildung implodieren vielfach die bestbegründeten Reformkonzepte: Man plädiert für eine neue Lernkultur in den Formen und Methoden der alten Lernkultur, oder man »erläutert« die Tatsache, dass »Erläuterungen« – allein oder vorrangig – keine nachhaltigen Lernimpulse zu setzen vermögen – Paradoxie total!

Diesen inneren Selbstwidersprüchlichkeiten und Paradoxien des heimlichen universitären Lehrplans entgegenzutreten versucht das *Konzept der reflexiven pädagogischen Professionalisierung (REPPRO)*, welches das *Fachgebiet Pädagogik* der *TU Kaiserslautern* seit einigen Jahren umsetzt und ständig weiterentwickelt. Ausgegangen wird dabei von zwei grundlegenden Überlegungen:

- Man lernt nicht nur durch Wissensaneignung, sondern auch durch die Formen derselben. Kompetenzentwicklung ist ein erfahrungsbasierter Prozess. Dies gilt auch und in einer subtilen Besonderheit für die Entwicklung pädagogisch-professioneller Kompetenzen. Dies ist die These des »Es gibt kein Richtiges im Falschen!«.
- Lehrerinnen und Lehrer sollen Lernexperten sein. Ein Lernexperte kann aber nur derjenige werden, der sein eigenes Lernen »versteht«, d. h. zum einen die eigenen bevorzugten Lernstrategien und Lernprobleme und zum anderen – aus eigener Erfahrung – die Möglichkeiten kennt, diese zu optimieren. Dies ist die These des »Man sieht nur, was man weiß!«.

Beide Grundüberlegungen sind im *Konzept der reflexiven pädagogischen Professionalisierung* zu einem mehrdimensionalen Kompetenzkonzept verdichtet, welches – in einer durchaus noch hypothetischen Form – Verfahren bündelt, durch die zukünftige Lehrerinnen und Lehrer vor dem Hintergrund einer sich entwickelnden *Ownership-Mentalität* ihre Strukturierungs-, Gestaltungs-, Selbsterschließungs-

und Selbstreflexionskompetenz entwickeln können. Während die Strukturierungs- und Gestaltungskompetenz mehr auf die »Sache« bzw. die pädagogische Hardware oder den Gegenstandsaspekt von Bildung und Erziehung bezogen sind, fokussieren die Selbsterschließungs- und Selbstreflexionskompetenz mehr die »Person« (des Lehrers, damit aber auch des Lerners)[21] und tragen der Eigentümlichkeit pädagogischer Professionalität Rechnung, welche darin liegt, dass die Lehrer oder die Lehrerinnen ihren Unterricht »mit ihrer Person« darbringen, wie es die geisteswissenschaftliche Pädagogik ausdrückte. Schließlich fordert zeitgemäße pädagogische Professionalität von den Lehrenden auch Fähigkeiten, mit dem Kontext ihres unterrichts- und schulbezogenen Handelns in einer kooperativ-verantwortlichen Weise umzugehen: Dies ist die Ebene der Schulentwicklungskompetenz.

Core-Kompetenzen reflexiver pädagogischer Professionalität		
Ziel und Voraussetzung	**Ownership-Mentalität:** • Selbstständigkeit • Selbsttätigkeit • Selbstwirksamkeit	
mehr die »Sache«, um die es geht, betreffend	**Strukturierungskompetenz** • Differenzierungswissen • Lernen an und durch Visualisierungen (Strukturbilder)	**Gestaltungskompetenz** • Fall- und Handlungsorientierung • Praxisintegrierung (PIA)
mehr die »Person«, die handelt, betreffend	**Selbsterschließungskompetenz** • Kommunikations- und Methodentraining (KoMet) • Methoden des lebendigen Lernens	**Selbstreflexionskompetenz** • emotionale Kompetenz • systemische Haltung (»Systemik der Erziehung«)
mehr den »Kontext«, in dem gehandelt wird, betreffend	**Schulentwicklungskompetenz** • die eigene Kompetenzentwicklung reflektieren (z. B. Portfolioarbeit) • in Professional Teams das Schulprogramm entwickeln und die Qualität sichern	

Tab. 12: Core-Kompetenzen reflexiver pädagogischer Professionalität

---

21 »Lehrer« und »Lerner« sind (nicht nur im Falle der Lehrerbildung – aber da besonders) eine Person, denn der Lehrer trägt seinen inneren Schüler bzw. seine innere Schülerin in seiner späteren Berufspraxis mit sich umher und handelt immer auch (bisweilen ausschließlich) aus der Reziprozität der eigenen erlebten (bzw. bildungsbiografisch erduldeten) Rollenverteilung heraus (vgl. Arnold u. Milbach 2003). Diese ist ihm vertraut (weil in Fleisch und Blut übergegangen), und sie übt – gerade in Drucksituationen – eine gewissheitsstiftende Wirkung aus, die durch noch so eindeutig belegte Ergebnisse der Lernforschung oder offensichtliche Unwirksamkeit des eigenen rekonstellierenden Unterrichts- und Erziehungshandelns nicht wirklich ausgehebelt werden kann.

Ziel und Voraussetzung: Ownership-Mentalität

Von Lehrerinnen und Lehrern wird heute zunehmend erwartet, dass sie Heranwachsenden helfen, ihre »individuellen Regulierungskompetenzen« (Baethge et al. 2003) zu entwickeln. Gleichzeitig sollen sie erweiterte Verantwortungen für das Gesamtprofil und die Gesamtleistung ihrer Schule übernehmen (lernen) und sich selbstverständlich im Kontext einer Evaluationskultur bewegen. Dies ist leichter gesagt als getan, da diese »Evaluationskultur« zwar vielfach gefordert, von der Bildungsadministration aber noch keineswegs vertrauensfördernd vorgelebt wird. Gleichwohl kann Lehrerbildung sich nicht bei der Kritik dieses noch antiquierten Schulverwaltungsrahmens aufhalten, sondern muss die Voraussetzungen dafür entstehen lassen, dass Lehrerinnen und Lehrer – in notwendig angstfreiem Rahmen – sich als selbstwirksam, selbsttätig und selbst gesteuert erleben können. Denn nur Erleben eigener Zuständigkeit und Verantwortlichkeit kann auch allmählich die Mentalität eines Ownership reifen lassen, ohne die Schulautonomie eine rhetorische Formel bleibt und keine gelebte Praxis werden kann.

Zur Strukturierungskompetenz

Lehrerbildung muss wissenschaftlich sein. »Wissenschaftlichkeit« stellt ein grundlegendes Merkmal professionellen Berufshandelns dar, weil Professionals sich eben genau dadurch von Laien unterscheiden, dass sie die Vielfalt der im Einzelfall möglicherweise wirksamen Bedingungen kennen und entsprechend umsichtig, durch methodischen Zweifel begründet und risikominimierend sowie lösungsorientiert zu handeln vermögen. Komplexe wissenschaftliche Theorien und Konzepte strukturieren Vielfalt; wissenschaftliches Lernen ist deshalb ein Strukturierungsprozess. In ihm werden die Kernaussagen, Aspekte und Bedingungen der Theorien und forschungsbasierten Konzepte sichtbar und diskutierbar.

Für den Aufbau und die Entwicklung der Strukturierungskompetenz ist das Trainieren eigener Strukturierungen (wissenschaftliche Sachverhalte betreffend) ein hilfreicher Weg. Die Entwicklung von *Strukturbildern* setzt die intensive Beschäftigung mit dem jeweiligen Gegenstand (z. B. einem Text) sowie eigene Abstraktionsschritte voraus. Wer selbständig ein Strukturbild entwickelt, der muss Wichtiges von Unwichtigem, Prioritäres von Posteriorem sowie Bedingendes von Bedingtem unterscheiden und alle so identifizierten Zusammenhänge unter einem begründetem Blickwinkel ordnen. Zudem folgt ein solches Vorgehen der Aneignungsform der Erschließung durch selbständige Versprachlichung bzw. Codierung. Dafür, ein solches Vorgehen anzubahnen und einzuüben, bedarf es entsprechend strukturierter Studienbücher, die nicht noch einmal textlich-linear zusammenstellen, was andere bereits getan haben, sondern darüber hinauszielende kategoriale Muster aufzeigen.[22]

Wer mit der Strukturbild-Technik umzugehen lernt, erwirbt zugleich ein Gefühl für die Konstruktivität sowie Standpunktabhängigkeit von Wissen. Ein solches Gefühl stellt eine weitere wichtige Voraussetzung für pädagogisch professionelles Handeln dar, da Lerner in der sogenannten Wissensgesellschaft zum einen der vermeintlichen Autorität von Wissen mit eigenen Fragen und Hinterfragungen zu begegnen lernen sollen, zum anderen aber auch mehr und mehr in die Lage versetzt werden müssen, vorhandenes Wissen nicht nur zu rekonstruieren bzw. zu rekapitulieren, sondern vielmehr neues Wissen (z. B. durch die Entwicklung neuer Lösungswege) selbständig zu konstruieren – dies ist eine wesentliche These bzw. Einsicht der systemisch-konstruktivistischen Erziehungswissenschaft. In diesem Sinne stellt Kersten Reich fest (1996, S. 69):

>»Selbsttätigkeit ist stets die Basis für alles pädagogische Handeln. Aber Selbsttätigkeit ist pädagogisch gesehen vor allem die Tätigkeit des Anderen, die gefördert werden soll. Tue stets selbst, was du von Anderen erwartest! Erwarte von dir, dass Andere tatsächlich etwas tun können, aber erwarte nicht immer von Anderen, was du alles selbst tust. [...] Selbstbestimmung bedeutet in pädagogischen Prozessen vor allem: Andere sich bestimmen lassen. Pädagogische Professionalität muss sich nicht darin bewahrheiten, dass sie alles besser weiß, sondern darin, Andere ihr Wissen selbst finden zu lassen.«

Zur Gestaltungskompetenz

Gestaltung ist etwas anderes als »Transfer«. Pädagogisch-didaktische Lösungsschritte müssen zu großen Anteilen aus der Situation heraus

---

22 Vgl. Arnold, Lipsmeier u. Ott (1999); Arnold u. Pätzold (2005). Ähnliche Strukturbild-Bücher wurden auch bereits früher für die internationale Berufsbildung entwickelt und in mehrere Sprachen übersetzt (Arnold 1990).

begründet und entwickelt werden. Aus diesem Grunde sind die vielfach ersehnten Rezeptologien (nach dem Motto: »Gewusst wie!«) notwendig unterkomplex. Mit ihnen setzt sich eine pädagogische Handlungslogik um, die nicht oder nur zufällig der Vielfalt der jeweiligen Situation systematisch Rechnung zu tragen vermag. Gestaltungskompetenz setzt hermeneutische Fähigkeiten ebenso voraus wie didaktische und erzieherische Fantasie sowie Erfahrungen mit unterschiedlichen Vorgehens- bzw. Reaktionsweisen.

Theorie und Praxis sind weder linear noch hierarchisch aufeinander beziehbar, da für beide unterschiedliche Handlungslogiken grundlegend sind. Gestaltungskompetenz kann sich deshalb bloß entwickeln, wenn Lehramtsstudenten diese unterschiedlichen Handlungslogiken erleben und selbstständig (anhand konkreter Fälle sowie praktischer Situationen) die Perspektiven erschließende Kraft theoretischer Reflexion, die zunächst und im Wesentlichen stets eine Ex-post-Reflexion ist, erfahren können. So vermag sich Zusammenhangswissen (»Wissen über mögliche Zusammenhänge«) sowie ein Gefühl für die grundsätzliche Fragilität des Vorgefundenen zu entwickeln (Motto: »Es könnte alles auch ganz anders sein!«) – beides grundlegende Voraussetzungen dafür, dass Lehrerinnen und Lehrer eine innovationsoffene und auch zuversichtliche Haltung gegenüber den Gestaltungschancen ihres Handlungsfeldes aufzubauen vermögen.

Denn »Praxis« ist nicht allein deshalb »gut«, weil es sie gibt; und im Blick auf das innovative Handlungsvermögen, welches Lehrerinnen und Lehrer in Kontexten der Schulentwicklung aufbringen müssen, kann die Orientierung an der vielfach noch vorprofessionellen Praxis auch entmutigend wirken und die innere Kapitulation, die man »Praxisschock« nennt, geradezu begünstigen. Aus diesem Grunde muss Praxisorientierung, wenn sie wirklich Gestaltungskompetenzen anbahnen und fördern soll, immer auch eine Kritik der vorfindbaren Praxis mit beinhalten und zunächst und bevorzugt fortschrittliche Praxis zugänglich und erlebbar machen.[23] Nur auf diesem Weg

---

23 In diesem Zusammenhang kommt der Beschäftigung mit Modellversuchen bzw. alternativen Schulen eine grundlegende – paradigmatische! – Bedeutung zu, obgleich diese vielfach nicht »besichtigt« werden können. Im Zusammenhang mit Praktika oder Exkursionen gilt es jedoch, gezielt gerade solche »untypischen« Realitäten zugänglich zu machen, da diese die Kraft der Vision »Es ist auch anders möglich!« zu stärken vermögen. Ähnliche Wirkungen entfalten auch Videodokumentationen, wie sie z. B. in den von Reinhard Kahl zusammengestellten Reihen *Lob des Fehlers* und *Treibhäuser der Zukunft* (Beltz-Verlag) enthalten sind.

kann aus dem Gefühl »Es könnte auch ganz anders sein« die Gewissheit reifen, dass es auch andere Möglichkeiten gibt. Praxisorientierung hilft – so verstanden –, dem eigenen professionellen Handeln eine visionäre Kraft zu stiften, die aus einer anderen Substanz als der einer weichen Rhetorik (gegenüber der »harten« Wirklichkeit) besteht.

Zur Selbsterschließungskompetenz

Lerngesellschaften folgen zunehmend einer reflexiven Logik: Da sich nicht alle notwendigen Kompetenzen und Qualifikationen – »zur Bewältigung späterer Lebenssituationen« (S. B. Robinson) – vorhersagen lassen, ist die Förderung der Lern- und Selbsterschließungsfähigkeiten der Lernenden selbst vorrangiges Ziel. Konzepte eines systematischen Kommunikations- und Methodentrainings gewinnen in diesem Zusammenhang an Bedeutung, wobei zudem die These grundlegend ist, dass es keine »bessere« Einführung in die Pädagogik gibt als die, zunächst die angehenden Lehrerinnen und Lehrer selbst »in den Besitz« der *Selbsterschließungskompetenz* zu bringen, die jeden Lernprozess von innen heraus trägt. Indem sie selbst erfahren und üben können, wie man durch Systematik und absichtsvoll-kluges Vorgehen sein eigenes Lernen optimieren kann, werden sie auch in die Lage versetzt, diese autodidaktisch orientierten Kompetenzen bei ihren Lernern entstehen zu lassen und zu fördern.

Ähnlich kann didaktisch-methodische Fantasie im Sinne der Entwicklung einer umfassenden Kompetenz für methodenorientierte Bildungsarbeit nur in Erfahrungskontexten angebahnt werden, in denen mit Methoden des lebendigen und systemischen Lernens auch selbst gearbeitet wird (vgl. Arnold u. Schüßler 2002a, b, 2003; Arnold u. Njo 2007). Indem Studierende die Gelegenheit erhalten, in Methodenlabors mit unterschiedlichen Methoden zu experimentieren und diese als Lernende und Lehrende »am eigenen Leib« zu erfahren, kann auch die innere Bereitschaft wachsen, die eigene spätere Berufspraxis selbst entsprechend methodisch zu arrangieren. Lebendige Lernmethoden stellen nicht einen Königsweg zu umfassender Kompetenzentwicklung dar, sie eröffnen aber einen Zugang zur Gestaltung von Selbsterfahrungsräumen und Selbsterschließungskontexten, in denen sich die methodischen und kommunikativen Fähigkeiten der Lerner facettenreicher entwickeln können, als dies in überwiegend frontalunterrichtlichen Lehr-Lern-Settings der Fall ist. Frontalunterricht ist dabei eine Form neben anderen, die allerdings nur dann eingesetzt werden darf, wenn man sich über ihre genuine didaktische Valenz auch wirklich im Klaren ist. Dann gilt der Slogan: »Ein guter Frontalunterricht ist wie ein schicker Badeanzug: knapp und das Wesentliche abdeckend!«

Zur Selbstreflexionskompetenz

Pädagogische Professionalität ist auf Selbstreflexion grundsätzlich angewiesen. Hierzu zählen in allererster Linie ein Gespür für und ein Wissen über die innere Substanz, aus welcher sowohl die eigenen Handlungsmotive wie auch die bevorzugten Fühlweisen in pädagogischen Interaktions- und Konfliktlagen konstruiert werden. Lehrerinnen und Lehrer sollten über die rekonstellierende Kraft ihrer eigenen pädagogischen Geprägtheiten Bescheid wissen, um sie in konkreten Situationen erkennen und relativieren zu können. Denn die »bevorzugte Reaktionsweise« ist die, welche einem Vertrautheit, Wiedererkennen und Sicherheit suggeriert, aber es ist nicht in jedem Fall diejenige, die der Komplexität einer Situation wirklich angemessen Rechnung zu tragen vermag. Da man sich als pädagogischer Professional dieser »Angemessenheit« nur situativ, durch hermeneutisch-empathische Suchbewegungen annähern kann – was einem tastenden Vorgehen mehr entspricht als einer »expertenschaftlichen« Entschlossenheit –, gilt es dabei, den der eigenen Rigidität in den vertrauten Deutungs- und Emotionsmustern zugrunde liegenden Einspurungen systematisch nachzugehen, um diese sehr persönlichen Tendenzen in ihrer prägenden Substanz erkennen und entsprechend relativieren zu können.

Dies ist leichter gesagt als getan. Die Frage »Was hat mich erzieherisch bewegt und geprägt?« kann diese Suchbewegungen zwar anleiten, aber nicht steuern oder gar entsprechende Selbstreflexivitäten garantieren. Es geht dabei nämlich um zweierlei: zum einen um das allmähliche Zulassen der Einsicht, dass die eigenen Stellungnahmen das ausdrücken, was sie ausdrücken, bzw. das, was ich auszudrücken vermag, aber nicht das, was so und nicht anders »ist« (vgl. Arnold 2005b; Müller-Commichau 2005). Erst auf der Basis dieser – zunächst auch durchaus erschütternden – Einsicht in die innere Konstruktivität des Bildes, welches ich mir vom Anderen und seinem Verhalten zunächst mache, kann dann, zweitens, allmählich eine Haltung reifen, welche eine systemische Haltung[24] ist. Diese ist der Kern pädagogischer Professionalität. Sie basiert auf einer Entleidenschaftlichung der eigenen Stellungnahmen, an deren Stelle eine Achtsamkeit (gegenüber dem »Anspringen« eigener innerer Gefühlsprogramme) tritt, aus welcher sich die Routinen eines tastend-hermeneutischen Ausspürens der der jeweiligen Situation selbst eigenen Bedingungen, Konstellationen sowie Potenziale zu speisen vermögen.

Zur Schulentwicklungskompetenz

Schulen und Unterricht lassen sich nicht – top-down oder durch Schuladministration – entwickeln, sie können sich nur selbst entwickeln. Aus diesem Grund wird in der internationalen Schulentwicklungsdiskussion der Autonomie von Schule eine grundlegende Bedeutung zugeschrieben. Damit Schulen ihre Profile und Programme selbst bestimmen und durch projektmanagementbezogene sowie zielbezogene Kooperation der Akteure ihre Abläufe optimieren und ihre Nutzer sowie »Abnehmer« zufriedener stellen können, müssen Lehrerinnen und Lehrer, aber insbesondere auch diejenigen, die Schule leiten und gestalten, einiges von dem wissen und können, was in der derzeitigen Schulentwicklungsdebatte erarbeitet und erprobt wird.

Es geht dabei um die Ausgestaltung der Ownership-Mentalität. Lehrerinnen und Lehrer müssen sich nicht nur als die für ihre eigene kontinuierliche Kompetenzentwicklung selbst Zuständigen begreifen (lernen), sie müssen vielmehr auch über entsprechendes Handwerkzeug verfügen, um diese Zuständigkeit zielführend und nachvollziehbar ausbilden zu können. Wenn von Lehrerinnen und Lehrern der autonom sich entwickelnden Schule erwartet wird, dass sie über Portfolios ihre eigenen Arbeitsabläufe dokumentieren und reflektieren

---

24 Durch eine solche Selbstreflexivität können Lehrerinnen und Lehrer eine »Haltung« entwickeln, »die neuen Halt ermöglicht, die den ganzen Menschen beansprucht und sich damit auch durch seinen professionellen, seinen pädagogisch-didaktischen Alltag zieht. [...] Sensibles Wahrnehmen, einfühlendes Verstehen, Zuhören, Nachfragen bestimmen neben der Begeisterung für seine Fächer und einer breiten Methodenkompetenz das grundlegende professionelle Können des Lehrers. [...] Eine entsprechende Spiegelung in der Lehrerausbildung als verpflichtender Studienanteil ›Selbstreflexion‹ und als berufsbegleitende obligatorische Supervision lässt sich in der aktuellen bildungspolitischen Diskussion nicht erkennen« (Voß 2005b, S. 14 f.).

lernen, dann müssen entsprechend reflexive sowie fehlertolerante und lernoffene Haltungen bereits in ihrer Erstausbildung angebahnt und geübt werden. Lehramtsstudierende müssen hierfür die Gelegenheit erhalten, sich selbst zum Projekt zu werden (Motto: »Ich gestalte meinen eigenen Professionalisierungsprozess!«).

8. Von der Autonomie zur Autopoiesis

Leben ist ein Prozess, dessen Dynamik sich aus der Wechselwirkung zwischen Fremd- und Selbststeuerung ergibt. Dabei ist es müßig, eine generalisierte Aussage darüber treffen zu wollen, welcher der beiden Pole die biografische Entwicklung entschiedener prägt: die »Entpuppung« des Eigenen (im Sinne von Selbststeuerung) oder die Prägung durch den jeweiligen Kontext (im Sinne von Fremdsteuerung). Es scheint nämlich Belege für beides zu geben: einerseits die genialische Veranlagung z. B., die sich auch in widrigsten Umständen Ausdruck verschaffen und Form gewinnen kann, andererseits die Bedeutung der Anregungen von außen, ohne die Begabungen, Potenziale oder Kräfte des Einzelnen niemals ins Schwingen und zur Entfaltung gelangten. Folgt man den erziehungswissenschaftlichen Debatten, so sieht man, dass diese die Fremd- und Selbststeuerungsfrage noch zusätzlich in der Form verorten, dass sie Erstere mit Erziehung gleichsetzen und Letztere mit Bildung:

> »Erziehung ist zuerst und wesentlich Fremderziehung. Unser Lernen wird überformt und modelliert von anderen; im Großen und Ganzen zu unserem Nutzen, gewiss, aber eben nicht in eigener Regie und aus eigener Initiative. Anders derjenige, der, wie wir treffend sagen, *sich* bildet – man kann sich nicht von anderen bilden lassen – und insofern über sein Lernen verfügt oder zu verfügen glaubt. In erstem Fall des Erzogenwerdens sind wir Adressaten von fremden Absichten, im zweiten Fall richten wir uns an die eigene Adresse« (Prange 2006, S. 5).

Dies ist eine Festlegung, die frappierend einfach erscheint, wäre da nicht die Frage, wie die Wirksamkeit von Fremdsteuerung sich in erzieherischen Kontexten wirklich nachweisen lässt. Die Belege für das Funktionieren von erzieherischen Interventionen sind genauso zahlreich wie die Belege für ihr Nichtfunktionieren. Es bedarf offensichtlich einer anderen Logik des Umgangs mit der Autopoiesis heranwachsender Menschen. Ob und inwieweit sich diese von der Autopoiesis des Bildungsgeschehens wirklich substanziell unterscheidet, ist dabei durchaus offen. Es spricht nämlich viel dafür, dass Erziehung nur Umwelten bedrängender gestalten kann, ohne damit allerdings wirklich Wirkungssicherheit verbinden zu können. Es ist die Selbststeuerung der Subjekte, die darüber entscheidet, wie und wozu sie sich in bedrängenden oder anregenden Kontexten bewegen lassen, ganz genau so, wie es sich bei der Bildung zu verhalten scheint.

Beobachtung der Beobachtungen

Das Leben des Einzelnen ist somit – in jeweils spezifischer Mischung – ein Bemühen um Selbststeuerung in Kontexten, in denen Fremdsteuerung wirkt. Erst in rückblickender Betrachtung wird uns offenbar, wie wir bei der Entfaltung unserer Biografie mit der Fremdsteuerung umgegangen sind, inwieweit wir unser Leben entfalten konnten oder ob es sich uns entfaltet (oder verschlossen) hat. Biografie ist Nutzung und Gestaltung von Optionen, und Alterung ist auch ein Prozess optionaler Verengung. Gleichwohl erfordert diese gestaltende Nutzung Kompetenzen i. S. einer biografischen Regulationsfähigkeit, worunter »[...] das Vermögen des Individuums, sein Verhalten und Verhältnis zur Umwelt, die eigene Biografie und das Leben in der Gemeinschaft selbständig zu gestalten« (Baethge et al. 2003, S. 15) verstanden werden kann. Diese Fähigkeit bestimmt unser »Schicksal«, d. h. die Frage, wie wir unser Selbst zu verwirklichen in der Lage sind, wozu auch gehört, sich mit dem Unvermeidlichen zu arrangieren. Der Mensch möchte sich als selbstwirksam erleben. Er will seine Identität als das aktive Zentrum seines Lebens und nicht als das Insgesamt seiner biografischen Zufälligkeiten sich selbst und anderen erzählen können. Denn biografische Identität ist eine Erzählung, die beständig fortgeschrieben und reinterpretiert – um nicht zu sagen: retouchiert – wird. Max Frisch (1975, S. 46) hat den dabei wirkenden Mechanismus auf den Punkt gebracht, indem er feststellte: »Jeder erfindet sich früher oder später eine Geschichte, die er für sein Leben hält.« Mit anderen Worten: Nichts ist sicher und gewiss. So wissen wir letztlich nicht, welches Selbst da in uns steuert, begreifen wir dieses doch auch und gerade als die Summe unserer erlebten Situationen und gewonnenen Erfahrungen. Wir können unser Gewordensein deshalb nicht vollständig dementieren, wollen wir nicht substanz- und ichlos werden. Das Ich benötig zumindest die Illusion seiner (Mit-)Ursächlichkeit für das, was es geworden ist, wenn uns auch in Wahrheit die äußeren und inneren Nötigungen zu Kompromissen zwingen und wir gar nicht so autonom durchs Leben zu schreiten vermögen, wie wir meinen (vgl. Arnold 2005a). Hierauf verweist auch der Erwachsenenpädagoge Forneck (2005, S. 1), der feststellt:

»Mit Autonomie ist untrennbar die Heteronomie verbunden, und dieses differenztheoretische Denken wird in pädagogischen Diskursen allzu oft eingeebnet und scheint doch immer wieder in ihr auf.«

Und das Heteronome ist nicht nur äußerlich, sondern auch innerlich. Wir erzählen unser Leben bevorzugt aus der Perspektive von Akteuren, nicht von Getriebenen. Damit verdrängen wir unsere Schattenseiten, d. h. die Wirkung von Programmen, die unser Handeln hinter unserem Rücken zu bestimmen vermögen und die Autonomie von Identität und Lebenslauf als einen Mythos entlarven könnten. Die Freiheit, die wir dabei erleben, ist allerdings eine fragile: ständig »bedroht« durch Einsichten, die sich uns von einer anderen Beobachterebene her ergeben können. Plötzlich erkennen wir die Muster der Wiederholungen, und wir beginnen zu begreifen, welche verdeckten Loyalitäten uns angetrieben und zu dem geführt haben, was wir erreicht oder verfehlt haben. Nur durch »Selbstthematisierung« (Bohn u. Hahn 1999) und biografische Reflexion können solche subtilen Heteronomien erkannt und transzendiert werden. Die Stufe der Identitätspräsentation, die dadurch erreicht werden kann, ist allerdings voller Orientierungslosigkeit und Ironie. Das Eigene kann als Eigenes nicht mehr vertreten werden, es ist vielmehr in der ganzen Banalität seiner Funktionsmechanismen entlarvt. Die große Erzählung der Einzigartigkeit verdampft an der zunehmenden Durchschaubarkeit der Biochemie unserer bewussten und unbewussten Machart. Diese wurde bereits von Freud in den Blick gerückt, welcher davon sprach, dass dieser Verlust der Einzigartigkeits- und Steuerungsillusion unserer Identitätsdarstellung eine der weiteren »großen Kränkungen der Menschheit« konstituiere, doch erst die neuere Hirnforschung zeigt uns, dass das Bewusstsein – zumindest hirnphysiologisch – nicht mehr das Rätsel ist, welches es einmal war. Wir konstruieren unser Gewissheitserleben demnach vor dem Hintergrund von und im Einklang mit unserer vertrauten inneren Systemik. Diese umfasst sowohl früh eingespurte Programme als auch Deutungs- und Erfahrungsmuster, die uns die Welt so aufzuordnen helfen, wie wir sie gelernt haben aufzuordnen.

Gleichzeitig stehen wir aber auch im Kontext äußerer Systemiken, welche uns heteronom einschließen und bestimmen. Dabei lassen sich diachrone sowie synchrone Systemiken unterscheiden. Die diachronen Systemiken sind die Summe der intergenerational weitergegebenen Erfahrungen, Gefühle sowie Leitmaximen, die als »Gebote« dank subtiler Kommunikationsmechanismen vermittelt wurden; wir folgen diesen – bis zu einem gewissen Grade –, wie insbesondere die neuere systemische Familientherapie immer wieder eindrucksvoll bestätigt hat. In diesem Sinne greift z. B. Stierlin (2001) den Begriff der Familienmythen auf, um deutlich zu machen, dass sich überlieferte und von den Systemmitgliedern geteilte Mythen nachweisen lassen, die bei den Beteiligten »in ähnlicher Weise der Abwehr von Ängsten und dem Schutz vor Familienkonflikten dienen« (S. 169). Und auch in Organisationen lassen sich solche historisch vermittelten Mythen identifizieren, die einen spezifischen Neurotizismus markieren (vgl. Kets de Vries a. Miller 1985) und die Kultur von Kooperation und Führung substanziell bisweilen stärker prägen, als dies die Professionalität und Offenheit der Beteiligten könnte.

Die synchrone Systemik konstituiert sich durch das Wirkungsgeflecht, in welchem wir stehen, wenn wir versuchen, zu intervenieren oder intentional Einfluss zu nehmen. Bereitwillig unterwerfen wir uns dann dem inneren Impuls der Entschiedenheit (Motto: »Man müsste nur ...! Wenn man doch bloß ...!«). Wir reden über Führung, Politik, Lehren usw. so, als sei das, was in diesen Bereichen geschieht, in erster Linie abhängig von dem, was die Verantwortlichen tun bzw. unterlassen. Das zugrunde liegende Bild ist ein mechanistisches, und wir erkennen dies zumeist auch. Doch handeln wir, da wir nicht wissen, mit welchen Kräften und Wirkungsverhältnissen wir es zu tun haben werden, und vielleicht auch, weil der innere und äußere Druck uns drängt, interventionistisch statt im Einklang mit den Kräften. Scheitern ist dabei zwar zumeist vorprogrammiert, doch verursachermäßig auch rasch zuzuordnen. Die wechselseitige Hilflosigkeit der Beteiligten verdeutlicht der bekannte Witz, in welchem der Lehrer an den Vater eines Schülers, der beständig den Unterricht stört, schreibt: »Bitte sorgen Sie dafür, dass Ihr Sohn das problematische Verhalten, welches er in der Schule zeigt, in Zukunft einstellt!« Darauf antwortet der Vater: »Bitte sorgen Sie dafür, dass Ihr Schüler das problematische Verhalten, welches er zu Hause zeigt, in Zukunft einstellt!«

Wer mechanistisch denkt, kann alle Unbilden der Welt den Politikern, alle Probleme der wirtschaftlichen Entwicklung den Wirtschaftsführern und alle Probleme der »heutigen Jugend« den Lehrern zuschreiben. Dies gilt auch in Beziehungen: Auch dort gehen die mechanistischen Konzepte Hand in Hand mit einer selbst ausschließen-

den Beobachtung. Man identifiziert die Problemverursachung im Außen, ohne – gewissermaßen schubumkehrend – nach den bevorzugten eigenen Mustern der Beobachtung zu fragen, die einem die
Verhaltensweisen des Gegenübers so und nicht anders als problematisch erscheinen lassen. Solche Zuschreibungen sind unterkomplex
und unsystemisch, womit jedoch gleichwohl nicht gesagt werden soll,
dass jedes Agieren der oben beispielhaft genannten Gruppen im konkreten Fall vertretbar sei. So weiß die Pädagogik schon seit langem
von den »ungewollten Nebenwirkungen« und dem »fruchtbaren Augenblick« (Copei 1966) zu berichten, womit Wirkungsdimensionen
in den Blick gerückt wurden, die der intentionalen Gestaltung nicht
zugänglich sind. Dennoch wandelt sich die Intention, wenn man diese im Wissen verfolgt, dass intentionales Handeln nicht möglich ist.
Es steigert sich die Sensibilität für das Situative, Unsichere und Über-
raschende, und die Professionalität löst sich mehr und mehr von einem Blaupausendenken (Motto: »Die gute Vorbereitung ist alles!«)
und geht zu einem Prozessdenken über (Motto: »Sammeln, Sichten,
Strukturieren!«). In diesem Sinne ist es in der Vergangenheit vor allem Ulf Mühlhausen (1994) gewesen, der Zweifel an der »Steuerbarkeit von Unterricht« artikulierte und feststellte (S. 26):

> »Es ist Zweifel angebracht an der Steuerbarkeit des Unterrichtsverlaufs
> ebenso wie an der Festlegbarkeit des Ertrags für Schüler allein durch
> vorausgehende Planungsbemühungen. Ich halte es für eine Illusion,
> dass Unterricht durch Vorabplanung und Vorbereitung des Lehrers
> weitgehend steuerbar sei, wenn denn sie nur gründlich genug erfolge.
> Dieser sorgfältig gepflegte schulpädagogische Mythos hat die problema-
> tische Konsequenz, dass sich die Lehrerausbildung vorrangig damit be-
> schäftigt, nur die Unterrichtsvorbereitung, speziell die Ausarbeitung
> von Entwürfen, voranzutreiben und immer mehr zu perfektionieren.
> Die in der Regel davon abweichende Unterrichtswirklichkeit bleibt weit-
> gehend ausgeblendet; sie wird bestenfalls als Betriebsunfall aufgrund
> einer noch nicht optimalen Vorbereitung betrachtet.«

Damit man sich von dieser mechanistischen Illusion lösen kann, sind
der Blick auf das Geschehen zu schulen und die systemische Ange-
schlossenheit zu üben. Darüber hinaus gilt es, eine pädagogische Haltung zu entwickeln, die sich der relativen Offenheit von Interventionen
bewusst ist. In einem neueren Buch spricht Mühlhausen (2005) von
einem »Unterrichten mit Gespür« – eine Metapher, die sehr gut zeigt,
worum es geht. Man verfolgt seine pädagogischen Intentionen anders

oder verfolgt andere Intentionen, wenn man weiß, dass Intervenieren nicht möglich ist. Wer in der Annahme interveniert, er könne komplex-systemische Wechselwirkungskontexte wunschgemäß beeinflussen (und sei es auf der Basis einer noch so detaillierten Planung oder Feasibility-Study), denkt im Modus der Fremdsteuerung, und dieser Irrtum entspringt zudem einer Angstabwehr: Das komplexe Leben ist leichter ertragbar, wenn man zumindest glauben kann, man könne es kontrollieren und steuern. Es ist demnach Hilflosigkeit, die uns zu mechanistischen Erklärungen greifen lässt. Doch diese Hilflosigkeit ist zugleich narzisstisch, anmaßend und völlig unrealistisch, wie u. a. der Blick auf die Wirkungsgeschichte der Reform- oder Entwicklungspolitik zeigt: Interventionen wirken, sie wirken aber stets anders als geplant, und es sind Nachsteuerungen nötig sowie Nebenwirkungen zu handhaben, und bisweilen bewirkt man in bester Absicht mittel- oder langfristig eine Verschlimmerung der Lage (vgl. Dörner 1989). Hieraus ergibt sich eine gewisse Ernüchterung bezüglich unserer alltäglichen Denk- und Beurteilungsweisen. Diese scheinen für rasches und schnelles Reagieren ausgelegt zu sein. Wer sich einer Gefahr gegenübersieht, muss unmittelbar handeln, um zu überleben. Und zumeist ist der Angreifer eindeutig identifizierbar, und seine Motive sind klar erkennbar. Anders ist dies in komplexen Gesellschaften, in denen Handeln über Sinnzuschreibungen begründet und in vielfältigen Wechselbeziehungen vernetzt ist. Hier reagieren Menschen in unsicheren und unübersichtlichen Situationen bevorzugt nach ihren bewährten Sichtweisen sowie Denk- und Fühlmustern. Sie bleiben sich dadurch »treu« und wählen eine Abkürzungsstrategie, indem sie das Neue zunächst einmal als eine veränderte Ausgabe von etwas Bekanntem bzw. Strukturähnlichem ansehen.

Auf diese Unvermeidbarkeit »eigensinniger« Wirkungsketten hat insbesondere der St. Gallener Ansatz der systemischen Managementlehre wiederholt hingewiesen. Unsere häufige Unfähigkeit, mit systemischer Komplexität zielführend umzugehen, wird in diesem Ansatz u. a. darauf zurückgeführt, dass ...

> »[...] es vor allem die Unzulänglichkeit der uns zur Verfügung stehenden Sprache (ist), die das größte Hindernis darstellt. Wir haben schlichtweg keine brauchbaren Begriffe, um diese Aspekte der Realität in den Griff zu bekommen.
>
> Dennoch wirken sie sich auf die Möglichkeiten sowie die Resultate unseres Handelns aus, und zwar in dem Sinne, dass wir oft

- Dinge zu erreichen versuchen, die unter Berücksichtigung des wahren Systemcharakters sehr schnell als nicht erreichbar erkannt werden,
- Dinge als nicht erreichbar ansehen, die in Wahrheit sehr wohl erreicht werden könnten, und
- komplexe Systeme auf eine Weise unter Kontrolle zu bringen versuchen, die neue Probleme wuchern lässt wie Pilze nach einem Regen. Es ist wohl kaum übertrieben, wenn man sagt, dass die meisten der uns heute global beschäftigenden Probleme – vom Energieproblem über die Rauschgiftsucht bis zur Unlenkbarkeit unserer Wirtschaftssysteme – im Grunde auf die völlig falsche Art zurückzuführen sind, in der wir versuchen, komplexe Systeme unter Kontrolle zu bringen« (Malik 1993, S. 197).

Eine der zentralen Fragen, die sich aus dieser »völlig falschen Art« ergeben, ist die, wie – und ob überhaupt! – wir die Selbststeuerung anderer Systeme beobachten und gestalten können. Die Problematik, mit der wir es dabei zu tun haben, ist die, dass wir uns natürlich Bilder vom Gegenüber machen können, seien dies Mitarbeiter, Schülerinnen oder Partner; wir können allerdings nur schwer gewährleisten, dass wir dabei deren eigene Selbststeuerung wirklich erkennen können. Vielmehr ist unsere Wahrnehmungsmöglichkeit strukturell eingeschränkt, da wir nur mithilfe derjenigen Erfahrungen sowie Denk- und Fühlmuster auf etwas reagieren können, über die wir verfügen. Und diese eigenen Muster prägen unsere eigene Selbststeuerung, da wir nicht anders können, als durch diese zu beobachten und zu handeln. Unsere Beobachtungsmuster stehen gewissermaßen nicht zur Disposition. Das Einzige, was wir tun können, ist zu wissen, dass das, was wir sehen, das ist, was uns so und nicht anders plausibel erscheint, und dass genau dieselbe Situation sich durch die Muster anderer anders als plausibel herstellt. Indem wir so zu einer achtsamen und selbst einschließenden Beobachtung gelangen, können wir die naive Ich-Empfindung hinter uns lassen und in einem neuen Verständnis frei werden. Denn:

»Aus dem Ich-Gefühl heraus zu tun, was man möchte (absichtsvolles Tun), gilt in diesem System als das unfreie Handeln; es ist durch Zyklen der Konditionierung an die Vergangenheit gekettet und führt zu weiterer Versklavung in der Zukunft durch Gewohnheitsmuster. Zunehmend freier zu werden bedeutet, der Bedingungen und besonderen Möglichkeiten einer aktuellen Situation gewahr zu sein und zu uneingeschränktem Handeln fähig zu sein – also nicht durch Anhaften [s. zu diesem Begriff den nächsten Absatz; R. A.] und egoistische Willensakte bedingt zu sein. Diese Offenheit und Sensibilität umfasst nicht nur die unmittelbare Sphäre der eigenen Wahrnehmung; sie befähigt einen auch, andere zu respektieren und mitfühlende Einsicht in ihre Konflikte zu entwickeln« (Varela et al. 1992, S. 174 f.).

Diese kognitionstheoretisch motivierten Einsichten der Gruppe um Francisco Varela implizieren ein ehrgeiziges Programm, welches in der systemischen Theorie und Praxis bislang noch keinen großen Widerhall gefunden hat: Die systemisch angemessene Reaktion auf die Selbststeuerung von Gegenübersystemiken erfordert zunächst eine neue Form der Beobachtung, welche gewissermaßen durch die Einsicht gespeist wird, dass man nicht *nicht* durch die eigenen Muster wahrnehmen und beurteilen kann. Aus diesem Grund impliziert systemische Professionalität stets eine Beobachtung des zweiten oder gar dritten Blicks auf das Geschehen. Dass durch eine solche Beobachterhaltung auch das Identitätsgefühl des Einzelnen berührt wird, ist ein neuer Gedanke, welchen Varela aus den buddhistischen Achtsamkeitslehren, mit welchen er sich kognitionstheoretisch auseinandergesetzt hat, gewinnt. Die wirkliche Achtsamkeit korrespondiert mit dem Nichtanhaften an überlieferten und bewährten Ich-Zuständen – so eine der wesentlichen Thesen in diesem Zusammenhang. Hieraus ergibt sich eine Konzeption, welche uns dafür sensibilisiert, dass systemisches Beobachten nur dann mehr und mehr gelingt, wenn man die bevorzugten Verzerrer in der eigenen Wahrnehmung kennt, d. h. die Deutungs- und Emotionsmuster, die die eigene Identität konstituieren, und gelernt hat, sich von diesen mehr und mehr zu lösen, wobei das Ich zu der Beobachtungsinstanz wird, die sich auch beobachtet, wie sie beobachtet.

Dies alles zu bedenken, zu lernen und dennoch unmittelbar strategisch zu handeln ist die Kunst einer evolutionären Planung und Gestaltung, welche gelernt und geübt werden will. Fritz B. Simon schreibt in seinem Buch *Radikale Marktwirtschaft* (1998, S. 109):

»Lebende Systeme und ihre Umwelten lassen sich nicht zentral steuern. Doch die Schwierigkeiten und Grenzen des Planens, auf die man im Bereich der Wirtschaft immer wieder stößt, sollten nicht zu der trügerischen Auffassung verführen, auf Planung könne verzichtet werden. Ganz im Gegenteil. Wenn Beobachtung in der Lage ist, die Realität zu verändern, so sollte sie geplant werden. Nur ist das Ganze eben nicht so simpel wie das Planen des Ingenieurs, der ein Haus zu bauen hat und sich darauf verlassen kann, dass die Mauersteine nicht plötzlich ängstlich reagieren und keinen Mörtel mehr konsumieren, um in schlechten Zeiten mobil zu bleiben und sich nicht auf unnötige Bindungen einzulassen. Die Planung muss die grundlegende Logik von Beobachtungsprozessen berücksichtigen und reflektieren, welche Unterscheidungen, Bezeichnungen und Bewertungen vorgenommen werden.«

Diese reflexive Haltung ist jedoch nicht nur im Hinblick auf Gegenübersysteme einzunehmen, sie ist auch für die biografische Konstruktion des Selbst von grundlegender Bedeutung. Dies bedeutet, dass auch die Identitätsbalance, die jeder Einzelne zu leisten hat, eine andere Substanz erhält, wenn sie der »Logik von Beobachtungsprozessen« (ebd.) – und zwar der eigenen – Rechnung zu tragen vermag. Denn jeder Einzelne schreitet in seinem Leben durch komplexe und eigendynamische Systemkontexte, wie auch seine Identitätsentwicklung als ständige biografische Bemühung angesehen werden kann, innere wie äußere Systemiken einerseits sowie vergangene, gegenwärtige und zukünftige Systemiken andererseits in seinen Identitätsdarstellungen zu balancieren. Dies gelingt dem Erwachsenen durch eine andauernde Interpretationsarbeit, indem er seine Deutungs- und Emotionsmuster nutzt, anpasst und weiterentwickelt oder auch »unpassende« Situationen verlässt oder zumindest – in einer für andere bisweilen kaum entschlüsselbaren Form – uminterpretiert bzw. neu »rahmt« (Reframing). Diese Interpretationsarbeiten sind zugleich beständige Umarbeitungen der Biografie. Mit diesen kann man aus einmal getroffenen Festlegungen (z. B. Berufs- oder Partnerwahl) zwar nicht aussteigen, man kann ihr Gelingen oder Scheitern jedoch unterschiedlich kommunizieren: als tragisches Schicksal oder auch Ausdruck selbst verantworteter Lebensführung. Welche Interpretationsrichtung bevorzugt wird, hängt auch – wie bereits erwähnt – mit dem Nötigungsdruck zusammen, der vom gesellschaftlichen Umfeld ausgeht. Ist dieser groß und von einem hohen Sanktionspotenzial begleitet, hat die Frage des Scheiterns oder Gelingens eine größere – auch individuelle – Bedeutung als in libertinäreren Kontexten, in denen jeder sein Leben nahezu ausschließlich vor sich selbst zu verantworten hat.

Auch »Erwachsensein« ist deshalb zu Unrecht ein biografisch abschließender Begriff, als solcher ragt er vielmehr aus Zeiten herüber, in denen »erwachsen« bedeutete: aus der kindlichen Abhängigkeit heraus- in die gesellschaftlichen Erwartungspositionen hineingewachsen zu sein. Wenn »Herauswachsen« aber – wie in dynamischen

Sozialkontexten – zum den Lebenslauf begleitenden Phänomen wird, dann wandelt auch dieses Moment des »Erwachsens« seine konstitutive Bedeutung in dem Sinne, dass es nicht mehr um eine einmalige Passage geht, sondern um die Kompetenzen zur kontinuierlichen Gestaltung des Herauswachsens aus Festlegungen. Nach jeder Krise, Neuorientierung und Neubindung ist der moderne Mensch aufs Neue »erwachsen«. Er wird zwar älter, doch hat dieses Älterwerden beides gleichzeitig: die Kontinuität von erfahrungsgesättigtem Wissen, Fühlen und Handeln einerseits und die stets neu aufbrechende Unsicherheit und Ungesichertheit andererseits. Diese Uneinholbarkeit des Erwachsenwerdens stellt gerade die Erwachsenenbildung vor neue Anforderungen. Sie wandelt sich zu einer lebenslaufbegleitenden Praxis, deren Ziel undeutlich wird. Und auch die Erwachsenenpädagogik ist durch die Schwierigkeiten verunsichert, den Begriff des Erwachsenen wirklich substanziell neu zu bestimmen. »Erwachsensein« kennzeichnet vielmehr einen Prozess beständiger systemischer Identitätsarbeit bzw. eines systemischen Deutungslernens (vgl. Schüßler 2000), es ist somit kein abschließender, sondern ein öffnender Begriff. In diesem Sinne schreibt Klaus Harney (2001, S. 98):

> »Die Orientierung an der Person wurde dabei zugunsten der Orientierung an Strukturen, Relationen, Biografien und Lerngelegenheiten abgelöst. [...] Die Norm des lebenslangen Lernens verlangt, dass die den Erwachsenen zugerechnete Finalität ihres Entwicklungsprozesses nur auf Zeit zugestanden wird bzw. ständig rückgängig gemacht werden kann.«

Wenn Erwachsensein sich in dieser Form wandelt, keinen einmal erreichten Zustand oder eine irreversibel erlangte Kompetenz mehr kennzeichnet, dann muss nach neuen Definitionselementen Ausschau gehalten werden. Von jüngeren oder älteren Menschen unterscheidet sich der Erwachsene nicht mehr in erster Linie durch das biologische Alter sowie durch Erfahrungs- oder Reifungsunterschiede, sondern durch die spezifischen systemischen Kontexte, in denen er typischerweise steht, sowie den Grad, zu welchem ihm diese reflexiv verfügbar sind. Diese müssen nämlich nicht allein durchlaufen, sondern durch neue Kompetenzen gestaltet werden. Erwachsenwerden ist Kompetenzentwicklung. Es ist, wie wir bereits im Zusammenhang mit dem Konzept der selbst einschließenden Reflexion von Varela festgestellt haben (Varela et al. 1992), ein Unterschied, ob ich in meinem Leben beständig Situationen auf der Basis eingespurter

Deutungs- und Emotionsmuster rekonstelliere oder ob ich weiß, dass ich dieses so mache und mich sogar – leidenschaftslos – dabei beobachten kann. Dieses Beobachten befreit zwar nicht unmittelbar aus den »bewährten« Logiken der eigenen Lebensführung, es nimmt diesen jedoch einiges von ihrer So-und-nicht-anders-Gewissheit. Auf diese Weise erwirkt der Einzelne Fähigkeiten und Kompetenzen zum Leben im Modus der Konstruktivität, welche ihn auch in die Lage versetzen, mit Wandel, Veränderung und Krisen in einer anderen Weise, nämlich der eines erneuten »Erwachsens«, umzugehen. »Festhalten« und »Loslassen« stellen sich dabei als die Pole dar, zwischen denen dieser Prozess des immer wieder erneuten Erwachsens zu realisieren und Identität als ein vorübergehendes Muster der Selbstbeschreibung ständig weitergeschrieben, neu gedacht oder gar neu erfunden werden muss:

> »Es gibt Lebensbereiche und Einstellungen, an denen wir zu sehr festhalten, andere, die wir zu leicht loslassen. Dieses Festhalten und Loslassen in einen guten Rhythmus zu bringen ist Lebenskunst und auch eine Frage des rechten Maßes. Dieses rechte Maß ist uns aber nicht ein für alle Mal gegeben: Wir müssen immer wieder einmal auch vermessen sein und dann – auf das menschliche Maß zurückgewiesen – dies akzeptieren. Das Maß ist ja auch nie ein für alle Mal gegeben, sondern muss im Leben immer wieder neu austariert werden. Dies gilt natürlich nicht für den Menschen als Einzelnen, das gilt auch für die Menschheit als ganze. Ohne Vermessenheit gibt es keinen Fortschritt und ohne Bescheidung keine Verantwortung, die diesen Fortschritt auch für die Menschen sinnvoll und lebensfördernd sein lässt« (Kast 2004, S. 129).

Diese Beschreibung rückt die gewandelten Anforderungen an die Biografie- und Identitätsarbeit in das Licht einer Grundproblematik der Conditio humana. »Loslassen« war schon stets eine Notwendigkeit für den Menschen – schließlich müssen wir alle auch das Leben selbst loslassen –, nur als eine auch das eigene Selbst sowie die erarbeiteten Selbstbeschreibungen betreffende Anforderung ist sie eine Zuspitzung in den postmodernen Gesellschaften. Von dieser Zuspitzung sind auch das Erwachsenwerden sowie die Erwachsenenbildung grundlegend betroffen. Und es gibt noch keine wirkliche konzeptionelle Auflösung des Widerspruches zwischen dem »Erwachsen« als einer Fortschritts-, wenn nicht gar Besitzmetapher, und dem »Loslassen« als einer Verlustmetapher. Wie kann man konzeptionell erfassen, dass als »erwachsen« in den modernen Gesellschaften derjenige einzuschätzen ist, der gelernt hat, immer und immer wieder »loszulassen«? Und wie kann Bildung dieses »Erwachsen« unterstützen und begleiten?

Eingebundensein in Systemiken

Menschliches Leben realisiert sich stets in Gegebenheiten – kollektiver oder individueller Natur –, so wurde gesagt. Diese »Gegebenheiten« können sowohl durch gesamtgesellschaftlich überwölbende Ereignisse, wie z. B. die deutsche Einigung, welche für viele Menschen einem biografischen Supergau gleichkam, charakterisiert als auch von individuellen Glücks- oder Unglücksfällen gekennzeichnet sein. Da eröffnen sich einem Hochschulabsolventen berufliche Möglichkeiten, weil er in seiner Firma auf ein unterstützendes Umfeld und einen fördernden Vorgesetzten trifft, einem anderen verschließt sich alles, da er sich in der Erstarrung eines psychodynamisch verkrusteten Kontextes wiederfindet, dem er sich schutzlos ausgeliefert sieht; zudem wird sein eigenes Verhalten zunehmend von Mustern bestimmt, mit denen er einst – in längst überwunden geglaubten Lebensphasen – eigenes Ausgeliefertsein gedeutet, gefühlt und verarbeitet hat.

Die Eingebundenheit in Systemiken markiert die Grenzen unserer Freiheit. Wir sind nur begrenzt in der Lage zu tun, was wir wollen. Systeme sind zwar nicht intervenierbar, sie sind, wie Helmut Willke (2004, S. 25) sagt, jedoch durch eine »auf Systemziele orientierte Steuerung von Ressourcen« zu beeinflussen. Was bedeutet dies? Nur einer trivialisierenden Betrachtung kann entgehen, dass Systeme zu Konservatismus tendieren und zudem über »Myriaden von Möglichkeiten« verfügen, gezielte Interventionen ...

> »[...] abzubiegen, umzuleiten, zu ignorieren, umzudeuten, zu verzögern etc., sodass es höchst erstaunlich ist, dass überhaupt noch Interventionen so ankommen, wie sie intendiert waren. Management ist also in systemischer Sicht ein ewiges Katz-und-Maus-Spiel oder Hase-und-Igel-Rennen, in dem Manager Interventionen mit Steuerungsabsichten setzen und dabei auf einen Kontext stoßen, der Steuerung nur in ganz besonderer, reduzierter Form überhaupt zulässt und der Interventionen nahezu beliebig abblocken kann« (ebd.).

Es ist diese »ganz besondere, reduzierte Form«, welche interessiert, da uns diese Hinweise für die Steuerung komplexer Gegenübersysteme sowohl individueller wie auch kollektiver Art zu geben vermag. Die Steuerung von Individuen verweist uns dabei nicht nur, aber doch in besonderem Maße auf das Gebiet von Lehren und Lernen. Auch die Frage der Führung durch Anweisung und Kontrolle sowie das gesamte Gebiet der Teamentwicklung gerät hierbei in den Blick. Kann ein Lehrer oder eine Führungskraft Ziele durchsetzen oder intentionale Entwicklungen initiieren, begleiten und koordinieren? Willke verweist uns auf die »Steuerung von Ressourcen«, womit er die Voraussetzungen für ein »höherstufiges Lernen« (ebd., S. 48 ff.) meint. Es geht, so kann man seine Argumentationen verstehen, in der Wissensgesellschaft nicht mehr in erster Linie darum, eine Anpassung der Systemmitglieder an die Umwelt zu erreichen, vielmehr müsse es das Ziel eines Wissensmanagements sein, ihre Lern- und Innovationsfähigkeit selbst zu erhöhen. Dabei wird für alle Beteiligten das Paradigma des Loslassens wesentlich. Dies erfordert, wie Willke sagt, »eine kognitive Wende im strategischen Denken« (ebd., S. 62),

> »das sich von einer primären Orientierung an einem präskriptiven, normativen, lernunwilligen Erwartungsstil verabschiedet, um sich den nötigen Freiraum für Wissensbasierung, Lernfähigkeit und Kontextsteuerung zu schaffen. Das Problem ist, dass all dies auch mehr Unordnung und Ungewissheiten erzeugt« (S. 62).

Steuerung ist demnach weder möglich noch sinnvoll, vielmehr ist ein strategischer Umgang mit der kreativen Unordnung sowie dem Chaos zu lernen, weshalb Willke auch »strategische Planung« für ein »eher irreführendes Konzept« hält und für eine Neukonzipierung des Verhältnisses von Strategie, Budgetierung und Controlling plädiert.

»Selbststeuerung« ist somit biografisch ganz offensichtlich nicht in Reinform, sondern nur als Annäherung zu haben, wobei auch dieses Sich-arrangieren-Können einen wesentlichen Teil der Selbststeuerung darstellt – ein Gedanke, der uns durch die erwachsenenpädagogisch geweiteten Sozialisationstheorien sowie die in diesem Bereich ebenfalls populären Identitätstheorien bestens vertraut ist. So wusste schon Habermas, dass Identität immer durch die Balance zwischen biografischer Einzigartigkeit und Kontinuität einerseits sowie andererseits dem Nötigungsdruck der jeweiligen Rollenkontexte, in denen uns Fremdsteuerung als Rollenerwartung begegnet, geprägt ist. Der Erwachsene ist somit Ausdruck und »Ergebnis« zweier widerstreitender Systemiken: derjenigen der biografischen Kontinuität

(»So sein wie kein anderer«) und derjenigen der Hier-und-Jetzt-Kontexte (»So sein wie alle anderen«). Weitet man den Blick systemisch und fokussiert man nicht allein das Individuum, so kann man hinzufügen: Der Erwachsene ist auch Ausdruck und »Ergebnis« der systemischen Dynamiken und Einspurungen vergangener Gemeinschafts- und Familienstrukturen sowie generationaler Muster, deren Erfahrungen und Prägungen ihm durch die Interaktionsspezifik früher Bindungskontexte sozusagen mit der Muttermilch weitergegeben wurden; er hält seine Identität nicht allein in einer sozial-individuellen Balance, sondern auch – und hierfür spricht vieles – in der Balance mit generationalen Vorläufersystemen und ihren spezifischen Vorfällen (z. B. »Familiengeheimnissen«), Familienmustern, Interaktionsstilen und sippentypischen Milieuerfahrungen, wie u. a. das Fortwirken des Holocaust in den Identitätsbemühungen nachwachsender jüdischer Generationen zeigt.

Die pädagogischen und insbesondere die erwachsenenpädagogischen Debatten haben sich bislang weitgehend auf die ersten der beiden Systemiken konzentriert. Dadurch stärkte sich die Vorstellung von dem Erwachsenen als dem autonomen Gestalter seines Lebens. Erwachsenenbildung verstand sich geradezu als eine Instanz zur Stärkung der dafür notwendigen Ich-Kräfte, und die Vorstellung, dass der Einzelne als Teil übergeordneter Gesamtsysteme nur eingeschränkt frei sei oder frei werden könne, hat sich nicht wirklich durchsetzen können. Vielmehr transportierte die Erwachsenenbildung lange Zeit Befreiungsversprechen, die sich auch auf die Absicht bezogen, den Menschen aus Klassen- und Bildungsschranken zu befreien und ihm Wege zu einer selbstbestimmten Lebensführung zu eröffnen. Dieses Motiv erfährt in der Risikogesellschaft (Beck 1986) eine zusätzliche Dynamik, da die Heteronomie als Nötigung zur Autonomie Gestalt gewinnt. Diese Nötigung treibt seltsame Blüten (Castells 2003) und stellt auch die unterstützenden Einrichtungen, zu denen neben der Therapie auch die Erwachsenenbildung gehört, vor neue Herausforderungen. Diese müssen gewissermaßen zur Freiwilligkeit zwingen, was nicht geht, aber immerhin zeigt, worum es geht. Die neue Heteronomie ist auf die Autonomie angewiesen: Nur indem die Einzelnen lernen, ihrer eigenen Logik zu folgen, entsprechen sie auch mehr und mehr den Erwartungen der postmodernen Gesellschaften. Richard Sennet spricht in diesem Zusammenhang von »the flexible man« und schreibt (1998, S. 79 f.):

»Vielleicht ist es nicht mehr als eine wirtschaftliche Notwendigkeit, was die Kapitalisten heute zur gleichzeitigen Verfolgung vieler Möglichkeiten treibt. Solche praktischen Realitäten erfordern jedoch eine besondere Charakterstärke – das Selbstbewusstsein eines Menschen, der ohne feste Ordnung auskommt, jemand, der inmitten des Chaos aufblüht. [...] Die Fähigkeit, sich von der eigenen Vergangenheit zu lösen und Fragmentierung zu akzeptieren, ist der herausragende Charakterzug der flexiblen Persönlichkeit [...].«

Der Einzelne *kann* nicht nur frei sein, er *muss* es auch. Was früher Chance zur Selbstbestimmung beinhaltete, ist heute ein Zwang zu ihr, während gleichzeitig nicht nur die vormundschaftlichen Einbindungen in Staat und Gemeinschaft verdampfen, sondern auch die fürsorglichen, welche Schutz gewähren und Stabilitäten sichern. Wenn Menschen sich über ständig längere Phasen mit einer multioptionalen biografischen Entscheidungsdichte konfrontiert sehen (selbst dann, wenn es nur noch wenig zu entscheiden gibt oder sie bevorzugt nach eingespurten Mustern entscheiden), wenn sie sich immer wieder vor Möglichkeiten gestellt sehen, Lebensziele neu zu bestimmen und sich neu zu vergewissern und zu arrangieren, ob, wie, in welchem Kontext und mit wem sie den eingeschlagenen Lebensweg fortsetzen wollen, kurz: Wenn es schwieriger wird, mit sich selbst identisch zu bleiben, erhält die Vorstellung von selbstbestimmter Lebensführung eine neue und veränderte Relevanz. Und auch die Vorstellung von »Freiheit« bzw. »Autonomie« erhält eine andere substanzielle Tiefe. Sie verweist uns auf die Frage, durch welche Lerngelegenheiten Erwachsene sich über die Referenzpunkte ihrer Lebensführung Gewissheit verschaffen können, um sich nicht in der Optionsvielfalt zu verlieren und die ständige Veränderung mit Selbstverwirklichung zu verwechseln. »Autonomie« stellt sich für den Einzelnen dann auch als die Fähigkeit dar, auf Optionen innerlich begründet verzichten zu können.[25]

---

25 Wenn ich mich recht erinnere, hat Wilhelm Mader, dem ich viele Anregungen verdanke, diesen Gedanken im Rahmen seiner Abschiedsvorlesung an der Universität Bremen so artikuliert.

Die Selbststeuerung der Fremdsteuerung

Wenn ich es recht beurteile, liefern uns die systemischen Konzepte, welche auch von der rekonstellierenden Kraft des Emotionalen (vgl. Arnold 2005b) sowie vergangener Systemzustände »wissen«, wichtige Anknüpfungspunkte für die Konzipierung selbstreflexiver Lernprozesse Erwachsener. Sie rücken die unhintergehbare Heteronomie der selbstbestimmten Entscheidungen in den individualisierten Lebenslagen (Beck 1986) in den Blick und tragen damit den durch neuere Studien der Hirnforschung ausgelösten Debatten um die Möglichkeit eines freien Willens und die neurobiologisch prägende Nachhaltigkeit frühester Erfahrungen Rechnung (vgl. Solms u. Turnbull 2004; Kaplan-Solms u. Solms 2003). Menschen konstruieren ihre Wirklichkeiten aus den Sichtweisen, Deutungs- und Emotionsmustern sowie Erfahrungen, aus denen sie bestehen. Und sie vermögen auf Fremdsteuerung nur zu ihren eigenen Bedingungen zu reagieren. Diese Konstruktivität der individuellen Wirklichkeiten kann als *die* zentrale Bedingung des Erwachsenenlernens angesehen werden. Erwachsenenlernen ist als ein Lernen erster Ordnung stets Anschlusslernen; dort, wo es auch die individuellen Konstruktionsweisen selbstreflexiv in den Blick nimmt, wird es zu einem Lernen zweiter Ordnung, d. h. zu einem transformativen Erwachsenenlernen (vgl. Arnold 2005b, S. 236 ff.). Bei diesem handelt es sich um ein Lernen, welches nicht allein neues Wissen sowie neue Fähigkeiten und Kompetenzen aneignet, sondern gewissermaßen gleichzeitig und vielfach in erster Linie auch die Formen des Lernens und Aneignens selbst weiterentwickelt. Behaltenslernen wird dadurch mehr und mehr durch ein signifikantes sowie explizites und selbst gesteuertes Lernen abgelöst und erweitert, für welches ich den Begriff des *Transformationslernens* verwende.

Wenn die konstruktivistische Erwachsenenbildung davon spricht, Erwachsene seien »lernfähig, aber unbelehrbar« (vgl. Arnold u. Siebert 2003), dann bezieht sie sich auf die didaktische Ausprägung dieser unvermeidbaren Rahmung, innerhalb der nur das als Selbstbewegung möglich ist, was möglich ist. Erwachsene lernen zwar in Lehr-Lern-Veranstaltungen, doch folgt dieses Lernen einer eigenen biografisch-systemischen Logik. Man kann sie zwar »belehren«, doch folgt ihre Aneignungsbewegung ihren eigenen bzw. »eigensinnigen« Mustern in Kognition und Emotion. Lernen ist deshalb stets ein durch Dif-

Lernformen / Lernbereiche	Behaltenslernen	Transformationslernen
Qualifikationslernen	Anpassung durch Aneignung des Geforderten bzw. Lohnenden	Entwicklung von übergreifenden und schlüsselqualifizierenden Kompetenzen zur Bewältigung komplexer Gestaltungs- und Kooperationsprobleme
Identitätslernen	Aneignung »zweckfreier« Inhalte zur persönlichen Weiterentwicklung bzw. Horizonterweiterung	Entwicklung selbst verändernder Fähigkeiten bzw. gestaltungsorientierter Fähigkeiten

Tab. 13: Charakteristika des Erwachsenenlernens

ferenz und Vielfalt gekennzeichneter Weg, der sich nicht in erster Linie an externen Standards orientiert (oder gar zu orientieren vermag), sondern immer schon bloß dann stattfindet, wenn Individuen das aufgreifen und sich aneignen, was ihnen für ihre Lebenspraxis bedeutsam erscheint, oder eben (mit zumeist guten eigenen Gründen) nicht aufgreifen und nicht sich aneignen.

Der Shift vom Behaltens- zum Transformationslernen ist nun ebenso ein Shift zum reflexiven Lernen wie der vom Qualifikations- zum Identitätslernen. »Reflexiv« sind Identitäts- und Transformationslernen insofern, als sich die Subjekte in entsprechenden Lernprozessen nicht »etwas« aneignen, sondern auch die Modi ihrer Aneignung bzw. ihrer (berufs)biografischen Praxis selbst transformieren. Wer transformativ zu lernen vermag, der – so könnte man sagen – behält auch anders bzw. anderes. Ähnliches gilt im Fall des Identitätslernens: Wer gelernt hat, seine eigene Identitätsentwicklung beständig zu reflektieren, um das Fremde im Eigenen zu ertasten und die individuelle biografische Logik zu erspüren, der »qualifiziert« sich auch anders bzw. mit einer anderen Motivation und Bereitschaft. In beiden Fällen profitiert das Subjekt unübersehbar selbst von dieser Stärkung der Selbststeuerungs- und Selbstreflexionspotenziale. Es bewegt sich zwar weiterhin durch Anforderungskontexte sowie Beziehungen, in denen man sich projektiven Zuschreibungen, aber auch der Aktivierung eigener Programmierungen ausgesetzt sieht, doch vermag es sich von alledem inhaltlich zu distanzieren, um auf diese Prozesse und ihre zugrunde liegenden Muster zu achten. Dadurch werden Ich-Kräfte entwickelt und gestärkt, die das Subjekt mehr und mehr auch in die Lage versetzen, Kommunikation und Beziehung von eigenen Programmierungen frei zu halten und sich dort inhaltlich nicht einzubringen, wo unübersehbar die anderen Ebenen der Kommunikation die Interaktion bestimmen.

Ein systemischer Blick auf das Geschehen

Ein solcher »Blick auf das Geschehen« der Erwachsenenbildung – das äußere wie das innere – fokussiert den Prozess, in welchem Erwachsene ihre Kompetenzen entwickeln und ihre Selbstreflexivität stärken. Indem wir das Geschehen in dieser Weise beobachten, konstruieren wir die Erwachsenenbildung als ein systemisches Geschehen, welches seiner eigenen Logik folgt, und lösen uns mehr und mehr von Vermittlungsillusionen sowie Lehr-Lern-Kurzschlüssen und Bildungsvorstellungen – Annahmen, die nur das in den Blick treten ließen, was solche erwachsenenpädagogischen Leitkonzepte vorsahen. Die Entschiedenheit, aber Unmöglichkeit linear-mechanistischer Fremdsteuerung (Motto: »Gelernt wird, was gelehrt wird!«) wird dabei zunehmend abgelöst durch systemisch-ganzheitliche Konzepte einer biografiebasierten und lebensweltintegrierten Selbststeuerung (Motto: »Kompetenzen entwickeln sich durch subjektive Aneignung in Erfahrungskontexten!«), in denen die Logik gesehen und aufgewertet wird, welche ohnehin »am Wirken« ist, obgleich diese von den vorherrschenden erwachsenendidaktischen Konzepten übersehen oder zu überwinden versucht wird: *Dies ist die Logik der selbst gesteuerten Aneignung durch selbstreferentiell operierende, autopoietisch geschlossene kognitiv-emotionale Systemiken, deren Erfolge nicht »erzeugt«, sondern lediglich »ermöglicht« werden können* (vgl. Arnold 2001; Arnold u. Schüßler 2003).

Diese Überlegungen verdeutlichen, dass die Systemik des Erwachsenenlernens uns zunächst auf die Begriffsebene und damit auf die Frage nach der Rolle des erwachsenenpädagogischen Beobachters und seiner – somit unserer – Begriffe zurückführt. Denn es sind diese Begriffe und die in ihnen angebahnten Leitdifferenzen, die uns das zeigen, was sich unseren Blicken offenbart. Und es sind *erwachsene* Forscherinnen und Forscher, die bislang solche Blicke »riskierten«, das anwendend, fortschreibend und modifizierend, was sie zu sehen gelernt haben, aber auch ihren eigenen impliziten Konstrukten des Erwachsenen verpflichtet bleibend. Sicherlich kann man nicht aus solchen Kontinuitäten aussteigen und die erwachsenenpädagogische Welt gar einteilen in solche Theorien, deren Vertreter konzeptionell »blind«, und solche, deren Vertreter »reflexiv« zu konzeptualisieren in der Lage sind. Das Einzige, was eine Theorie des Erwachsenen(seins) weiterzuführen vermag, ist eine schlichte Anerkennung der Tatsache der selbstreflexiven Struktur unseres Denkens – auch des wissenschaftlichen Denkens! –, dessen Ergebnis ein Staunen über die Begriffskonstituiertheit unserer Gegenstände des Denkens sowie ein Bemühen um eine beständige Neuerfindung des Erwachsenen und seiner Bildung sein kann. Dabei gilt, was Werner Heisenberg (zit. nach von Mutius 2004, S. 77) sagte:

> »Wir müssen uns daran erinnern, dass das, was wir beobachten, nicht die Natur selbst ist, sondern Natur, die unserer Art der Fragestellung ausgesetzt ist.«

Diese Neuerfindung der Erwachsenenbildung ist nun keineswegs eine beliebige Denkbewegung. Sie folgt vielmehr systemisch-konstruktivistischen Grundeinsichten und ist ein mutiger Schritt in die paradoxalen Strukturen unseres Denkens, Fühlens und Handelns, wodurch wir unsere Vorstellungen von Erwachsensein, Erwachsenenlernen, Erwachsenenidentität mit Plausibilität und Gewissheit auszustatten vermögen. Es sind diese Plausibilität und Gewissheit, die uns das erkennen lassen, was wir sehen bzw. was wir »unserer Art der Fragestellung« (ebd.) aussetzen, die aber auch das verstellen, was wir nicht zu sehen vermögen. Ebenso führt uns diese ganzheitliche Logik der Konstruktion unserer Wirklichkeit auch auf neue und vielversprechende oder auch nahe liegende, aber abwegige Pfade des Konzeptualisierens, Wahrnehmens, selektiven Wahrnehmens, Übersehens usw. So gibt es z. B. die »Universalisierung der Erwachsenenbildung« deshalb, weil Jochen Kade sie als solche fokussiert hat (Kade 1989), ebenso wie es die tietgenssche »Suchbewegung« (vgl. Tietgens 1986) wohl deshalb gibt, weil Tietgens sich von Alexander von Mitscherlich entsprechend anregen ließ und dessen Begriff in die Erwachsenenbildung transferierte. Ähnlich akzentuieren die Foucault-Rezeptionen in der Pädagogik (vgl. Witte 2005) und der Erwachsenenpädagogik (vgl. Forneck u. Wrana 2005, S. 96 ff.) bestimmte Aspekte zulasten anderer. Und es wäre – gerade im Hinblick auf von Mitscherlichs »Suchbewegung« – notwendig, die vielfach ins Gespräch gebrachte Innenaußen-Differenz anders zu akzentuieren, um so zu einem Begriff des

inneren und äußeren Erwachsenseins zu gelangen, der auch der Tatsache Rechnung trägt, dass ...

> »[...] die Bildung der Affektäußerungen im Sinne einer Selbstformung
> des Verhaltens – zuerst in Identifikation und schließlich in einer unge-
> hinderten Selbsterfahrung – ein zweiter unerlässlicher Bildungsweg
> (ist), den wir zurücklegen müssen« (von Mitscherlich 1996, S. 27).

Nun kann man sicherlich nicht alle denkbaren Fokussierungen in einem alles berücksichtigenden Fokus zusammenführen, und sicherlich
gilt auch der Grundsatz »Man kann nicht *nicht* fokussieren«, doch gilt
es zu beobachten, wie die unterschiedlichen Fokussierungen die Erwachsenenpädagogik in Auseinandersetzungen verwickelt, so als
wüsste der eine mehr als der andere. Die Erwachsenenpädagogik ist
erst noch auf dem Weg, sich auch zu einer Beobachtertheorie ihrer
selbst zu entwickeln, mit deren Hilfe wir dann nicht zu einer »endgül-
tigen« Fokussierung (die alle anderen »überzeugt«), wohl aber zu einer
reflexiven Deutung der Bedeutsamkeitskriterien unterschiedlicher
Entwürfe und Perspektiven sowie der durch diese ausgelösten Debatten gelangen könnten. Ein solches Denken ist systemisch. Es ist ein
Denken, welches nicht auf Einheit, sondern auf Vielheit hin ausgerich-
tet ist und um die eigene Rückgebundenheit an – auch – kontingente
Entwürfe weiß. Es wird nicht mehr Universalität »hergestellt« (z. B.
durch die implizite Selektivität der Erhebungsinstrumente), sondern
die jeweilige Vielfalt zum Sprechen gebracht. Einem solchen Denken
liegt auch ein verändertes Verständnis von Wissenschaft und Wissenschaftlichkeit zugrunde. Dabei handelt es sich – systemisch gesehen –
um eine Beobachtungsform, welche die Konstruktivität, Eigendynamik und Unterschiedlichkeit von Wirklichkeiten erkennt und in der
zurückhaltenden und epistemologisch bescheidenen Art des eigenen
Tastens berücksichtigt. Systemisch-konstruktivistisches Forschen ist
deshalb auch nicht durch entschiedene Ergebnisberechnungen sowie
Versuche, das bisherige Wissen abzulösen oder zu erweitern, gekennzeichnet. Vielmehr erscheinen ihm viele der vorliegenden Detaillie-
rungen auch unwichtig und unergiebig.

Die systemische Angeschlossenheit

Systemisches Handeln ist ein Handeln aus zwei Wurzeln heraus:
Zum einen ist es die bereits angedeutete epistemologische Beschei-

denheit bzw. das Wissen von der unspektakulären Konstruktivität der eigenen Gewissheit – gemäß dem Motto: »Wir wissen nicht, was wir erkennen, aber wir können wissen, wie wir erkennen« (Arnold u. Siebert 2003, S. 129); zum anderen ist es die Fähigkeit, die funktionale Bedeutung gewachsener Weltsichten zu erkennen und zu würdigen. Wandel und Veränderungen können – und dies ist eine ursystemische Grundmaxime – allein in einem Prozess entstehen, der Notwendiges belässt, aber Mögliches stört, um Angebote eines neuen Denkens und Handelns in den Erfahrungsraum des Subjektes zu rücken. Der Systemiker Fritz B. Simon (2002, S. 80) schreibt dazu:

> »Da es zwischen der Umwelt und einem selbstbezüglichen System keine instruktive Interaktion geben kann, liefern Maturana und Varela ein anderes Erklärungsmodell für die Prozesse der Erkenntnis. Die Veränderungen in der Umwelt des lebenden Systems wirken als ›Perturbation‹ für das System. Am besten lässt sich dieser Begriff wahrscheinlich durch ›Beunruhigung‹ oder auch durch ›Störung‹ übersetzen, weil damit am ehesten der zwiespältige Charakter solch einer Anpassungsforderung an das System erfasst wird. Es gerät in eine Krise und verlässt den Ruhezustand. Jede derartige Krise ist ambivalent, sie kann negativ wie auch positiv bewertet werden. Alte Strukturen, Verhaltensmuster und Problemlösungsstrategien verlieren ihre Nützlichkeit, was zunächst nur negativ erscheint. Es sind Störungen von Ruhe und Ordnung. Doch ergibt sich aus solchen Störungen auch die Notwendigkeit zur Weiterentwicklung, neue Strukturen und Verhaltensmuster werden nötig und möglich. Ein System, das in eine Krise gerät, muss sich verändern, wenn es überleben will. Ohne Krisen und Perturbationen, ohne Störungen von Ruhe und Ordnung gibt es keine Entwicklung. Sie sind aber stets Störung und Anregung, Chance und Gefahr, da das Ergebnis solch einer Entwicklung positiv wie negativ sein kann.«

Solche Überlegungen sind in der Erwachsenenpädagogik vereinzelt aufgegriffen (vgl. Arnold u. Siebert 2005, 2006), in ihrer Radikalität bezüglich der Unmöglichkeit von Intervention(en) noch nicht wirklich durchdekliniert worden. Fragt man nach den Konsequenzen, welche sich in einem thematischen, nicht therapeutischen Kontext aus dem systemischen Blick auf das Erwachsenenlernen ziehen lassen, so lassen sich – mehr hypothetisch als bereits empiriebasiert – abschließend folgende Perspektiven nennen:

- Erwachsenenlernen ist zumeist ein Lernen in thematischen Kontexten. Die Systemik des Erwachsenenlernens tritt deshalb an den Rändern der Thematiken, d. h. in ihrer Einwurzelung in Sichtweisen, ihrer Infragestellungs-Dynamik bezüglich des Erarbeiteten sowie in der – bevorzugten – Art der Wissenskonstruktion sowie der Visualisierung von Zusammenhängen, zutage. »Widerstand« ist zumeist überhaupt nicht auf inhaltliche Ablehnung, sondern auf Zurückweisung der biografischen Zumutung an Neuorientierung und Kompetenzdementierung zurückzuführen.

- Erwachsenenlernen ist auch Identitäts- und Transformationslernen. Ein solches Lernen nutzt die Erfahrungsschiene, da Kompetenzen und Identitäten, die über Erfahrung gewachsen sind, auch lediglich über Erfahrung erweitert, transformiert oder neu entwickelt werden können. Aus diesem Grund gewinnt in der neueren Erwachsenendidaktik die Methode des Erwachsenenlernens eine grundlegende Bedeutung, was bereits nahelegen könnte, von einer Methodenorientierung der Erwachsenenbildung zu sprechen. Methoden sind nämlich nicht ausschließlich »Wege zum Ziel«, sie sind vielmehr auch Erfahrungsräume, d. h., durch die Wahl einer Methode legt der Erwachsenenpädagoge bzw. die Erwachsenenpädagogin zugleich fest, welcher Selbsterschließungs- und Aktivitätsanteil den Lernenden zugetraut, aber auch zugemutet wird. Indem sich die Inhalts-Vermittlungsaktivitäten (die zumeist lediglich einer didaktisch leicht gelifteten Distribuierung dienen) mehr und mehr auch durch E-Learning und andere das Selbstlernen prinzipiell ermöglichenden Maßnahmen »regeln« lassen, erweitern sich die Spielräume für eine methodische Inszenierung der Erwachsenenbildung im Sinne eines Erfahrungs- und Selbststeuerungserlebens.
- Schließlich verdeutlicht der Blick auf die Systemik des Erwachsenenlernens auch, dass Dozentinnen und Dozenten ihre Rolle sowie die inneren Anteile, die in dieser zum Ausdruck kommen, sehen und didaktisch reflektieren lernen müssen. Wer sich bevorzugt auf inhaltliche Expertise zurückzieht (völlig unberührt von der lernpsychologischen Einsicht, dass Inhalte sich nicht »vermitteln« lassen), der wird in seinem didaktischen Handeln vorrangig durch andere als professionelle Maßstäbe bestimmt. Man muss seinen pädagogischen Narzissmus (»Ich gebrauche Kurse auch als Bühne für meine Identitätsinszenierung!«) zähmen lernen,

um den Systemiken des Erwachsenenlernens methodisch wirklich den Raum gewähren zu können, den Erwachsene – nach allem, was wir wissen – für eine nachhaltige Kompetenzentwicklung, welche immer auch Identitäts- und Transformationslernen beinhaltet, wirksam nutzen zu können.

9. Leben in Containern – Anregungen eines emotionalen Konstruktivismus

Vertraut, aber unbequem und eng – so kann man das Leben in Containern[26] beschreiben. Niemand würde freiwillig eine solche Lebensform wählen, und doch machen wir dies alle: Wir leben in den vertrauten Beengungen unserer Erfahrungen. Wer früh gelernt hat, die Panik der Ungesichertheit als »tragendes« Grundgefühl zu spüren, dem wird es schwer fallen, Geborgenheit zu finden. Immer und immer wieder entdeckt er in seinen Beziehungen Hinweise und wohlfeile Gründe, die seine stets schon gekannte Befürchtung bestätigen. »Der Wunsch ist der Vater des Gedankens!« –, sagt der Volksmund und beschreibt damit den Mechanismus, der am Wirken ist, wenn wir zum wiederholten Mal in die vertraute Enttäuschung kippen.

Dieses »Kippen« ist selten ein plötzlicher Vorgang, bei dem man erschrocken feststellt, dass das eintritt, was man zu vermeiden gehofft hat. Vielmehr ist es das Ergebnis eines allmählichen Sichzurechtlegens der Wirklichkeit. Da »hört« man selektiv, vernimmt in den Anregungen und Erwartungen, die der Vorgesetzte artikuliert, lediglich die Infragestellung der eigenen Person. Und gleichzeitig werden alle Gefühle des Nicht-gesehen-Werdens, die in einem lauern, aktiviert. Wir nutzen in solchen Momenten das, was uns begegnet, quasi als Füllmaterial für unsere Container, und unsere Reaktionen sind entsprechend eigentümlich und nicht selten grundsätzlich und überwertig: Wir schlagen unsere Containertür zu, stellen uns stur, attackieren und verdächtigen, und in uns toben schlechte, ziehende Gefühle. Das System unserer Emotionen übernimmt in solchen Augenblicken die Regie, und wir »verlieren den Kopf«, wie man sagt. Unentwirrbar wird die Situation, wenn daraufhin auch der Vorgesetzte in seinen Container flüchtet. Er spürt, dass wir das, was er sagt, »persönlich nehmen«, fühlt sich missverstanden und nicht ernst genommen und flüchtet angesichts dieser Infragestellung oder Widerständigkeit ebenfalls in seinen Container und knallt die Tür zu. So versuchen beide, sich aus ihren Containern heraus zu verständigen – ein Vorhaben, welches, wie wir uns leicht vorstellen können, nicht nur aus akustischen Gründen kaum gelingen kann.

---

26 Das Containerbild verdanke ich Wilfred R. Bion (1990).

Was uns in diesem Beispiel absurd erscheint, ist allerdings die Regel: Wir kommunizieren stets aus unseren Containern heraus – mit offenen oder (zumeist) geschlossenen Türen. Bei dieser *containenden Kommunikation* versuchen wir, das Gegenüber gewissermaßen in unseren Container zu ziehen, was nicht nur deshalb scheitert, weil dieser ja seinerseits mit uns containend kommuniziert. Es ist quasi an seinen eigenen Container gekettet und kann deshalb nur tun, was er tut: »passende« Situationen einfangen, um seinen Container zu füllen. So sind unsere Container mit Erinnerungen gefüllt – Erinnerungen, die eine seltsame Eigenschaft besitzen; sie sind der »Stoff«, aus dem wir die Grundmuster unsere Kommunikation und unserer Grundgefühle konstruieren. Diese Erinnerungen sind somit keine alten Fotografien, sondern eher alte Fotoapparate, mit denen wir wechselnde Motive in stets ähnlicher Beleuchtung abbilden und archivieren. So entsteht die biografische Konstruktion unserer Wirklichkeit als eine Abfolge von Beleuchtungen, nicht von Motiven. Im tiefsten Inneren ist unser Leben nämlich getragen von Grundstimmungen und Grundmotiven, von denen die Kraft der sich selbst erfüllenden Prophezeiung – oder, besser gesagt eines »selffulfilling feeling« (Arnold 2005b) – ausgeht.

Wir sitzen in unseren Containern, und die Welt ist uns vertraut. Wir nehmen diese Welt sozusagen in unserem Lebenslauf mit, indem wir unseren Container überall dort wieder aufstellen, wo uns das Leben hinführt. So verändert sich das Leben um uns herum nur äußerlich, innerlich ist es immer wieder dasselbe. Das eigene Leben als Wiederholung – nur wenigen Menschen fällt dies auf, und noch wenigere vermögen daraus Konsequenzen für ihre eigene Lebensführung zu ziehen und aus sich selbst erfüllenden Prophezeiungen, welche oft vorgegebene Befürchtungen sind, wirklich auszusteigen. Denn die bei einem solchen Ausstieg zu ziehenden Konsequenzen sind unbequem. Sie setzen einen *Abschied vom Vertrauten* voraus. Wie soll ich mich verhalten, wenn ich begonnen habe zu begreifen, dass meine spontanen Gedanken und Gefühle, die sich bei einem Ereignis einstellen, schon immer in mir waren? Wer bin ich, wenn ich erkenne, dass mir die Ereignisse meines Lebens nicht nur widerfahren, sondern dass sie von mir miterschaffen werden, indem ich sie so und nicht anders interpretiere und in ihnen so und nicht anders reagiere? Zwar entstehen diese Situationen auch durch die Aktionen und Reaktionen des Gegenübers, doch mit meinem Tun habe ich dieses Gegenüber in seinen Möglichkeiten eingeschränkt und ihm keine Wahl gelassen, als seinerseits in den vertrauten Mustern zu agieren und zu reagieren, welche mein Handeln auslösten – ohne dass ich diese Muster kannte oder gar voraussehen konnte.

»Wie kann dies sein?« –, mag so mancher, der verbittert auf die krisenhaften Situationen seines entglittenen Lebens blickt, fragen. »Mir ist doch tatsächlich diese Enttäuschung zugefügt worden!« –, meldet sich das »Ja-aber-Denken« in uns zu Wort. »Schließlich hat sie mich betrogen!« oder: »Er war einfach zu schwierig, andere konnten auch nicht mit ihm!« – so oder anders gehen die inneren Dialoge weiter, mit denen wir unsere vertrauten Sichtweisen einmauern, und es ist kaum möglich, im Rahmen dieser Dialoge zu einer anderen Sicht der Dinge zu gelangen, welche uns auch neue Handlungsperspektiven eröffnen könnte. Zu gefährlich ist der Aufenthalt außerhalb unseres Containers! Und es kommt noch etwas anderes hinzu: Bevorzugt sammeln wir solche »Belege« für das Einmauern unserer Wirklichkeitssicht, in denen uns »tatsächlich« Unrecht geschehen ist. Mit diesen Belegen ist uns Zustimmung sicher. Wie kann man jemandem, der seinen Arbeitsplatz verloren hat und mit 55 Jahren vor der beruflichen Perspektivlosigkeit steht, nahebringen, nach den eigenen inneren Mustern zu suchen, mit denen er sich seine emotionale Lage (mit)erschaffen hat? Ein solches Ansinnen muss zynisch wirken und wütende Proteste auslösen. Und man übersieht, dass es zwar oft äußere Vorfälle sind, die einen in Krisen führen, aber innere Bedingungen, die einen in diesen halten – ein unvertrauter und fern liegender Gedanke.

Und doch geht es auch bei einem solchen »Schicksal« immer zugleich um die Frage, ob man sich selbst lediglich als Opfer der Bedingungen zu fühlen gelernt hat oder auch als ein Mensch, der selbstwirksam ist und auch unter schwierigen Bedingungen aktiv zu handeln vermag. Und wir kennen aus der Arbeitslosenforschung die Abwärtsspiralen, in welche man aus zwei Gründen gerät: nämlich erstens, weil man seinen Arbeitsplatz verloren hat, aber zweitens, weil man diese Situation mit dem »vertrauten« Muster des Ausgeliefertseins und einer Passivität, die einem selbst alle Kraft und Zuversicht raubt, zu verarbeiten gelernt hat. Natürlich vermag eine andere emotionale Disposition einen nicht vor beruflichen Rückschlägen zu schützen, doch vermag sie einen mit der inneren Kraft und Zuversicht auszustatten, auf die es auch und gerade in solchen Situationen ankommt. Eine solche Sicht auf das Problem zeigt uns auch, dass Phasen der beruflichen Neuorientierung auch Phasen sind, in denen – wenn auch unter erschwerten Bedingungen – emotionale Gewandtheit gelernt und geübt werden kann. Und eine solche emotionale Gewandtheit kann uns helfen, im Bewusstsein der Selbstwirksamkeit neue Perspektiven zu erschließen – und neue Perspektiven sind auch solche, mit denen wir in einer neuen Art und Weise mit dem Unabänderlichen umzugehen vermögen: nicht als Opfer, sondern als selbstverantwortliche Menschen.

In seiner Erzählung *Montauk* zeichnet Max Frisch (1975) in vielen Facetten das Lebensgefühl eines allmählich alternden Menschen nach, der im Alltag plötzlich immer wieder Vertrautes entdeckt. Dies löst in ihm ein Gefühl des Getäuschtseins bzw. Sichtäuschens aus, was in der immer wiederkehrenden Formel »My greatest fear: repetition« (S. 18) seinen Ausdruck findet. Doch kennt Max Frisch auch den in uns wirkenden Mechanismus, der uns immer wieder in Situationen führt, die uns – auch und gerade in ihren bedrängenden Dimensionen – vertraut sind. Das Kapitel *Trattoria da Alfredo* beginnt er mit den Worten (S. 23):

> »Ich gestehe, dass ich diese Trattoria nicht zufällig entdeckt habe; ich habe sie gesucht, als gäbe es hier ein Gefühl abzuholen.«

Und entsprechend bekannt kommt ihm all das vor, was ihm doch zugleich unverständlich ist, es ist wie ein Anfall, den Max Frisch da beschreibt (ebd., S. 27):

> »Wie ich's in diesem Augenblick sehe, so ist es eben, wirklich und so und nicht anders, und ich fühle mich bereit. Wozu? Dann wiederhole ich mich, ich weiß. Kein Zurück in die Vernunft; die Vernünftigkeit verletzt mich, sie erniedrigt mich, sie entfesselt auch noch den Zorn. Dabei habe ich so gelassen begonnen; was ich gemeint habe, ist kein Vorwurf, es ist wichtiger: WAHRHEIT, meine.«

Hier wird deutlich: Genau dann, wenn wir uns ganz authentisch fühlen und verhalten, uns wahr und wahrhaftig fühlen, schließen wir uns zu. Besonders ausgeprägt ist dies in Erregungssituationen, in denen wir uns »im Recht« glauben oder »ungerecht behandelt« fühlen. Wir sitzen dann – für uns selbst kaum erkennbar – in unserem Container und können uns kaum verständlich machen. Je emotional aufgeladener wir regieren – und wir können niemals wirklich emotionslos denken und handeln –, desto tiefer sitzen wir in unserem Container.

»Was soll der Partner?« –, fragt Frisch, und er gibt sich selbst die Antwort (ebd.):

> »Er soll verstehen, was ich nicht auszudrücken vermag; er soll einverstanden sein. Ich ertrage mich nicht. Ich kann dann nicht aufwachen, wie man aus Träumen, wenn sie unerträglich sind, aufwachen kann.«

Damit hat Frisch einen Eindruck beschrieben, der sich uns in solchen Situationen zumeist nicht erschließt. Er beobachtet sich, und er kann über seinen Zustand reflektieren. Dabei erkennt er auch, welche Zumutung ein solcher »Anfall« für das Gegenüber bzw. den Partner darstellt. Dieser »soll verstehen«, wobei er selbst doch nicht zu sagen weiß, was ihn immer wieder in solche Situationen hineinführt. Gleichwohl zeigt uns Frisch die *erste Stufe*, die uns aus der containenden Selbstgefangenheit hinausführt: Es ist die Stufe der Selbstverwunderung, die bei Frisch auch etwas Selbstironisches hat. Man ist über sich selbst verwundert und steht mit dieser Haltung gewissermaßen außerhalb des Containers – zumindest vor der Tür desselben. Man könnte sich zwar umdrehen und nüchtern betrachten, was sich denn hinter dieser Tür so alles verbirgt, doch wäre dies ein zu großer weiterer oder gar übernächster Schritt.

Wodurch ist Frisch in seiner Erzählung zu dieser selbstironischen Haltung gelangt? Es ist die Schalheit des Identitätsgefühles und die Unvermeidbarkeit der Wiederholung, welche uns aus vielen seiner Werke heraus anspricht. Wenn sich alles irgendwie wiederholt, dann wird Leben zu etwas Bekanntem. Wir wissen dann schon, was »die anderen« uns anzutun vermögen, denn dieses ist als eigene emotionale Möglichkeit bereits in uns, und sie lösen es aus. Frisch nennt dies »ein Gefühl abholen«. Diese Formulierung ist äußerst treffend, zeigt sie doch, dass uns das andere nicht »begegnet«, sondern wir es vielmehr mit subtilsten Mechanismen – in der Form, in der es auf uns wirkt – »abholen«. Dieser Gedanke scheint für einige vielleicht provozierend hergeholt, da ihnen ihr Leben keineswegs als ein Prozess erscheint, der einer eigenen inneren Gefühlslogik folgt. Sie blicken auf ihr Leben als eine Abfolge von Nötigungen und Heldentaten, nicht als eine Sequenz von Wiederholungen.

Der Philosoph Richard Rorty beschreibt in seinen Werken die ironische Haltung als eine nichtmetaphysische Einstellung. Menschen, die ironisch eingestellt sind, sind ...

»[...] nie ganz in der Lage, sich selbst ernst zu nehmen, weil immer dessen gewahr, dass die Begriffe, in denen sie sich selbst beschreiben, Veränderungen unterliegen; immer im Bewusstsein der Kontingenz und Hinfälligkeit ihrer abschließenden Vokabulare, also auch ihres eigenen Selbst« (Rorty 1992, S. 128).

Damit wird ein Gedanke angebahnt, der uns zeigt, aus welchem Baumaterial unsere Container gefertigt sind. Es sind nicht nur die vertrauten emotionalen Konstellationen, in denen wir »Gefühle abholen« können, sondern darüber hinaus auch Zufälligkeiten, die aus dem Eigenleben der Begriffe der – wie Rorty sagt – »abschließenden Vokabulare« resultieren und als Baumaterial dienen. Nur das ist wirklich existent, was wir zu erklären vermögen. Und nur das hat Gewicht, was wir herzuleiten oder gar abzuleiten vermögen, selbst wenn es eine düstere und perspektivlose Beschreibung ist, die dabei entsteht. Die Welt ist auch für uns ein Text, den wir in Selbstgesprächen erzeugen, und eine Erzählung, die wir im Austausch mit anderen fortschreiben, retouchieren und konsistent gestalten. Dabei benutzen wir zahlreiche abschließende, weniger öffnende Begriffe. Wer von seiner »Arbeitslosigkeit« spricht, markiert seinen Zustand als etwas Defizitäres, genauso wie derjenige, der von seinem »Verlassensein« oder seiner »Einsamkeit« zu sprechen gewohnt ist. Diese Begriffe eröffnen bestimmte Assoziationsfelder, andere hingegen verschließen sie und – was von noch viel grundlegenderer Bedeutung ist – binden einen an die Vergangenheit. Wer solche oder ähnliche Begriffe zu den Ausgangspunkten seiner Erzählung macht, kann sich kaum wirklich von der Vergangenheit lösen, denn es sind Begriffe, die das Erlittene stets mitbringen. Man bleibt somit innerlich stets dort, wo man begann, und die Ironie, die man vielleicht gegenüber seinen eigenen Erzählungen aufzubringen vermag, ist eine depressive, keine, die wirklich von der »Kontingenz und Hinfälligkeit« (Rorty) des verwendeten Vokabulars weiß.

Eine »echte« ironische Haltung stellt den Sachverhalt der containenden Kommunikation als unspektakuläre Gegebenheit in Rechnung. Sie liefert keinerlei Argumente, mit denen man einem bestimmten Container gegenüber anderen den Vorzug geben könnte: Es ist letztlich »egal«, in welcher Form man den formalen Gesetzmäßigkeiten menschlicher Kommunikation Ausdruck verschafft. *Man kann nicht nicht containen!* – so ließe sich frei nach Paul Watzlawick folgern. Aber man kann von dieser Gegebenheit wissen und den aktuellen Debatten dadurch vieles von ihrer Verbissenheit und Grundsätzlichkeit nehmen. Wer die Dinge ironisch sieht, beobachtet die formalen und sich in neuer Konstellation stets wiederholenden Mechanismen: »My greatest fear: repetition« – stellt Max Frisch fest. Wer die Wiederholungspotenziale seines bevorzugten Deutens und Handelns sieht, kann seinem eigenen Tun mit einem heiteren Misstrauen begegnen und seine Position gegenüber der Welt oder gegenüber anderen entleidenschaftlichen. »Es geht so, aber es geht auch anders!«, sagte Karl Valentin – eine Feststellung, die voller Herausforderung für die alltägliche Gewissheit ist. Wer in dieser Haltung zu leben vermag, ist nicht »haltlos«, sondern er hat lediglich aufgehört, »seinen Anker« in den Geröllhalden der eigenen zufälligen Eigenarten, Sichtweisen und bewährten Konzepte zu finden. Er »ankert« vielmehr in einer Substanz, aus welcher sich eine tiefe Einsicht in die bisweilen durchschaubare und häufig auch lächerliche Weise der Konstruktion der eigenen Überzeugungen und biografischen Gewissheiten zu speisen vermag. Er vermag nicht nur zu erkennen, wie die Menschen sich ihre Welt immer wieder mit den Baumaterialien ihrer Erfahrungen konstruieren, sondern er vermag auch seine eigenen Baumaterialien in ihrer Zufälligkeit zu sehen und die Haltung eines wirklich grundlegenden – wenn auch nicht bodenlosen, wie wir noch sehen werden – Relativismus einzunehmen.

Diesem grundlegenden Relativismus ist keinesfalls alles gleichgültig und somit gleichgültig. Die ihm eigene ironische Distanz vermag vielmehr überhaupt erst eine Wertebene zu eröffnen, die aus den Niederungen der alltäglichen Kämpfe um das Rechthaben herauszuführen vermag. Wer »entleidenschaftlicht« wahrzunehmen und zu handeln vermag, kennt die Beschaffenheiten seines Containers. Er weiß, wie man seine Tür öffnet und gewissermaßen »vor die Türe geht«. Manche können sogar ihr »Gefängnis« ganz oder zumindest zeitweise verlassen und andere in deren Container besuchen gehen. Dabei stellen sie dann erstaunt fest, dass deren Container vom selben Konstrukteur stammt oder zumindest nach den gleichen Prinzipien gefertigt ist: Es gibt zumeist die Fensterlosigkeit, d. h., man muss die schwere Türe schon öffnen, um Licht in das Dunkel zu bekommen. Und die allermeisten Container lassen sich dabei auch zumeist nur von außen öffnen, es braucht also eine hilfreiche Hand eines Gegenübers, die hilft, der eigenen Gefangenheit, die eine *Be*fangenheit ist, zu entrinnen. Doch hilfreiche Hände gibt es genug, da alle – wie gesagt – in ähnlichen Gehäusen wohnen und wissen, wo der Hebel zum Öffnen zu finden ist.

Doch man kann sich auch selbst aus seinem Container befreien. Dafür ist es zunächst wichtig, die durchaus nicht bequeme Einsicht zuzulassen, dass man im Container seiner Gewohnheiten gefangen ist und die Welt so sieht und fühlt, wie man sie sieht und fühlt. Die eigene Wahrnehmung als eine neben anderen möglichen Wahrnehmungen zu erkennen ist ein wesentlicher Schritt in Richtung innere Freiheit. Diese Reflexion allein öffnet bereits zahlreiche Türen, sodass wir uns mehr und mehr unseren Container so umbauen können, dass er zuletzt nur noch aus Türen besteht – zugegebenermaßen eine etwas skurrile Vorstellung. Doch bleiben wir dabei: Die Vorstellung, dass man sich gewissermaßen »selbst aus dem Sumpf« der vertrauten Sichtweisen, Gefühle und Gewohnheiten ziehen kann, ist alt und vielfach – wie bereits erwähnt – mit dem Bild des Baron Münchhausen verbunden. Dieser hat sich der Legende zufolge – genauer gesagt: seinen eigenen Erzählungen zufolge – selbst an den eigenen Haaren aus dem Sumpf gezogen, was allen physikalischen Gesetzen widerspricht. Man benötigt einen externen Fixpunkt, um eine Sache oder einen Menschen emporzuziehen; dieser Fixpunkt kann nicht in dem Akteur selbst liegen. Was in der Physik gilt, scheint aber gleichwohl nicht in der Psychologie zu gelten. Hier geht man vielmehr geradezu davon aus, dass echte Veränderungen nur durch den Akteur selbst ausgelöst und bewirkt werden können. Der Psychotherapeut Paul Watzlawick hat deshalb bereits 1988 ein Buch mit dem Titel *Münchhausens Zopf* veröffentlicht, in welchem er aus einer systemisch-konstruktivistischen Sicht mit den Möglichkeiten des Ausstieges aus dem Gefängnis bzw. dem Container des eigenen Weltbildes befasst (S. 138):

> »Die Leidenden (seien es nun Einzelmenschen, Paare, Familien oder noch größere menschliche Systeme wie z. B. Nationen) sind in ihrem eigenen Weltbild gefangen; sie spielen, was wir in der Kommunikationsforschung ein Spiel ohne Ende nennen, d. h. ein Spiel, das keine Regeln für die Änderung seiner eigenen Regeln oder für seine Beendigung hat; ein Spiel, dessen erste Regel [...] lautet: Dies ist kein Spiel, dies ist todernst. Es ist ein selbst-rückbezügliches Universum, das sich in seinem In-sich-selbst-gekehrt-Sein ununterbrochen leidvoll in der alten Weise erneuert [...].«

Je engagierter man bei einer Sache denkt und fühlt und je leiden-schaftlicher man um etwas kämpft, desto wahrscheinlicher ist es, dass dieser *überwertige Einsatz* in Wahrheit ein Verteidigungskampf ist. Verteidigt wird die eigene Gewissheit, mag diese in Wahrheit noch so unbefriedigend oder bedrängend sein. Dies führt dazu, dass Men-schen sogar subtilste Strategien benutzen, um sich das vertraute Schlechte wieder und wieder zu rekonstellieren. Da werden – aus ir-gendwelchen situativen Gegebenheiten heraus – immer wieder die-selben Bedrohungsszenarien geschaffen, obgleich es für Außenste-hende überdeutliche Anzeichen zu geben scheint, dass man die Ge-gebenheiten auch ganz anders – vielversprechender – beurteilen könnte. »Lieber bleibe ich doch in meinem kargen Container, als dass ich mich der ungewissen Vielfalt des Unvertrauten aussetze!« – so lautet die zumeist im Unbewussten wirkende Handlungsmaxime.

Tara Bennett-Goleman spricht in ihrem Buch *Emotionale Alchemie* (2004) von »absurde(n) geistige(n) Gewohnheiten« (S. 159 ff.), die uns immer wieder in die Irre führen, da sie dafür ausschlaggebend sind, wie das, was um uns herum geschieht, auf uns wirkt. »Wirklich-keit« ist demzufolge ein Begriff, der diese inneren Mechanismen be-schreibt, und kein Synonym für »Realität«. Dies mag uns im Verlauf des Lebens mehr und mehr bewusst werden, doch sind wir nur selten in der Lage, das, was uns widerfährt, auch – zumindest in der Art, wie wir es gewichten, interpretieren und in das uns Vertraute einordnen – wirklich uns selbst zuzuschreiben. Woran liegt dies? Zunächst ein-mal ermöglicht der Rückgriff auf vertraute Muster des Erklärens und Fühlens sofortige Reaktionen, was besonders in Drucksituationen, in denen man sich unmittelbar verhalten muss, Plausibilität, aber auch eine Art Abkürzung ermöglicht. Man »weiß« sofort, worum es geht, und kann unmittelbar darauf antworten. Es sind innere Programme, die dabei fast automatisch aktiviert werden und »ohne Bezug zum Ge-genüber« – autopoietisch geschlossen – ablaufen. Deshalb folgen emotional aufgeladene Diskussionen auch dem Muster völlig entkop-pelter Monologe: Man braucht dem anderen eigentlich überhaupt nicht zuzuhören, so dass man es auch nicht tut, wenn man ihn nicht sogar unterbricht und völlig »aus dem eigenen Film heraus« Stellung nimmt.

Die containende Kommunikation »tut« so, als würde sie sich auf das Hier und Jetzt der Situation beziehen, doch »nutzt« sie in Wahr-heit nur die Elemente dieser Situation, um Vertrautes neu zu inszenieren. Dabei tricksen wir uns selbst – aber auch andere – beständig aus, denn indem wir so kommunizieren, verpassen wir die eigentlichen Potenziale der täglich neu sich uns bietenden Vielfalt des Lebens. Zwar können wir so »in unserem Container« verbleiben, der uns – auch in seinen dunklen Ecken – vertraut ist, doch kommen wir in unserer eigenen Entwicklung nicht wirklich voran. Das, was Bennett-Goleman »absurde geistige Gewohnheiten« (ebd.) nennt, ist vielleicht, sachlich gesehen, absurd – nach welchem Maßstab? –, es ist jedoch ein Stabilisierungsmoment unseres Selbst bzw. unseres Identitätsgefühls und erfüllt somit Funktionen, deren Kernanliegen keineswegs als absurd bezeichnet werden kann – zumal dann nicht, wenn äußere »Sinnkorsetts« ihre Relevanz zunehmend einbüßen und vieles fragwürdig wird. Wie können wir wissen, was emotionslos »richtig« ist, wenn selbst Psychologie und Therapie uns über eine Einsicht in die formalen Funktionsmechanismen unserer Containerwelt keine substanziellen Kriterien zu stiften vermögen? Was kommt jenseits der »absurden«, aber uns vertrauten Containerwelt? Solche und ähnliche Fragen zeigen, dass wir uns durch die Entwicklung unserer emotionalen Gewandtheit zwar von den eigenen Täuschungen zu befreien vermögen, dass wir den Sinn und Zweck unseres Verhaltens gleichwohl selbst täglich neu zu entscheiden haben.

Welche »absurden geistigen Gewohnheiten« lassen sich unterscheiden? Tara Bennett-Goleman (2004) nennt fünf solcher Gewohnheiten, welche uns daran hindern, »unseren Blickwinkel zu erweitern und flexibel zu reagieren« (S. 157). Um aus den durch diese Schemata eingeengten Denk- und Fühlweisen auszusteigen, brauchen wir eine »Aufklärung über Schemata«, damit wir ihre Funktionsweise (er)kennen und sie entsprechend reflexiv bei der eigenen Person in den Blick nehmen und bearbeiten können. Ziel ist es dabei, »sich selbst zu erkennen. Schemata umfassend zu begreifen« – so Bennett-Goleman – »ist ein erster Schritt, um uns aus diesen geistigen Gefängnissen zu befreien« (ebd.).

Wie kann man aus diesem »Universum« aussteigen? Auf welchem Wege kann man das, woraus sich der Stoff des Sichfühlens zusammensetzt, hinter sich lassen? Welche Türen sind dabei zu öffnen? Und: Wie öffnet man diese Türen? In der systemischen Psychotherapie spricht man in diesem Zusammenhang von einem Reframing (vgl. Bandler u. Grinder 2000), einem Umdeuten. Zu diesem Umdeuten kann man sich selbst »zwingen«, wofür es eine gewisse emotio-

Schemata	Erläuterung
»selektive Wahrnehmung«	»Dinge nur in einer Art und Weise sehen und alle Anhaltspunkte für das Gegenteil ignorieren« *Beispiel*: Perfektionist mit guter Note grübelt über die eine kritische Bemerkung.
»Übergeneralisierung«	»... ein einzelnes Ereignis ist gleichbedeutend mit einem dauerhaften Muster.« *Beispiel*: »Mir wird nie etwas gelingen« (Äußerung eines abgelehnten Bewerbers).
»Gedankenlesen«	sich an willkürliche Erklärungen klammern, »als sei ihre Wahrheit erwiesen« *Beispiel*: Verspätung des Freundes wird als sein Wunsch, die Freundin zu verlassen, gesehen.
»vorschnelle Schlussfolgerungen ziehen«	Schlimmste Befürchtungen werden trotz fehlender Beweise als wahr angesehen. *Beispiel*: Automatisch unterstellen: »Niemand will mit mir reden!«
»Übertreibung«	Kleinigkeiten zur Katastrophe hochspielen *Beispiel*: Kratzen im Hals wird als Hinweis auf lebensbedrohliche Krankheit angesehen.

Tab. 14: Emotionale Schemata nach Bennett-Goleman (2004, S. 160 f.)

nale Disziplin zu entwickeln gilt. Von »emotionaler Disziplin« zu reden ist kein Widerspruch in sich, selbst wenn man Disziplin mit Kontrolle und Emotion mit Spontaneität gleichzusetzen gewohnt ist. Gefühle entstehen zwar spontan, sie folgen aber alten, vertrauten Mustern. Aus diesem Grunde sind Stop&Think-Schleifen ein möglicher Weg, innezuhalten und weniger auf den »Grund« der Erregung als vielmehr auf die Erregung selbst genauer zu schauen. Indem man sich eine solche *selbstreflexive Haltung* aneignet, lernt man, das bewusst zu leben, was ohnehin beständig geschieht: Äußere Ereignisse oder Erlebnisse liefern uns einen Anlass, zu fühlen, was wir zu fühlen gewohnt sind, und unsere »absurden geistigen Gewohnheiten« (Bennett-Goleman 2004) ins Spiel zu bringen. Diese sind zwar »absurd« – weil auf alte Konstellationen, nicht aber auf das konkret Gegebene bezogen –, es sind aber unsere Gewohnheiten, d. h. wir können – zunächst – nicht anders, als aus ihnen heraus zu reagieren. Gleichwohl kann man sich dieser gewohnheitsmäßigen Formen des Reagierens und Sichverhaltens bewusst werden. Man ist dann zwar stets einem Außen zugewandt, hat aber gleichzeitig den Blick nach innen, auf sich selbst gerichtet. Wie mit einem Echolot ist man stets auch bemüht, das eigene Erleben im Blick zu haben, wodurch man mehr und mehr Fähigkeiten entwickelt, nicht einfach so »drauflos«zureagieren.

Bezogen auf die »absurden geistigen Gewohnheiten« ließe sich hieraus folgern, dass das eigene Echolot jeweils auf die Klärung folgender Suchfragen eingestellt sein sollte:

- *Wege aus der »selektiven Wahrnehmung«:* Gibt es Hinweise darauf, dass ich bewusst selektiv wahrnehme? Wie kann ich meinen selektiven Eindruck widerlegen? Ist es mir nicht möglich, auch mal einen genau gegensätzlichen Eindruck zur Grundlage meines Reagierens zu machen? *(= Handeln aus dem Gegenteil heraus)*
- *Wege aus der »Übergeneralisierung«:* Würden andere, die ich kenne, dieselben Schlussfolgerungen aus der Situation ziehen? Verfüge ich nicht auch über zahlreiche Erfahrungen (mit dieser Person, in ähnlichen Situationen), welche die Generalisierung, welche ich gerade vornehme, widerlegen? *(= Handeln aus der Relativierung des Spontaneindrucks heraus)*
- *Wege aus dem »Gedankenlesen«:* Warum muss ich mir gleich meine Erklärung zurechtlegen? Ist dies wirklich auch die Absicht des Gegenübers? Habe ich gefragt? Habe ich wirklich Hinweise *(hard facts)* darauf, dass meine Erklärung stimmen könnte? Welchen Nutzen ziehe ich aus meinem Gedankenlesen? *(= Handeln auf der Basis von hard facts)*
- *Wege aus den »vorschnellen Schlussfolgerungen«:* Wann habe ich ähnliche Schlussfolgerungen gezogen? Haben sich diese stets als zutreffend herausgestellt? Wann sind meine Befürchtungen »enttäuscht« worden? *(= Handeln aus der gezielten Hinterfragung eigener Schlussfolgerungstendenzen heraus)*
- *Wege aus der »Übertreibung«:* Was könnte das Erlebte noch alles bedeuten? Was wären die harmloseren, was die harmloseste Erklärung? Welche Wahrscheinlichkeiten kann ich zuordnen (auf einer Skala: harmloseste – harmlose – übertriebene Erklärung)? *(= Handeln aus der gezielten Untertreibung heraus)*

Diese Wege aus unseren »absurden geistigen Gewohnheiten« sind zugleich Auswege aus unserer Containerwelt. Indem wir lernen, das Echolot unserer Achtsamkeit auf die beständige Beantwortung dieser Fragen auszurichten, können wir den Ausstieg aus diesen Gewohnheiten mehr und mehr realisieren. Dies setzt allerdings voraus, dass man »sich selbst«, d. h. die eigenen bevorzugten Formen des Reagierens, zu einem ganz persönlichen Forschungs- bzw. Erkundungsprojekt werden lässt – ein Schritt, der eine bewusste Entscheidung voraussetzt. Diese Entscheidung kann unterschiedlich motiviert sein:

a) Sie kann einerseits einer *innerlichen Ermüdung* des »Mehr desselben« (vgl. Watzlawick 1986) entspringen, weil man immer »schon weiß, was passiert«, vielleicht, weil man auch spürt, dass man sich letztlich ähnliche Situationen immer ähnlich zurechtlegt – mit dem dann auch ähnlichen altbekannten Ausgang. Wer so motiviert ist, möchte sein Leben wieder reicher werden lassen, indem er Situationen »anders« zu erleben »lernt« und sich dadurch auch Chancen eröffnet, Anderes zu erleben. Denn die Reichhaltigkeit des Lebens lässt sich nicht durch eine Steigerung des bisher Gewohnten erreichen: Wer zu einer solch nahe liegenden »Lösung« greift, kann sich rasch einer hekatschen Lösung gegenübersehen, wie der Mann, dem es nach einem Tag mit der vom Arzt verschriebenen Medizin schon deutlich besser ging: »Er nahm also doppelt so viel ein und musste am vergangenen Donnerstag mit Vergiftungserscheinungen ins städtische Krankenhaus eingeliefert werden« (ebd., S. 24).

b) Die Entscheidung, sich selbst auf die Spur zu kommen, kann aber auch etwas damit zu tun haben, dass man sich gezielt selbst verändern möchte – aus welchem äußeren Anlass auch immer. Einem solchen Schritt liegt die Einsicht zugrunde, dass wir nicht immer dieselben bleiben »müssen«, wir »dürfen« vielmehr auch anders werden. »Für dich möchte ich ein anderer Mensch werden!« – in diese Worte kleidet eine von Jack Nicholson gespielte Figur ihre Liebeserklärung. Kennt sie dabei die Schwierigkeiten und die Mühen der dafür notwendigen Prozesse von Selbstentdeckung und Selbsttransformation? Vermag sie die Zähigkeit der beharrenden Kräfte einzuschätzen, die einer solchen »Selbsttransformation« entgegenstehen? Deshalb sind Mut und Kontinuität nötig: »Die Befreiung von Schemata beginnt mit einem standhaften Blick auf uns selbst, so schwer das auch sein mag« (Bennett-Goleman 2004, S. 150).

c) Schließlich eröffnet uns auch allein der Weg aus der Containerwelt einen Zugang zu einer Position relativer Freiheit, welche eine Position der schweigend-meditativen Gelassenheit ist. Indem es uns gelingt, uns gewissermaßen »von außen« zu beobachten, erkennen wir unsere schablonisierten Denk-, Fühl- und Verhaltensweisen, die so funktionieren, wie sie funktionieren. Diese »beherrschen« uns, und indem wir mit ihnen täglich neu unsere Routinewelt entstehen lassen, bleiben wir beständig hinter unseren Möglichkeiten zurück. Wir sind dann so, wie wir als Containermenschen sein können: *pseudoautonom*. Für »autonom« halten wir nämlich dann die Reaktions- und Verhaltensweisen, mit denen wir uns den anderen »zumuten«, während »Freiheit« bedeutet, auch und gerade die dabei wirksamen Mechanismen zu durchschauen und hinter uns zu lassen. Diese »Freiheit« ist von einer eigenartigen Substanz. Sie ist von einer geradezu meditativen Gelassenheit, in welcher unsere Strenge – den anderen und uns selbst gegenüber – »verdampft«. Wer meditativ-gelassen ist, der vermag, offen zu sein für die Fülle der anderen Möglichkeiten, aus denen andere ihre Plausibilitätswelt täglich zimmern. Und diesen Vorgang beobachtet er voller Verstehen, welches kein zustimmendes, sondern ein wahrnehmendes Verstehen ist. Andersartigkeit ist für ihn dann nicht mehr etwas, das die eigenen Gewohnheiten bedroht, weshalb er es verfolgt und bekämpft, sondern Andersartigkeit wird ihm in ihren universalen Mustern sichtbar, und er erkennt, dass die Menschen sich ihre innere Welt nach gleichen Mustern unterschiedlich aufbauen.

Der Weg aus der Containerwelt in die Freiheit der meditativ-gelassenen Beobachterposition lässt uns auch mehr und mehr erkennen, warum wir bislang bewusst oder unbewusst selbstbestimmtes Handeln vermieden haben. Ein solches Projekt der Selbsterforschung ist eines der Persönlichkeitsarchäologie: Es geht darum, die Muster, welche einem zunächst selbst verborgen sind, als solche freizulegen. Um in einem solchen Projekt der systematischen Selbsterforschung voranzuschreiten, muss man bestimmte Schichten – Schichten, die unseren Container umgeben – hinter sich lassen. Diese Schichten sind teilweise unüberwindbar, da es Schutzschichten sind, d. h., ohne diese Schichten der vertrauten Gewohnheiten stehen wir innerlich ungeborgen vor uns selbst und den anderen dar. Indem wir erkunden, aus welchen »absurden« Gewohnheiten sich diese Schutzschichten zusammensetzen, stellen wir uns unserer verinnerlichten Heteronomie. Und wir lernen mit der auch belustigenden, aber auf jeden Fall entdramatisierenden Erkenntnis zu leben, dass wir als Erwachsene nicht »Herr (oder Frau) im eigenen Haus« sind. Insbesondere unsere entschiedenen, gewissheitsstrotzenden, selbstbewusst oder gar überwertig vorgetragenen Stellungnahmen verdanken sich oft einer im

Verborgenen wirkenden Dynamik, welche uns hindert, innerlich wirklich erwachsen zu werden und autonom statt pseudoautonom zu handeln. Diese Dimension unserer verbliebenen Heteronomie beschreibt der Lebens(kunst)philosoph W. Schmid (1998) ähnlich wie Bennett-Goleman als ein »Netz von Gewohnheiten«, von dem das Subjekt getragen wird, und er stellt fest, dass »autonome Gewohnheiten« ins Werk gesetzt werden müssen, »die der Selbstgesetzgebung unterliegen«, d. h. »bewusst angeeignet werden« (S. 35).

Die Aneignung solcher »autonomen Gewohnheiten« ist Teil eines Reifungsprogrammes, mit welchem man aus den Vergiftungen und den »So-und-nicht-anders-Gewohnheiten« der vertrauten Containerwelt, aber auch aus den vertrauten Schwierigkeiten aussteigt – bewusst, sich den eigenen Sog zur Heteronomie immer wieder in Erinnerung bringend und den eigenen Fortschritt selbstkritisch analysierend. So entsteht »reflektierte Lebenskunst« – wie Schmid sagt –, und diese steckt voller Möglichkeiten, das Bisherige neu und anders zu erleben. »Glück« wird so erreichbar, da wir aufzuhören beginnen, dieses von Veränderungen außerhalb von uns selbst abhängig zu machen, und erkennen, dass wir es zum größten Teil selbst sind, die sich die inneren und äußeren Bedrängnisse so und nicht anders herbeifühlen.

Der Abschied von den absurden Gewohnheiten, aus denen unsere Containerwelt gebaut ist, bringt uns aus dem inneren Gefängnis unserer pseudoautonomen Welt hinaus. Dabei führt uns der Weg durch mehrere Türen, die uns auch eine neue Substanz des Sich-in-der-Welt-Fühlens eröffnen.

Die Tür der Leidenschaftslosigkeit

»Leidenschaftslosigkeit« klingt zunächst nach einer Verarmung des Gemüts: Wer »leidenschaftslos« ist, ist weniger lebendig – so die nahe liegende Assoziation. Gemeint ist aber hier etwas anderes, was man als »bevorzugte Erregung« bezeichnen könnte. Indem wir in unserer Selbstarchäologie voranschreiten, erkennen wir, welches die Auslösesituationen sind, in denen wir uns bevorzugt »aufregen«. Je stärker wir darauf achten, desto deutlicher vermögen wir auch zu erkennen, dass es sich bei dieser Aufregung um eine Tendenz handelt, die wir beständig in uns tragen und völlig unabhängig von der jeweiligen situativen Konstellation immer mal wieder zu Geltung kommen lassen müssen. Nur indem wir sein »dürfen«, wie wir uns in unseren – auch überwertigen – Tendenzen fühlen, können wir ein Identitätsgefühl entwickeln. Deshalb »missbrauchen« wir andere unentwegt als Statisten für die Reinszenierung unserer Urdramen: Dies gilt für den Chef, der Konflikte richtiggehend »herbeistänkert«, weil er ja schon immer »wusste«, dass ihn in Wahrheit niemand ernst nimmt (dies ist das Gefühl, in dem er sich wiedererkennt), wie für die Frau, die immer mal wieder Vorwände sucht, um ihrem eigentlich zugewandten und bemühten Partner mit Trennung oder Scheidung drohen zu können, weil das Identitätsgefühl ihr tief eingebrannt hat, dass es für sie *hier* keinen dauerhaften Platz gibt, was immer »hier« im konkreten Falle bedeuten mag.

»Leidenschaftslosigkeit« bedeutet nun, dass man lernt, das Gegenüber nicht länger als Mitspieler im eigenen Urdrama zu missbrauchen, und Techniken entwickelt, die aufkeimende »Leidenschaft«, welche sich uns als tobendes, sich selbst entfachendes Gefühl präsentiert, nüchtern als Ausdruck eines bekannten Programms zu sehen und zu entdramatisieren. Immer wieder geraten wir in Konflikte und Streite darüber, ob die »absurde Gewohnheit« in *dieser* konkreten Situation nicht vielleicht doch eine aktuelle Rechtfertigung hat oder nicht. Indem wir uns in einer solchen – vertrauten – Auseinandersetzung wiederfinden, verleidenschaftlichen wir etwas, was nicht verleidenschaftlich gehört, weil es eine alte Substanz ist, die wir da – andere instrumentalisierend – in neue Situationen verströmen. Dies kann nur zu Beschädigung, Kränkung und beleidigten Reaktionen führen, die neue Konflikte entfachen und dauerhaft verheerende Wirkungen hinterlassen können. Man braucht viel Selbstdisziplin und auch Mut, um solche Leidenschaften für sich selbst und ohne die Reibung mit den gerade zufällig vorhandenen Kommunikationspartnern als das zu sehen, was sie sind: »absurde geistige Gewohnheiten«, die wir in uns tragen, weil sie dereinst wohl einmal funktional gewesen sind, und die wir immer und immer wieder abrufen, da wir (bislang) nur über sie und keine anderen Wege verfügen, um unser Identitätsgefühl – die Summe unserer vergangenen Erfahrungen – immer und immer wieder neu zu spüren.

Die Neugiertür

Durch die »Neugiertür« schreiten wir, weil wir uns angesichts der ermüdenden Wiederholungserlebnisse, durch welche unser Leben gekennzeichnet ist, fragen, ob dies denn wirklich alles gewesen sein kann. Die Neugiertür ist die Tür zur Lebendigkeit, d. h. zur offenen Zugewandtheit gegenüber Wandel und Einmaligkeit. Bevor wir jedoch in der Lage sind, Neugier zu erleben, müssen wir (wieder) lernen, auf uns selbst neugierig zu werden. Dies fällt erwachsenen Menschen zunehmend schwerer, da »Erwachsensein« sich ja geradezu als ein »Herausgewachsensein« aus der Ungeklärtheit, Vorläufigkeit und Offenheit des Lebensentwurfes definiert. Wer erwachsen ist, hat – so die herkömmliche Sicht – »etwas erreicht«, auf das er blicken kann. Dieses »Etwas« betrachtet er als »seines«, d. h. er ist durch das, was er im Lebenslauf entschieden, geschaffen und erduldet hat, auch festgelegt – eine biografische Substanz, die das Kinder- oder Jugendalter nicht in dieser Deutlichkeit aufweist. Sicherlich sind wir auch als Kinder durch die Erfahrungen mit unseren Eltern, die Prägungen in Schule und Freundeskreisen sowie die Schicksalshaftigkeit unseres Milieukontextes in unseren Entwicklungsmöglichkeiten bestimmt. Demgegenüber sind die Festgelegtheiten des Erwachsenenalters in deutlich stärkerem Maße selbst gewählt. Und es scheint diese Selbstgewähltheit zu sein, die ihnen auch eine Zähigkeit verleiht.

»Erwachsensein« als ein selbst gewähltes »Festgelegtsein« verengt aber auch den Fokus. Wer schon vieles erlebt und erreicht hat, hält weniger für möglich. Die eigene biografische Substanz versteift sich zu einem Gewissheitsgefühl, und es wird zunehmend schwieriger, das eigene Leben neu zu denken. An dieser biografischen Versteifung zerplatzen auch die Konzepte der »Risikogesellschaft« (Beck 1986), welche uns beständig vor Augen führen, dass alle gesellschaftlichen Sicherheiten an Kraft verlieren und es der Einzelne ist, der sein Leben immerzu neu zu entscheiden und zu gestalten hat. Für diese Individualisierung der Lebenslagen lassen sich zwar zahlreiche Belege finden, doch wird die Gegentendenz zur biografischen Versteifung dabei zu wenig in Rechnung gestellt. Wenn Menschen sich zunehmend weniger auf die Kontinuität des einmal gewählten Berufes (»Ich bin Elektroinstallateur!«), die Dauerhaftigkeit ihrer Familienbeziehungen oder ihrer regionalen Einwurzelungen sowie milieubezogenen Selbstbeschreibungen verlassen können, greifen sie zu anderen biografischen Stabilisierungsmechanismen. Die verunsicherte – um nicht zu sagen: frei schwebende – Identität sucht ihren Referenzpunkt im Inneren, das Eigene ist die persönliche Eigenart, je mehr sich alles wandelt, desto fester kann jedoch der persönliche Rigorismus werden, und die Neugiertür verrammelt sich wie von selbst.

Es gilt, diese inneren Tendenzen zur biografischen Stabilisierung des Selbst in Zeiten exaltierender Wandlungen im Äußeren deutlicher in den Blick zu nehmen. Die Risikogesellschaft ist nicht per se eine Innovationsgesellschaft. Wer vieles verliert, ist nicht ohne weiteres in der Lage, alles zu wagen, er tendiert im Gegenteil dazu, das, was er hat, umso vehementer zu verteidigen und seine Containertüren zu schließen. Identitätskrisen stellen einen zwar vor die Notwendigkeit, sich neu zu erfinden, sie sind aber in ihrem Ausgang offen: Reframing kann im Sinne einer grundlegenden Transformation bisheriger innerer Gewissheiten gelingen, ebenso wahrscheinlich ist aber auch eine Versteifung bisheriger Rigiditäten aus Gründen der Angstabwehr.

Die Behauptung, die modernen »Risikogesellschaften« (Beck 1986) seien durch riskante Biografien gekennzeichnet, ist richtig und falsch zugleich. Das menschliche Leben ist schon immer riskant gewesen, und man kann durchaus darüber streiten, welches Risiko als größer einzuschätzen ist: das, arbeitslos zu werden und niemals mehr einen Job zu finden, oder der Versuch, als Bauer im Dreißigjährigen Krieg seine eigene Haut zu retten. Indem die moderne Soziologie die »Risikogesellschaft« entdeckt, sagt sie gleichzeitig viel über die Ausgangsbasis ihres eigenen Denkens: Es ist ein Denken der impliziten Stabilität bzw. ein – unrealistischer – Entwurf der biografischen Gesichertheit, welcher noch nie realistisch gewesen ist, und sei es nur, weil auch das eigene Leben zum Tode führt. Wer sein Denken auf die neuen Risiken der Gesellschaft fokussiert, übersieht die eigentliche Substanz des »Lebens zum Tode« und versäumt es, ein Konzept zu entwickeln, in welchem sich das eine nur aus dem anderen ergibt. Nur indem wir das Risiko des Todes in unserem Denken und Handeln stets bewusst halten, können wir unserem Leben eine Substanz geben, die sich aus der Begrenztheit speist. Erst der begrenzte Zeithorizont zeigt uns, was relevant und wesentlich ist, und erst wenn sich die Neugier auch auf den eigenen Tod bezieht, können wir einen wirklichen Begriff von Lebendigkeit und menschlicher Tiefe entwickeln.

Die Tür der Menschlichkeit

Die Tür der Menschlichkeit öffnet sich durch Selbsteinsicht. Indem wir erkennen, nach welchen einfachen Mechanismen wir uns in unserer Containerwelt einrichten und so denken und handeln, wie es uns diese erlaubt, sehen wir auch, dass andere es ebenso anders machen. Auch sie sehen ihre Welt so, wie sie sie sehen, und auch sie neigen in ihren Grundstrukturen oft mehr zur inneren Versteifung als zur grundlegenden Infragestellung und Veränderung. Indem wir diese formalen Gemeinsamkeiten als das sehen, was sie sind – nämlich die Muster und Bauelemente unseres Selbst –, lernen wir auch, stärker auf diese Verwandtschaft im Formalen zu achten, und die Frage nach der Übereinstimmung im Inhaltlichen tritt zurück. Menschlichkeit basiert auf einem Verstehen, das über die eigenen Grenzen hinausgeht, dabei jedoch dem Eigentlichen, dem, was wirklich (be)wirkt, näher kommt. In der Sprache der Systemtheorie beschreibt der Soziologe Niklas Luhmann diesen Vorgang als ein Erkennen dessen, wie der andere seine Selbstreferenz (sein Sich-auf-sich-selbst-Beziehen) »handhabt« (Luhmann 2004). Und »menschlich« ist dieses Erkennen dann, wenn es nicht in eine Bewertung mit der Folge eines Streites um die Wirklichkeit abgleitet, sondern in der Lage ist, das Gemeinsame gerade in dem sich versteifenden Unterschiedlichen zu sehen. Wer »bewertet«, ist seinem Eigenen noch zu stark verhaftet, er mag zwar vorgeben, den anderen zu verstehen, aber er hält die Erschütterung des eigenen Weltbildes, die von dem Anderssein des Gegenübers ausgeht, (noch) nicht aus. Bewerter hängen deshalb noch immer in ihrem Container fest, und ihr Weg durch die Angst zur Menschlichkeit ist noch nicht abgeschlossen.

»Ist ja interessant, wie du auf gleiche Weise deinen Container mit ganz anderen Baustoffen baust als ich!« – so könnte sich die Grundhaltung, welche uns die Tür der Menschlichkeit in den Beziehungen mit anderen Menschen einen Spalt weit öffnet, beschreiben lassen. Aufstoßen können wir diese Tür, wenn es uns gelingt, mehr und mehr dem Leitsatz zu folgen: »So wie ich selbst bist auch du mir vertraut in deiner anderen Besonderheit!« Die Tür zur Menschlichkeit ist ganz aufgestoßen, wenn wir in der Lage sind, aus einer anderen Substanz heraus mit dem Gegenüber in Beziehung zu treten und es selbst dabei nicht mehr nötig haben, recht zu bekommen. Wer recht haben will, benutzt die Beziehung zum anderen gewissermaßen, um die Löchrigkeit des eigenen Containers mit zustimmenden Reaktionen notdürftig zu reparieren. Im Grunde seiner Seele sucht er Sicherheit und Selbstkontinuität und versäumt so echte Bezogenheit, welche sich aus einem nichtwertenden Verstehen der Bemühungen des anderen um seine eigene Selbstvergewisserung speist. Wer – ungewollt und implizit – Bestätigung statt Bezogenheit sucht, wird letztlich immer wieder enttäuscht werden, denn Übereinstimmung mit dem anderen gibt es nicht im Inhaltlichen, sondern nur in der formalen Gemeinsamkeit unserer hilflosen Bemühungen um Identität und Selbstgewissheit. Es ist letztlich die Fähigkeit zur tief gelebten Toleranz, die uns der Satz »So wie ich selbst bist auch du mir vertraut in deiner anderen Besonderheit!« erschließt.

Ein Paar streitet immer mal wieder darüber, ob die Beziehung, die der Mann zu seiner – mittlerweile erwachsenen – Tochter unterhält, so, wie sie ist, korrekt ist. Ihr Vorwurf lautet: »Immer wenn sie zu Besuch kommt, bemühst du dich zu deutlich um sie, und sie bewegt sich auf dem Platz, der meiner ist!« – ein Vorwurf, der von ihm zurückgewiesen und mit dem Hinweis beantwortet wird: »Ich traue mich schon gar nicht mehr, sie einmal in den Arm zu nehmen, weil du richtiggehend darauf lauerst, einen Hinweis zur Bestätigung deines Eindrucks zu bekommen!« Bisweilen eskalieren solche Debatten, und immer mal wieder kommt in ihnen auch der Vorwurf einer quasiinzestuösen Beziehung, gefolgt von der Androhung der Trennung, zur Sprache. Die Fähigkeit, den anderen in der prinzipiell ähnlichen Weise seiner Identitätsinszenierung zu »verstehen«, ohne ihn von der eigenen Sicht der Dinge »überzeugen« zu wollen, ist in solchen Auseinandersetzungen kaum zu spüren, und auch vermittelnde Gespräche mit Dritten bringen keine Entschärfung der Differenz. Überhaupt scheint die Beziehung in diesem Punkt mehr von der Differenz als von dem Bemühen um Verstehen geprägt zu sein. Diese Differenz hat etwas Verbindendes, ohne dieses Verbindende würde ihr etwas Wichtiges fehlen.

Die Tür zur Menschlichkeit öffnet uns einen Weg zu einer Bezogenheit auf den anderen, die nicht von der Differenz lebt, sondern von dem Verstehen der formalen Ähnlichkeit der Bemühungen um Identität beider Beteiligten. Sie werden sich nie eine gemeinsame Wirklichkeit erstreiten können, solange bei Streiten jeder nur um die notdürftige Instandhaltung der eigenen Containerwelt bemüht ist. Erst wenn sie dies erkennen und in der Lage sind, ihre Container als das zu sehen, was sie sind – nämlich: eine (zufällig meine) Gewissheitswelt –, können sie aus diesen Containern hinaustreten und sich aufeinander beziehen. Und bei diesem Hinaustreten sehen sie zudem, dass die Wege, die sich ihnen auftun, nicht bis zum Horizont und darüber hinausführen. Sie überschauen vielmehr die nur noch begrenzte Wegstrecke, die rechts und links von Containern gesäumt ist, an denen Menschen mit ständigen Ausbesserungsbemühungen befasst sind und darüber streiten, welches Material nun besser und welches schlechter geeignet ist, die sich auftuenden Löcher zu schließen.

Die Tür der Liebe

»Liebe« ist keine romantische Kategorie. Dieser Begriff kennzeichnet vielmehr einen Zustand des bezogenen Lebens, der frei ist von Gefühlen der Bedürftigkeit und Abhängigkeit. Wie Erich Fromm (2000) zeigt, liegt der echten Liebe eine grundsätzliche Einstellung zum Lebendigen und mithin auch zur eigenen Lebendigkeit zugrunde. Man muss sich selbst wichtig sein, damit einem auch die anderen wichtig werden können, und man muss aus seinem eigenen Selbst heraus leben, damit man andere um ihrer selbst willen sehen und wertschätzen kann – so die dialektische Grundspannung der Liebe. Die Liebe setzt somit eine Bewegung zu sich selbst voraus: Nur indem ich ganz bei mir bin und den anderen nicht »brauche«, kann ich ganz bei ihm sein und seiner Liebe begegnen. Liebe schließt Bedürftigkeit und Vorwurf aus.

Die wesentlichen Pfeiler dieser allem Lebendigen zugewandten Haltung sind *Autonomie, Achtsamkeit* sowie *biografisches Bewusstsein*:

- *Autonom* ist derjenige, der die Verantwortung für sein Denken, Fühlen und Handeln vollständig zu übernehmen vermag. Er »bedarf« nicht der anderen als »Ursache«, »Schuld« oder »Projektionsfläche« seiner inneren Systemiken. Vielleicht speist sich seine Autonomie aus einer schwer erarbeiteten Unabhängigkeit, mit der er sich von den Verstrickungen mit Früherem und anderem hat lösen können. Und indem ihm dies gelungen ist, kann er sich zu beidem überhaupt erst positionieren: Er ist autonom. Den Zufällen seiner biografischen Erfahrungen steht er ohne Groll und den Wunsch, es möge anders gewesen sein, gegenüber. Er lamentiert nicht, er setzt aber auch nicht die verlorenen Schlachten der Vergangenheit im Hier und Jetzt mit gewechselter Besetzung fort, sondern hat die ihn prägenden Situationen gesehen, verstanden und losgelassen. Wer autonom ist, hat ein ambulantes Verhältnis zu seinem eigenen Container: Er wohnt in ihm, kann ihn aber auch verlassen oder umbauen.
- *Achtsamkeit* beschreibt im Buddhismus eine konzentrierte Aufmerksamkeitshaltung, die uns hilft, uns nicht in der Fülle des äußeren Lebens zu verlieren oder gar das äußere Geschehen

mit dem Leben selbst zu verwechseln. Wer achtsam lebt, achtet auch auf sein Inneres und beobachtet die Mechanismen, mit denen sich dieses Innere das Äußere mit erschafft, spezifisch interpretiert oder gar anzieht. Die achtsame Grundeinstellung zum Leben ist durch eine Mehrkanaligkeit der Wahrnehmung gekennzeichnet: Indem ich den Alltag erlebe, in Beziehungen stehe und mich verhalte, beobachte ich, wie sich eigenes Erleben wiederholt. Allmählich erhalte ich dadurch ein Verständnis meiner bevorzugten Weisen, mich in der Welt zu fühlen und zu orientieren. Und indem ich so auch in mich selbst versunken lebe, spüre ich die »Privatheit« meines In-der-Welt-Seins: »Ich bin es, der so und nicht anders reagiert!« – »Dies ist *meine* Aufgeregtheit!« – »Ich kenne diese Gefühle bereits und kann mich erinnern, wann und in welchen Situationen ich sie bereits schon einmal gehabt habe!« Solche und ähnliche Einsichten sind kennzeichnend für die achtsame Grundeinstellung. Und wer solchermaßen achtsam lebt, verfügt mit der Zeit über eine Landkarte seiner bevorzugten inneren Zustände – ein Bild der inneren Topografie, welche ihm hilft, die Distanz zu den Bedrängnissen oder gar Turbulenzen im Äußeren zu vergrößern: »Ich habe diese Topografie, doch ich *bin* nicht diese Topografie! Ich bin vielmehr auch der, der von dieser Topografie weiß!« Indem man somit auch weiß, wohin man tendiert, hat man sich bereits teilweise von den dabei wirksamen Kräften und Tendenzen gelöst und kann versuchen, sich absichtsvoll mehr Raum oder andere Alternativen zuzugestehen.

• *Biografisches Bewusstsein* ist ein Zeitbewusstsein. Wer biografisch »bewusst« lebt, ist in der Lage, selbst in den kleinsten Handlungen seines Alltags aus dem Bewusstsein heraus zu handeln, dass diese sich aus der Nutzung einer zum Letzten fortrinnenden Eigenzeit speisen. Jede Aktivität, jeder Streit, jede Begegnung und jeder Kontext, in dem wir stehen, verbraucht unsere Lebenszeit – ein Sachverhalt, der uns zwar immer mal wieder, aber eben nicht beständig bewusst ist. Biografisches Bewusstsein kann sich zu einem inneren Fundament entwickeln, von dem aus wir handeln oder – öfter als früher – *nicht* handeln. Wer »biografisch bewusst« lebt, widmet seine Zeit mehr und mehr solchen Aktivitäten und Kontexten, die Zugewandtheit und inneres Wachstum zu stiften vermögen. Er bilanziert innerlich jede Stunde und jeden Tag vor dem Hintergrund ihrer Bedeutung angesichts der eigenen Begrenztheit.

Autonomie, Achtsamkeit und biografisches Bewusstsein fördern eine gelassene Lebenshaltung, aus der heraus wir mehr und mehr in der Lage sind, systemisch zu handeln. Indem wir wissen, was uns treibt, und auch die Fragilität unserer Erklärungen und Lebensentwürfe erkennen, vermögen wir langsamer und zurückhaltender zu leben. Dies bedeutet, dass wir stärker die Verantwortung für das, was wir sehen, was uns widerfährt und was uns beschäftigt, übernehmen. Und indem wir so verantwortlicher zu leben vermögen, sind wir auch in der Lage, den Partner, Kollegen oder Gegner in seinen Bedingtheiten als fragiles Wesen in einer fragilen und begrenzten Eigenwelt zu erkennen und gelten zu lassen. So führen Autonomie, Achtsamkeit und biografisches Bewusstsein letztlich nicht nur zu einem anderen Lebensgefühl, sondern auch zu einer anderen Weise der Bezogenheit auf andere.

Noch mal: Die Sprache der Beobachtung

Wenn wir eine Sache oder andere Menschen »beobachten«, dann ist das, was wir sehen, für uns existent. Unausgesprochen teilen wir die Vorstellung, dass unser Bewusstsein die natürliche sowie die soziale Umgebung wie eine Kamera ablichtet und das, was wir sehen, auch wirklich so und nicht anders existent ist. Aus diesem Grunde gebrauchen wir auch ohne große Überlegung oder gar Zweifel Ausdrucksformen wie »Es ist ...«, »Objektiv gesehen ...« oder »Es ist doch klar, dass ...«. Bei dieser Art, mit Wirklichkeit umzugehen, übersehen wir jedoch beständig die Tatsache, dass wir über keine Kamera verfügen, sondern lediglich über Sinnesorgane und Erfahrungen, von deren Beschaffenheit es abhängt, was wie auf uns zu wirken vermag. Unser Eindruck von der Wirklichkeit ist demnach kein Abbild einer »objektiven« Realität, sondern er ist bestimmt durch die Kanäle, auf denen das Außen auf uns zu wirken vermag.

Dieser einfache Sachverhalt entgeht uns jedoch beständig. Und fast scheint es so, als würden wir die Täuschung, unsere Wahrnehmung verschaffe uns Zugang zur Wirklichkeit, benötigen, um überhaupt handeln zu können. Mit dem Denken, Abwägen und Reagieren ist es nämlich so, dass Unmittelbarkeit überlebenswichtig ist. Wir können es uns in vielen Situationen im wahrsten Sinne des Wortes nicht leisten, nicht zu regieren, wenn es uns nicht gehen soll wie dem sprichwörtlichen Tausendfüßler, den die Frage, wie er die Koordination seiner zahlreichen Füße eigentlich bewerkstellige, vollständig aus dem Tritt brachte. Zumindest stimmt dies für Bedrohungs-, Druck- und Stresssituationen, in denen unsere Reaktion einem Impuls folgt. Handeln ist aber grundsätzlich impulsiv, wie uns auch die neueren hirnphysiologischen Forschungen zeigen. So schreiben Mark Solms und Oliver Turnbull in ihrem Buch *Das Gehirn und die innere Welt* (2004, S. 120; Hervorh. im Orig.):

»Die eigentliche Antriebskraft unseres zielgerichteten Handelns ist die biologische Notwendigkeit, unsere Bedürfnisse in der Außenwelt zu befriedigen. Die Funktion des Bewusstseins ist maßgeblich an der Erfüllung dieser Aufgabe beteiligt. Das ›Kernbewusstsein‹ setzt Informationen über den augenblicklichen Zustand des Selbst zu den Gegebenheiten der äußeren Umwelt in Beziehung – der Quelle aller Objekte, die das Selbst benötigt, um seine inneren Bedürfnisse befriedigen zu können. Diese Information ist bewusst, weil sie *intrinsisch bewertend* ist; sie sagt uns, wie wir uns den Dingen gegenüber *fühlen*. Dies gilt insbesondere für den aus dem Innern hergeleiteten Aspekt des Bewusstseins – den bewussten ›Zustand‹ –, der unser Hintergrundgewahrsein bildet. Dieses Hintergrundgewahrsein ist nicht nur quantitativer Art; es enthält immer auch ein spezifisches qualitatives ›Gefühl‹. Bewusstes Gewahrsein gründet daher in *emotionalem* Gewahrsein.«

Diese Überlegungen zeigen deutlich, dass die Kamerametapher uns kein angemessenes Verständnis dessen liefert, was geschieht, wenn wir unsere Umgebung beobachten, darüber nachdenken und handeln: Unsere »Beobachtung« erfolgt aus einem »Hintergrundgewahrsein« (ebd.) heraus, in welchem alle »aus aktuellen und früheren Wahrnehmungen hergeleiteten Eindrücke« (ebd., S. 121) ihren Ausdruck finden. Diese prägen das, was auf uns wirkt, weshalb Solms und Turnbull treffend folgern: »In Wirklichkeit aber umfasst die Welt mehr als die *äußere* Welt« (ebd.; Hervorh. im Orig.). Zudem scheint es paradoxerweise so zu sein, dass uns überhaupt nur diese Vorgeprägtheit in die Lage versetzt, zu erkennen und uns orientieren zu können. Wir reduzieren die Komplexität der auf uns wirkenden Eindrücke mithilfe der Selektivität unserer früheren Eindrücke, d. h., wir werden sehend um den Preis der Blindheit, da wir nicht zu erkennen, sondern lediglich wiederzuerkennen vermögen.

Abgemildert wird diese Selbstbezüglichkeit der Beobachtung durch die Sprache, die uns das Gefühl gibt, uns zu verstehen. Wenn wir eine Situation als »schwierig« bezeichnen und uns der andere zustimmt, meinen wir, dass er diese Situation in der gleichen Weise beobachtet, wie wir dies tun, und schlussfolgern daraus dann, dass die Situation auch so ist, wie sie für uns ist. Und wenn wir den Eindruck haben, das Verhalten, welches wir beobachten, sei unangemessen, überzogen oder überreagierend, können wir uns mit anderen darüber verständigen, ob sie dies auch so wahrnehmen oder anders darüber denken. Sprachlicher Austausch hilft uns demnach, uns zu vergewissern. Gleichwohl können wir nicht davon ausgehen, dass eine Bestätigung unserer Beobachtung durch andere wirklich eine Bestätigung dessen ist, *was* wir beobachten. Und spätestens, wenn wir versuchen, uns mit demjenigen zu verständigen, dessen Verhalten uns erstaunt, abstößt oder ärgert, werden wir feststellen, wie unnachgiebig Menschen an ihren Beobachtungen festzuhalten bemüht sein können.

Was wir beobachten können, ist nämlich stets nur die Spitze des Eisberges. Wir sehen das Verhalten in einer konkreten Situation, lauschen den ausgetauschten Worten, doch kennen wir nicht die Assoziationsfelder, aus denen sich das »Hintergrundgewahrsein« (Solms u. Turnbull 2004) der Beteiligten speist. Die Äußerung eines Vorgesetzten: »Kommen Sie später bitte einmal in mein Büro, ich habe mit Ihnen zu reden!«, wird von Menschen, die in ihrem Berufsleben schon verschiedentlich abgemahnt wurden, ganz anders verstanden als von Menschen, die davon ausgehen, dass Chefs einen auch loben, gehaltsmäßig höhergruppieren oder einem schlicht eine neue Aufgabe anvertrauen können. Sicherlich ist es so, dass die jeweilige Situation, Stimme und Gestik noch einiges zur Vereindeutigung des beobachtbaren Geschehens beitragen, doch bleibt eine Restfärbung, die die eigene Beobachtung so und nicht anders perspektivisch verzerrt. Beobachtung ist also perspektivisch, und die Perspektiven entstammen der Erfahrungsgeschichte der Beobachter. Sie beobachten durch die Brille ihrer – positiven oder negativen – Erfahrungen, und es gibt selten einen »neutralen« Beobachter, der hilft, die eigene Beobachtung zu versachlichen.

Die Rede von der Versachlichung der Beobachtung klingt relativ emotionslos, und uns beschleichen zu Recht Zweifel, ob diese Versachlichung wirklich zu etwas anderem führen kann als zu gelehrter

Besserwisserei. Diese Gefahr ist vor allem dann gegeben, wenn man *die zentrale Lektion aus der Beobachtertheorie* nicht gelernt hat. Diese besagt nämlich, dass man nur seine eigenen Beobachtungsweisen verändern kann. Deshalb verträgt sich die Beobachtertheorie auch nicht mit einem Zeigefingergestus, es sei denn, man nimmt die drei Finger in den Blick, die dabei stets auf einen selbst verweisen. Voraussetzung für die Beobachtung der eigenen Beobachtungsweisen sind Reflexion und Training. Beides kann nur in der unaufdringlichen Auf-sich-selbst-Bezogenheit gelingen. Wer seinen Beobachtungsweisen »auf die Schliche kommen« möchte, muss zunächst erst einmal wissen, dass wir beständig dem Irrtum aufsitzen, unsere Beobachtungen lieferten uns einen Zugang zu einer Wirklichkeit »an sich«, weshalb wir auch mit anderen, die bestimmte Situationen oder Zusammenhänge anders – und deshalb in unseren Augen »falsch« – wahrnehmen, munter streiten können.

Um sich von dieser Streitbarkeit zu lösen, muss man verstehen, wozu diese einem »nützt«. Es ist die Vertrautheit und Sicherheit, die in uns die Zustimmung anderer auslöst. Wo man uns zustimmt, fühlen wir uns geborgen, und wo man uns widerspricht, da fühlen wir uns auf Dauer nicht zugehörig. Dieser schlichte Mechanismus führt dazu, dass wir uns bevorzugt in gewohnten Bedeutungswelten aufhalten, in denen uns die Uneindeutigkeit und die Unübersichtlichkeit der uns umgebenden Wirklichkeit nicht mit ihrer ganzen verneinenden Kraft erreicht. Vielfach ist es auch die Unfähigkeit, mit der Verneinung umzugehen. Wo unsere Argumente hinterfragt werden und unseren Gewissheiten widersprochen wird, da fühlen wir uns oft auch als Menschen infrage gestellt. Dieser Wirkungsmechanismus hat ganz offensichtlich frühkindliche Wurzeln; da unsere Persönlichkeit sich aus *den* Denk-, Fühl- und Handlungsweisen aufbaut, die eine positive Reaktion der Bezugspersonen ausgelöst haben, ist für uns »Bestätigung« zumeist überwertig mit unserem Identitätserleben verbunden. Deshalb muss der Umgang mit Verneinungen zumeist mühsam gelernt werden. Und nur wenn wir gelernt haben, das Nein nicht als lebensbedrohlich zu erleben, können wir uns auch zunehmend zwangloser in anderen Bedeutungskontexten, in anderen Lebenswelten und in widersprüchlichen Erfahrungskontexten bewegen und andere Beobachtungsweisen als gleichermaßen möglich und legitim kennen lernen. Am Anfang der Beobachtungsreflexion steht deshalb die Wertschätzung der Negation. Konkret bedeutet dies, dass wir uns in unserer täglichen Nachdenklichkeit mit all dem verstärkt befassen sollten, was unseren »lieben Gewohnheiten« widerspricht. In diesen Widersprüchen kommt nämlich die Relativität der eigenen Beobachtung deutlich zum Ausdruck, und indem wir die Nachhaltigkeit des Andersseins der Anderen mehr und mehr als gegeben hinzunehmen und anzuerkennen lernen, haben wir bereits einen großen Schritt in Richtung eines Verständnisses unserer eigenen Eigentümlichkeiten und bevorzugten Wahrnehmungsweisen absolviert. Allmählich entsteht in uns die Haltung des »Es-könnte-alles-auch-ganz-anderssein«, da es auch ganz »anders ist« – zumindest für die anderen, die über keine minderen Ausstattungen und Geprägtheiten verfügen, ihre Welt zu beobachten, wahrzunehmen und zu deuten, als wir selbst.

Ein junger Hochschulabsolvent sammelt in der Stabsabteilung eines Unternehmens seine ersten Erfahrungen. Dabei stellt er fest, dass die Kollegen »an der Basis« keineswegs durchgängig kooperationsbereit sind und oft die Vorstellungen der Stabsabteilung hinterfragen, abwertend kommentieren oder gar offen boykottieren. Diese Erfahrung verunsichert ihn, und er erklärt sich die Widerständigkeit der Kollegen mit ihren persönlichen Eigenarten und Borniertheiten, um nicht zu sagen »Störungen«. Diese Einschätzung prägt seine bisweilen ungeduldigen Reaktionen, weshalb die Kolleginnen und Kollegen entsprechend gereizt und ablehnend reagieren – die Spirale der gegenseitigen Abwertung und des Sichverschließens setzt sich fort, beide Seiten haben das für sie jeweils untrügliche Gefühl, dass der jeweils Andere sich »falsch« benimmt. Die »Pathologisierung« des Gegenübers erweist sich auch in dieser Situation als eine »nützliche« Strategie zu dem Zweck, die eigene Handlungssicherheit nicht infrage stellen zu müssen. Kooperation oder gar gemeinsame Verantwortung für die zu gestaltende Situation kann so allerdings nicht entstehen. Und noch eins wird deutlich: Je größer die eigene Angst, Unsicherheit und Unerfahrenheit ist, desto »vehementer« wird an der eigenen Wahrnehmung festgehalten ...

Deshalb war es in dem skizzierten Fall ein Glück, dass der junge Berufsanfänger einen gereiften Vorgesetzten hatte, dem es nicht entgangen war, dass die überstarke Enttäuschung seines jungen Kollegen auch etwas mit Angst und Unsicherheit zu tun hatte. Er nahm ihn jedoch nicht zur Seite, um ihn zu einer größeren Gelassenheit und Wertschätzung betreffend andere Standpunkte zu ermahnen, sondern gab ihm durch sein eigenes Verhalten die Möglichkeit, einen weniger selbstgewissen und rigiden Stil der Wirklichkeitsbeobachtung und -beurteilung zu erleben. Eigene Irrtümer sowie eigenes Scheitern waren in seiner Abteilung keine Versagenserlebnisse, sondern Lernanlässe. Und indem es ihm gelang, durch sein eigenes Handeln dem Fehlurteil sowie dem Scheitern eigener Konzepte den Geruch des Versagens zu nehmen, gelang es auch dem jungen Kollegen mehr und mehr, sich mit einer suchenden und forschenden Grundhaltung durch die systemischen Kontexte des Unternehmens zu bewegen. Und siehe da: Allein diese zugewandtere und weniger selbstsichere Grundhaltung bewirkte, dass sich die Kolleginnen und Kollegen in den Abteilungen selbst mehr und mehr kooperativ zeigten und auch den Mut hatten, halb fertige Konzeptionen, Ratlosigkeiten sowie gescheiterte Ansätze offen mit dem jungen Stabsreferenten zu erörtern und zunehmend interessiert auf seine Vorschläge und Unterstützungsangebote zuzugehen.

Dieses Beispiel zeigt recht deutlich, dass wir an unseren Beobachtungen umso mehr festhalten, je unsicherer wir selbst sind. Diese eigene Unsicherheit ist es, die dem »Streit um die Wirklichkeit« (Simon 1999b) die eigentliche Substanz verleiht. Wir kämpfen dann vermeintlich »um die Sache«, sind in Wahrheit jedoch darum bemüht, unsere eigene Sicherheit zu wahren. Unsere Wahrnehmung ist somit gar keine, es ist vielmehr stets zugleich eine Selbstdarstellung. Und wie beim lauten Singen bei dem Abstieg in einen dunklen Keller, so ist das Insistieren auf der eigenen Beobachtung, die immer zugleich auch eine Beurteilung beinhaltet, Ausdruck des Bemühens, die eigene Restunsicherheit zu überspielen. Schließlich hängt ja unser Handeln für uns entscheidend davon ab, dass wir mit ihm einen Sinn bzw. ein Für-richtig-Halten verbinden. Kein Mensch kann auf Dauer seinem Leben einen Sinn geben, wenn er seinen Beobachtungen sowie seinen Beurteilungen nicht traut – oder doch?

An dieser Stelle begegnen wir einer Grundposition des systemischen Denkens, Fühlens und Handelns, die auch für eine Gewandtheit der Gefühle von zentraler Bedeutung ist: Wir müssen lernen, im Modus der Ungesichertheit unserer Wahrnehmung sozial zu handeln. Paradox ausgedrückt, bedeutet dies, dass die Ungesichertheit unserer eigenen Beobachtungen die einzige Sicherheit ist, auf die wir bauen können. Wer von der Konstruktivität des eigenen Sehens und Urteilens weiß, der kann es sich gewissermaßen leisten, sich zu irren und zu scheitern, da solche Erfahrungen sein Sicherheitsgefühl nicht zu erschüttern vermögen. Seine eigene Gewissheit bezieht er vielmehr aus seiner Fähigkeit, mit eigenen und fremden Konstrukten wertschätzend umzugehen. Er ontologisiert sie nicht, wie die Philosophen sagen, sondern ist mehr und mehr in der Lage, sie als das zu nehmen, was sie sind: erfahrungsdurchtränkte Ausleuchtungen der ständig neuen Situationen. Wie Hypothesen bieten sie Deutungen, Erklärungen und Handlungskonsequenzen an, deren Berechtigung stets strittig ist. Und ob die gefolgerten Konsequenzen funktionieren oder nicht, hat zudem nicht allein etwas mit ihrem Wirklichkeitsgehalt – welch ein unpassender Begriff! – zu tun, sondern mit den bevorzugten Deutungs- und Fühlmustern der anderen Menschen, über deren Berechtigung man ebenso wenig streiten kann wie über die der eigenen. Es ist ein Denk-, Fühl- und Handlungsstil des Hypothetischen, der sich hier anbietet. Wenn es uns gelingt, die Konstruktivität der eigenen und fremden Beobachtungen als das einzig »Sichere« zu erkennen, bewegen wir uns sozusagen auf einer erweiterten und sichereren Ebene unserer Beobachtungen. Wir haben es dann nicht mehr nötig, unsere Weltsicht zu ontologisieren und zudem mit unserer Befindlichkeit zu koppeln. Wir können uns dann auch gut fühlen, wenn unsere Beobachtungen scheitern und wir uns zum Umdenken gezwungen sehen.

Warum also nicht das Umdenken sogleich zum Beobachtungsmodus stilisieren? Wirklich »denken« tun wir nur, wenn wir mit den Mustern unserer Welterzeugung offen umzugehen in der Lage sind und uns dabei der unvermeidbaren Experimentalität unserer Beobachtungen stets bewusst sind. Eine solche Position führt auch die wissenschaftliche Beobachtung auf neue Bahnen und lässt »die Eindeutigkeit der Grenze zwischen Beobachter und Beobachtungsgegenstand zusehends zugunsten einer Vielfalt kontingenter Grenzziehungen (verschwinden)«, wie Volker Redder (1990, S. 7) in seinem Beitrag für den Reader *Beobachter* feststellt. Die Perspektivität des Beobachtens ist auch für das wissenschaftliche Beobachten grundlegend. Dies weiß man zwar, doch werden die Konsequenzen kaum gezogen:

> »Man verharrt im fundamentalistischen Reservat der richtigen Position und pflegt die Illusion, sich Wissen über die Wirklichkeit aneignen zu können« (ebd., S. 9).

»Ja, was denn sonst?« – ist man versucht zu fragen. Folgt man den Anmerkungen, die Redder den erkenntnistheoretischen Überlegungen von Luhmann, Maturana, Varela und Namiki voranstellt, so kann es wohl lediglich um eine »Ausleuchtung der Erkenntniskapazitäten einzelner Wissenschaften« und die »Entwicklung funktionaler Konzepte und Beobachtungsinstrumente« (ebd.) gehen. Im Klartext bedeutet dies, dass auch die wissenschaftlichen Beobachtungsformen gehalten sind, sich mit der »Unmöglichkeit objektiver Erkenntnis« (ebd.) auseinanderzusetzen und nach Möglichkeit Lösungsvorschläge für die disziplinären Erkenntnisbemühungen der Wissenschaften zu entwickeln, welche ja mit dem expliziten Anspruch auftreten, die Wirklichkeit »disziplinierter«, d. h. in Kenntnis der paradoxalen Fallstricke der eigenen Konstruktion von Wirklichkeit, zu erforschen. Dabei ist die Frage nach der Differenz zwischen (erkennendem) Subjekt sowie zu erkennender »Objektivität« von grundlegender Bedeutung, da diese Differenz angesichts der beobachtbaren Autopoiesis lebender Systeme kaum noch durch interaktionistische Konzepte überzeugend »überbrückt« werden kann.[27] Die wissenschaftliche Beobachtung steht somit vor der Aufgabe, die »strukturelle Koppelung« lebender Systeme mit ihrer Umwelt in anderer Weise als der der Unterstellung von Input-Output-Verbindungen zu analysieren.

Welche andere Weise der Koppelung ist zwischen Beobachtern und Beobachtungsgegenständen denkbar? Dies ist die Frage, um die sich die wissenschaftlichen Bemühungen um die Weltbeobachtung drehen. Und die Positionen, die dazu bezogen werden, sind weniger auf Einheit als auf Vielfalt geeicht. Wenn Beobachtung – so ließen sich diese Positionen zusammenfassen – erfahrungs-, standpunkt- und perspektivenabhängig ist, dann kann auch nicht erwartet werden, dass »das bessere Argument« stets das überzeugende ist. Erreichbar ist lediglich eine Verschränkung der Perspektiven – eine Sicht, die uns, die wir doch stets argumentierend zu Werke gehen, wie ein Aufgeben oder gar ein Scheitern unserer Bemühungen vorkommen muss. Doch dies ist nicht der Fall, vielmehr ist »das bessere Argument« im Kontext einer solchen reflexiven Beobachtertheorie lediglich das, dass es keine »besseren«, sondern lediglich »passendere« Argumente gibt bzw. geben kann und dass die Frage der »Passung« der Logik des beobachtenden Systems und nicht der des beobachteten Gegenstandes folgt.

---

27 Ein zentrales interaktionistisches Konzept ist das der Informationsaufnahme, d. h. der Vorstellung, dass Interventionen, Anregungen oder Bedrängnisse von dem sich entwickelnden Subjekt in irgendeiner Form »verarbeitet« werden. »Lernen«, »Verinnerlichen« oder »Befolgen« sind von solchen informationstechnologischen Vorstellungen kontaminiert.

10. Abschiedliche Bildung – Anmerkungen zur erwachsenenpädagogischen Verschweigung des Todes

Auch die Erwachsenenpädagogik ist durch lineare Legenden geprägt. Zu diesen zählen die ihr impliziten Lebenslaufmodelle. Diese sind Beschreibungen der aufbrechenden Biografie, ihnen entgeht der Aspekt des zu Ende gehenden Lebens. Aus diesem Grunde transportieren ihre Begründungen häufig ein nur halbiertes Bild vom Erwachsenen. So erscheint der Erwachsene als ein zeitloses und prinzipiell entwicklungsoffenes Wesen, dessen »Unbelehrbarkeit« nicht wirklich als Ausdruck der strukturellen Starrheit seiner Deutungs- und Emotionsmuster im Kontext einer sich verkürzenden Zeitperspektive »gewürdigt« wird. Die beobachtertheoretische Suche nach der Leitdifferenz in der Abgrenzung zum Kind verschattet zumeist den Blick auf die Fortdauer des Kindlichen im Erwachsenen und führt uns zu einem Konstrukt, welches die Abschiedlichkeit des erwachsenen Lebens nicht in den Blick zu nehmen vermag. So entgleitet der Erwachsenenpädagogik die eigentliche Substanz des Erwachsenen und seiner Bildung.

Die pädagogische Debatte wird durch Aufbruchs-, Anstrengungs-, Ertüchtigungs- und Kontinuitätsparadigmen beherrscht. So ist Bildung mehr als Reifung; sie beinhaltet die »Anstrengung des Begriffs« (Hegel) im Sinne einer durch die Abarbeitung an sprachlicher Differenzierung zu erreichenden Schärfung des Bewusstseins als »Selbstermächtigung des Subjektes«, wie Christoph Wulff (2001, S. 47) die Bildungsdiskurse der Moderne zusammenfasst. Zugleich soll Bildung auf den Lebenslauf vorbereiten und diesen begleiten. Dieser Aufgabe versucht sich insbesondere die Erwachsenenpädagogik zu widmen, was ihr mit den impliziten Fortschritts- und Entwicklungsannahmen allein jedoch nicht wirklich gelingt. Ihr fehlen Konzepte einer der Conditio humana entsprechenden Vorstellung von Bewusstsein und biografischer Bildung im Sinne einer wahrhaft philosophischen Erdung ihrer impliziten Vorstellungen von Erwachsenwerden und Altern. Auf deren Basis erst wird es möglich, den Lebenslauf und die Bildung nicht nur in ihrer aufbrechenden, sondern auch in ihrer abschiedlichen Substanz zu durchdringen. Entsprechende Hinweise findet die abendländische Phi-

losophie bereits bei Montaigne, der in seinen *Essais* sich als »Fürspre-
cher einer moderaten Weisheit« (Gandilallac, zit. nach Taureck 2004,
S. 132) erweist:

> »Studieren und tiefe Betrachtungen versetzen gewissermaßen die Seele
> in eine höhere Sphäre und geben ihr eine unkörperliche Pflege, welches
> eine Art von Schule und Ähnlichkeit des Todes ist; oder es heißt auch
> so viel, dass alles Nachdenken, alle Weisheit dieser Welt sich endlich in
> dem einen Punkte auflöst, uns zu lehren, den Tod nicht zu fürchten«
> (Montaigne 1976, S. 7).

Solche Überlegungen rücken einen philosophischen Referenzpunkt
in den Blick, der der Erwachsenenpädagogik – auch in ihren Altenbil-
dungsdiskursen – weitgehend abhanden gekommen zu sein scheint.
Die Erwachsenenbildung leitet ihre Bedeutung aus dem Versprechen
einer individuellen und gesellschaftlichen »Verbesserung der Lage«
her; sie hat bislang wenig Begründungssubstanz aus der prinzipiellen
Begrenztheit der biografischen Zeitperspektive abgeleitet. Deshalb
»kranken« ihre Diskurse an einer grundlegenden Paradoxie: Sie versucht, mit den Bildern eines immer wieder aufbrechenden Lebens
(»Lebenslanges Lernen«) eine subjektive Bewegung zu beschreiben,
die durch Situationen des Abschieds, Loslassens und Sterbens charakterisiert ist. Diese Verschweigung des Todes durchdringt die Erwachsenenpädagogik bis hinein in ihre Grundkonzepte, wie z. B. die Begriffe des »Erwachsenwerdens« und des »Erwachsenseins«. Und
auch in ihren beobachtertheoretischen Bemühungen, sich ihrer Leitdifferenz zu versichern, um so zu einer gehaltvollen Darstellung ihres
Gegenstandes zu gelangen, bleibt sie einem Aufbruchsparadigma verhaftet.

Abschiede von intellektualistischen und linearen Legenden

Im Bildungsgedanken sind in seinen unterschiedlichen Auslegungen
zwei Aspekte unhintergehbar enthalten: Zum einen ist dies der
»Münchhausen-Aspekt«, welcher dem Gedanken der Selbstbildung
Rechnung trägt, kann Bildung doch nicht wirklich gelingen, wenn sie
nicht auch von einer aktiven »Suchbewegung« des Einzelnen getragen
wird, welche von der Erwachsenenbildung begleitet, aber nur in
»fruchtbaren Augenblicken« (Copei) initiiert werden kann. Zum an-

deren verweist Bildung uns auf die Stärkung der Ich-Kräfte, die stets mit einer von innen nach außen gerichteten Bewegung einhergeht. Es spricht mittlerweile viel dafür, dass man Menschen in diesem Sinne nicht »be-gaben« (Roth) kann, man kann nur Bedingungen schaffen und bereitstellen, welche ihnen helfen, ihre inneren Potenziale zur Entfaltung zu bringen. Und diese inneren Potenziale konstituieren ihre jeweils spezifische »individuelle Regulationsfähigkeit«, womit in den *Konzeptionellen Grundlagen für einen Nationalen Bildungsbericht* (Baethge et al. 2003, S. 15 f.) ein »Vermögen des Individuums« bezeichnet wird, »sein Verhalten und Verhältnis zur Umwelt, die eigene Biografie und das Leben in der Gemeinschaft selbständig zu gestalten.«

Es ist unübersehbar, dass mit solchen kompetenzorientierten Zielbeschreibungen ein weiterer Schritt in Richtung einer Entmystifizierung des Bildungsgedankens verbunden ist. »Bildung« wird hier deutlicher auf die individuellen lebensglauftypischen Aufgaben bezogen und weniger von den vorliegenden kulturellen und zivilisatorischen Errungenschaften her gedacht. Zudem werden immer häufiger wohlfeile Illusionen mutig über Bord geworfen. Man hinterfragt nicht nur nüchterner die »intellektualistische Legende«, der zufolge z. B. »das berufstheoretische Fachwissen – prozedural gewendet – berufliches Können begründen soll« (Rauner u. Bremer 2004, S. 149) – ein Gedanke, der nicht nur berufsbildungstheoretisch voller Sprengkraft ist –, sondern stellt sich auch der offensichtlichen Wirklichkeitsferne der immer noch verbreiteten didaktisch linearen Vermittlungsannahmen, von denen sich auch die erwachsenenpädagogische Diskussion nicht vollständig hat lösen können (vgl. Kade 1997).

Diese Abschiede von intellektualistischen und linearen Vermittlungslegenden bereiten den Weg zu ermöglichungsdidaktischen Konzepten, für welche der systemisch-konstruktivistische Gedanke der Selbstorganisation des Bewusstseins grundlegend ist. Der Mensch lebt – so ließe sich dieser Grundgedanke erwachsenenpädagogisch wenden – stets in dem Bemühen um Plausibilitätssicherung. Seine biografischen Suchbewegungen oszillieren beständig zwischen dem, was er geworden ist, und dem, was neu und anders von ihm erwartet wird. Um diese Suchbewegungen zu begreifen, muss man einerseits einen Begriff von der – formalen – Art dieser Bewegung entwickeln, zum anderen gilt es, ihre sich biografisch wandelnde Substanz in den Blick zu rücken. Letzteres ist von Havighurst (1948) und Erikson

(1982) entscheidend vorbereitet worden, doch erst Peter Alheit und anderen ist es dabei m. E. wirklich gelungen, die Frage nach der bewusstseinsmäßigen (Selbst-)Organisation der subjektiven Suchbewegungen in Anknüpfung an den systemtheoretischen Erkenntnisstand auch biografietheoretisch angemessen zu beschreiben. Dabei wurde ein wichtiger Schritt in Richtung eines Verständnisses des Lebenslaufes als einer sich selbst fortschreibenden Erzählung erreicht, welche nur »im Toleranzpegel eines vorgängig existenten dominanten Basisimpulses sehr allmähliche Verschiebungen erlaubt«, wie Alheit und Dausien es ausdrücken (2000, S. 275). Der sozialkonstruktionistische Ansatz von Gergen (2002) enthält vielfältige Anregungen, diesem Narrativen des Biografischen auch methodologisch gründlicher nachzuspüren. Die Erwachsenenpädagogik hat begonnen, sich mit den bei diesen »Verschiebungen« wirksamen inneren und äußeren Systemiken genauer zu befassen, wobei auch die erwachsenendidaktische Frage nach der Inhaltlichkeit des Erwachsenenlernens und nach der Notwendigkeit, dieses »stärker von einem Verständnis der subjektiven Inszenierungsmuster der Lerner her zu entwickeln« (Arnold u. Siebert 2006, S. 151), in den Blick geriet – eine »reflexive Wende« zweiter Ordnung, so hat man den Eindruck.

In dieser reflexiven Wende werden die inneren Mechanismen der lernenden Suchbewegung des Einzelnen, welcher sich beständig bemüht, seine Biografie als Ausdruck innerer und äußerer Systemiken plausibilitätssichernd zu gestalten, zum vordringlichen Thema. Zugleich gilt es aber, kritisch zu hinterfragen, welche – gewissermaßen offiziellen – Lesarten zum Erwachsensein die Erwachsenenbildung selbst und die in ihr Tätigen zum Ausdruck bringen. Diese Lesarten offerieren nämlich auch institutionalisierte Deutungsangebote, welche der Einzelne zur Präsentation seiner eigenen biografischen Bewegung aufgreifen kann. Da diese öffentlichen Lesarten jedoch fast ausschließlich dem Paradigma des aufbrechenden Lebens entstammen, sind sie nicht wirklich »vollständig«. Sie sind nicht geeignet, der Ambivalenz des Erwachsenenlebens, welche im tiefen Sinne auch von der Abschiedlichkeit des Erwachsenenlebens weiß, wirklich »Nahrung« zu geben. So bleibt das Altern in seiner eigentlichen Substanz als zu Ende gehendes Leben oft ausgeklammert, und die Erwachsenenbildung bleibt ihrer *pädagogischen* Wurzel treu, indem auch sie der von Montaigne (1976, S. 28) desavouierten Illusion, »Dachtet ihr denn, ihr würdet nie da ankommen, worauf ihr beständig zugingt«, folgt. Dieses *halbierte Bild vom Erwachsenen,* welches lediglich sein aufbrechendes, nicht jedoch sein abschiedliches Lernen fokussiert, entspricht aber gleichwohl überhaupt nicht dem in der Pädagogik erreichten bildungsphilosophischen Reflexionsstand, dem zufolge »ohne Anthropologie, ohne ein Wissen um den Menschen, die Pädagogik wie ein Stricken ohne Wolle (ist)« (Winkel 2005b, S. 29).

Der ganze Erwachsene und seine Bildung

Die Erwachsenenpädagogik tut sich schwer mit ihrer ethisch-normativen Grundlegung. Das Ideal der »wertfreien« Wissenschaft verstellt den Blick auf die Tatsache, dass Pädagogik ihren Gegenstand erst eigentlich über normative Leitdifferenzen konstituiert. Ihr Thema ist nicht der Mensch als solcher, sondern der Mensch mit seinen Möglichkeiten bzw. Potenzialen. Als Geistes- und Sozialwissenschaft begegnet sie den Gegebenheiten mit einem nur eingeschränkt nüchternen Blick; sie vertritt vielmehr bis hinein in ihre Grundbegriffe die Maßgaben des historisch erreichten Vernunftgebrauchs, und zahlreiche ihrer Grundbegriffe waren als solche erst denkbar, als die gesellschaftlichen Entwicklungen auch die – zumindest keimhafte – Realisierung der mit diesen Begriffen verbundenen Vorstellungen greifbar werden ließen. Unser Denken einerseits sowie die gesellschaftliche (und individuelle) Entwicklung andererseits stehen somit in einem koevolutionären Bezug zueinander (vgl. Heijl 1995) – eine Einsicht, die der Entschiedenheit unserer Entwürfe viel von ihrer Schwungkraft raubt. Es könnte alles auch ganz anders sein – und ist es bisweilen auch.

Dies gilt für den Begriff der Bildung in besonderem Maße, aber auch die Vorstellungen, welche die abendländische Pädagogik von der Individualität oder Identität hat entwickeln können, sind Ausdruck einer gesellschaftlichen Praxis, welche die Gleichheit (der Bürger), ihre Eigeninitiative sowie die Diesseitigkeit ihres Lebenserfolges als zentrale – wenn auch nur vom Anspruch her universale – Erzählungen hat entstehen lassen. Entwürfe, Beiträge und Konzeptionen werden verstanden, indem sie sich dieses Deutungsvorrates bedienen bzw. in dessen Gewebe einfädeln. Aus diesen kulturellen Einbettungen kann auch die wissenschaftliche Reflexion letztlich nicht aussteigen, vielmehr verdanken sich ihre überlieferten Maßstäbe von Objektivität, Wertfreiheit und Gültigkeit selbst dieser gesellschaftlichen Einbettung, welche nicht nur das Erkennen, sondern auch das Sichfühlen und Für-wahr-Halten präformieren, aber dabei eben auch einschränken.

Es ist diese einschränkende Wirkung des überlieferten Denkens, welche uns in der Erwachsenenpädagogik dazu ge- bzw. verführt hat, den Erwachsenen im Kern doch als ein zeitloses Wesen zu konzeptualisieren, welches zudem – wie das Kind – doch entwicklungsoffener ist, als es die finalistischen Konzepte früherer Jahre für möglich gehalten hatten. Es war das Verdienst der Erwachsenensozialisationsforschung, hier eine Öffnung des Blicks bewirkt zu haben. Aber das Interessante ist, dass man auch wissenschaftlich erst begann, in diese Richtung zu blicken, als es auch gesellschaftlich opportun wurde, den Erwachsenen unfertiger zu konzeptualisieren – ein Hinweis, der nur die Konstruktivität der Denkbewegung, nicht ihre Ergebnisse problematisieren soll. Erwachsene wurden durch diese Bewegung in der Dynamik ihrer Biografie sichtbarer, und es wurde zudem deutlich, dass sie doch weniger festgelegt und fertig sind, als dies in den gesellschaftlich überlieferten Sichtweisen und den Selbstbeschreibungen erwachsener Menschen zum Ausdruck kam bzw. kommen konnte (vgl. Griese 1994). Dadurch wurde die Erwachsenenpädagogik pädagogischer, da es ihr argumentativ erleichtert wurde, mit den von Pädagogik angebotenen Paradigmen des aufbrechenden Lebens umzugehen. Auch das Erwachsenenlernen wurde so zu einem sich wiederholenden Aufbruch, der pädagogisch begleitet und gestaltet werden kann.

In einer »selbst einschließenden Reflexion« sensu Varela (vgl. Arnold u. Siebert 2006, S. 140 ff.) können die containenden Anlässe und Kontexte solcher Beobachtungsbewegungen als Konstrukte in ihrer eigentümlichen Machart in das Bewusstsein treten. Eine solche Bewegung nimmt diesen Entwürfen viel von ihrem Universalisierungsanspruch, und man erkennt auch die Kosten, mit denen solche Neudeutungen stets verbunden sind. Im Falle der Pädagogisierung des Lebenslaufs sind diese Kosten m.E. in dem Verlust des Erwachsenengemäßen zu sehen. Der Erwachsene wird in seinen stabilen Elementen, die sich aus dem strukturellen Bemühen um Beibehaltung gewohnter Deutungs- und Emotionsmuster speisen, unsichtbarer, er löst sich gewissermaßen in den neuen Lernmilieus auf und erscheint als lebenslanger Lerner neu. Dass er dabei aber älter geworden ist und ein Leben mit sich herumträgt, das sich jeden Tag deutlicher auf den Tod zubewegt, bleibt unreflektiert. Die Frage Montaignes (1976,

S. 21): »Was bleibt einem Greise von seinen Jugendkräften und seinem vergangenen Leben übrig?«, bleibt erwachsenenpädagogisch unbeantwortet, da man sich mit der Einsicht der Erwachsenensozialisationsforschung begnügte, dass auch Erwachsene über Kräfte verfügen und zum Lernen in der Lage sind. Dass dieses Lernen aber in viel deutlicherem Maße ein Lernen auf den eigenen Tod hin ist, war zwar irgendwie bekannt, wurde aber nicht wirklich *erwachsenen*pädagogisch aufgegriffen und reflektiert – vielleicht auch, weil man seit der Dynamisierung des Erwachsenenbegriffs eigentlich überhaupt nicht mehr über einen Begriff vom Erwachsenen verfügte.

Von der differenzgeleiteten zur integrativen Beobachtung

Die erwachsenenpädagogischen Debatten gingen in ihren Bemühungen um die Profilierung eines genuinen Fokus lange Zeit von einer relativ eindeutigen Abgrenzung zwischen Kinder- bzw. Jugendbildung einerseits und Erwachsenenbildung andererseits aus. Diese Abgrenzung des Erwachsenenbegriffs durch Differenzbildung – so die These, die im Folgenden stark gemacht werden soll – ist Bestandteil eines Denkens, welches Einheit zulasten von Differenz herstellt und die konstitutive Leitdifferenz der Erwachsenenpädagogik übersieht. Die Erosion traditioneller Bestandteile des Erwachsenenbegriffs wird dabei (vor)schnell mit pädagogischen Lesarten zugedeckt, die dem Modus der aufbrechenden Individuation – mithin der Kinder- und Jugendbildung – entstammen. Diesem Vorgehen entgeht die Ganzheitlichkeit der biografischen Gestalt, welche sich – so die These – weder in der Unterscheidung Kind/Erwachsener[28] noch in der Leitdifferenz vermittelbar/nicht vermittelbar (Kade 1997) angemessen fassen lässt. Erwachsensein ist vielmehr zwar einerseits unterschieden von dem Kindsein, andererseits ist Letzteres aber auch in Ersterem unauflösbar und zumeist unbewusst als »fortwirkende Kindlichkeit« integriert, weshalb wir »nie erwachsen werden« (Lempp 2003) – ein Sachverhalt, den bereits Robert Bly in seinem Buch *Die kindliche Gesellschaft* (1996) mit dem für unsere Frage treffenden Untertitel *Über die Weigerung, erwachsen zu werden* im Blick auf die aktuelle gesellschaftstypischen Ausdrucksformen des erwachsenen Kindes beschrieb.

---

28 »Der Begriff des Kindes wird durch den Gegenbegriff des Erwachsenen definiert, schließt also das Erwachsensein aus« (Luhmann 1997a, S. 16).

Solche den Individuationsprozess und die innere Reifung betreffenden Überlegungen werden im erwachsenenpädagogischen Diskurs nur sehr vereinzelt aufgegriffen (Bittner 2001) und vom erwachsenenpädagogischen Mainstream kaum rezipiert. Der Entwicklungsbzw. Individuationsgedanke wird vielmehr überlagert durch eine systemtheoretische Argumentationsweise, welche einseitig begriffslogisch – bis hin zu hermetischer Selbstreferenz des Sprachlichen – sowie soziologisch akzentuiert ist. Könnte es nicht sein, dass wir für unser wissenschaftliches Denken neben den Leitdifferenzen auch die *Leitintegrationen* verstärkt in den Blick nehmen müssen, da die Wirklichkeit sich uns scheinbar nicht allein durch die Unterscheidung des einen *vom* anderen, sondern auch durch das Fortdauern des einen *im* anderen konstituiert – ein Sachverhalt, auf den uns nicht allein die systemischen Ansätze verweisen, die nicht – wie in der pädagogischen Luhmann-Rezeption verbreitet – weitgehend von Zeit und Kontext abstrahieren und so berücksichtigen, dass »der Faktor Zeit dafür (sorgt), dass es stetig zu Wandlungen kommt« (Simon 1993, S. 151)? Eine solche Aufweichung einer rigiden Leitdifferenzfixierung könnte uns auch in die Lage versetzen, mit dem den Wandel der generationalen Verhältnisse kennzeichnenden Phänomen der Gleichzeitigkeit der Ungleichzeitigkeit (vgl. Honig 1999, S. 208 ff.) anders umzugehen als in der Form, das Ende eines der Pole zu prognostizieren.

Denn die Erwachsenenbildung ist in ihren Kernprozessen durch *die Überlagerung und Durchdringung des biografisch bereits Vermittelten mit dem aktuell sich Vermittelnden im Kontext einer sich verengenden Zeitperspektive geprägt*, dem eine nicht bloß tendenziell andere Art von Lernen zugrunde liegt als dem Aneignungslernen von Kindern und Jugendlichen. Dies wird u. a. durch die Hinweise auf die »Strukturdeterminiertheit« des Lernens deutlich; wenn man in Rechnung stellt, dass die Binnenstrukturiertheit des Erwachsenen etwas ist, das sich biografisch aufschichtet, herauskristallisiert und verfestigt, so ist leicht einsehbar, dass Erwachsenenlernen auch durch einen nachdrücklicheren – und im Zuge der Pädagogisierung der Erwachsenenpädagogik gerne übersehenen – strukturellen Konservatismus der Entwicklung von Kognition und Emotion gekennzeichnet zu sein scheint. Wenn Erwachsene als »lernfähig, aber unbelehrbar« (Arnold u. Siebert 2003) angesehen werden können, dann ist auch die Vermittlung, wenn sie denn denkbar ist, eine andere.

Erwachsenenbildung zwischen Wiedererkennen und Abschied

Welche Folgerungen lassen sich aus diesen Überlegungen ziehen? – diese Frage wird im folgenden Abschnitt im Vordergrund stehen. Dabei gilt es, für die Erwachsenenpädagogik eine *neue Perspektive der Konstruktion des Erwachsenenseins* zu markieren – eine Perspektive, die nicht der Illusion einer Universalpädagogik die Spezifika ihres Gegenstandes »opfert«, sondern genau die multi-integralen Logiken des Lebenslaufes in seinen Aufbruchs- und Abschiedsbewegungen in den Blick zu rücken vermag.

Das Erwachsenensein präsentiert sich uns in systemischer Perspektive unterschiedlich, je nachdem, welche Leitaspekte wir unserer Beobachtung – bevorzugt – zugrunde legen; eher *die differenztheoretischen Konzepte* im Anschluss an Luhmann und Kade oder eher die *integrationstheoretischen Systemkonzepte,* wie wir sie bei Bateson, Maturana oder Simon vorbereitet finden können. Für diese Theoretiker berührt das »to draw a distiction« von Spencer-Brown (1969) lediglich eine erkenntnistheoretische Dimension, und sie wissen, dass die soziale Praxis sowie die Selbstbeschreibungen der Subjekte letztlich auch anderen Maßgaben als denen der Abgrenzung folgen. Auf diesen Aspekt verweisen auch die Überlegungen von Holm von Egidy (2004, S. 80), der auf das »Motiv, eine Unterscheidung zu treffen«, rekurriert, womit deutlich darauf verwiesen ist, dass von der Unterscheidung als solcher allein – z. B. der zwischen »Kind« und »Erwachsenem« – noch nicht die wirklichkeitskonstituierende Kraft ausgeht; diese lebt vielmehr von der »Beharrlichkeit, eine Frage *aufzuwerfen,* wo es in Wirklichkeit *nichts* zu fragen gibt« (Spencer-Brown 1997, p. 91). Übersehen wird zumeist die Frage nach dem erkenntnistheoretischen Status des Beobachters selbst und den logischen Zwickmühlen, in welchen dieser sich befindet, wenn er sich selbst von einem Gegenstand unterscheidet und diesen selbst von anderen Gegenständen. Wie gelangt ein – europäischer – Erwachsener zu der Abgrenzung von Kind und Erwachsenem, und um welchen »Befund« handelt es sich, wenn er bei seinen Unterscheidungen und Abwägungen zu Theoremen wie dem des »Verschwindens des Erwachsenen« bzw. dem »Verschwinden der Kindheit« gelangt? Was ist »real«: die Abgrenzung als solche, der eine oder der andere Befund – oder beide gleichzeitig? Und welchen motivbildenden Einfluss hat auf diese Befunde die Tatsache, dass er sich selbst als Erwachsener bezeichnet bzw. einordnet?

Erwachsenenlernen ist ein Lernen in fortgeschrittener Biografie und deshalb notwendig ein Erfahrungs- und Anschlusslernen. Als solches gerät es in eine Spannungslage zum pädagogischen Grundgedankengang, welcher auf Aufbruch und unbeschränkte Lernfähigkeit setzt und gerade dadurch die Logik des Lebenslauflernens übersieht. Dieses ist in seiner Substanz nämlich eingespannt in die Dimensionen von

- Aufbruch und Abschied
- Kognition und Emotion sowie
- formellem und informellem Lernen.

Indem die Erwachsenenpädagogik einseitig dem Aufbruchsmotiv folgt, welchem sie bereits ihren ersten großen Entwicklungsimpuls seit den 1970er-Jahren verdankt, entgehen ihr die Besonderheiten des Erwachsenenlernens, weshalb die Wiederholungstat von Kade, der die Erwachsenenpädagogik in der allgemeinen Pädagogik auflösen und durch eine einheitliche Leitdifferenz konstituieren möchte, m. E. ins Leere führt.

Grundlegend für die biografische Entwicklung des Menschen ist die Verengung der subjektiven Zeitperspektive. Diese bringt einen Wandel der Lebensthemen mit sich, die nach einer Positionierung drängen. Verena Kast (2004, S. 203) beschreibt die gewandelte Situation in der Lebensmitte mit den Worten:

»In der Lebensmitte ist es nicht mehr möglich, die Tatsache des Sterben-Müssens, des Hinlebens auf den Tod, zu leugnen. Auch ist es eine Lebensphase, in der von vielem, was zuvor gegolten hat, Abschied genommen werden muss. Die hochfliegenden Pläne der jungen Jahre, die dem Leben Richtung, Anreiz und Herausforderung gegeben haben, sind eingelöst oder eben nicht eingelöst. Der Zusammenstoß des Unmöglichen mit dem Möglichen hat dem Menschen seine Grenzen aufgezeigt, keine starren, sondern verschiebbare, aber keinesfalls mehr ins Unendliche verschiebbare Grenzen. Der Mensch lernt, dass er ein gewöhnlicher Mensch sein muss. Gewöhnlich sein zu dürfen und zu müssen aber bedeutet, dass wir von vielen Größenideen und übertriebenen Ansprüchen Abschied nehmen dürfen und müssen.«

Mit diesen Worten ist der Modus des abschiedlichen Lebens, der für das fortschreitende Erwachsensein eine spürbare Bedeutung erhält, beschrieben. Wer abschiedlich lebt, für den ist Aufbruch nicht das zentrale Thema. Er steht zwar auch in einem kontinuierlichen Lernprozess, doch ist dieser biografisch anders akzentuiert. Selbst wenn die Bedingungen ein Umlernen oder eine neue berufliche oder private Orientierung fordern, ist die subjektive Zeitperspektive, unter der er diese Anforderungen fokussiert, eine andere. Die Frage, die gerade der Universalisierungsthese entgeht, ist die nach den besonderen subjektiven Rahmungen, welche ältere Lerner sich geben (müssen), um mit phasenuntypischen Lernanforderungen, denen sie sich ausgesetzt sehen, umgehen zu können – eine Frage, die in den Debatten um das lebenslange Lernen kaum gestellt wird.

Wenn Biografie das Verbindende ist (vgl. Mader 1994) und die strukturelle Rationalität der fortwirkenden Kindlichkeit das Sich-in-der-Welt-Fühlen, Urteilen und Handeln stärker prägt, als es der Traum vom lebenslangen Lernen und Sichverändern nahelegt, dann gewinnen die starren bzw. erstarrenden Elemente von Kognition und Emotion an Gewicht. Diese relative Starrheit wurde bereits in der Formel »Erwachsene sind lernfähig, aber unbelehrbar!« (Arnold u. Siebert 2003) aufgegriffen, allerdings noch nicht im Hinblick auf die erwachsenendidaktischen Konsequenzen ausgelotet. Insbesondere der Unbelehrbarkeitsaspekt erweist sich dabei als derjenige, mit dem er wachsenenpädagogische Besonderheiten in Verbindung gebracht werden können. Während die in den 1970er-und 1980er-Jahren mehrfach belegte Lernfähigkeit des Erwachsenen den Anschluss an die allgemeinen erziehungswissenschaftlichen Debatten – bei denen es sich zumeist um schulpädagogische, lerntheoretische sowie didaktische Debatten handelte – erleichterte, führt uns der »Unbelehrbarkeitsbefund« wiederum deutlich aus diesem Mainstream und den erwähnten neueren Bemühungen um die einheitliche Konstituierung der Erziehungswissenschaften aus einer überwölbenden Leitunterscheidung heraus.

Erwachsensein ist u. E. weder eindeutig unterschieden vom Kindsein – das Kindsein wirkt vielmehr im Erwachsenen fort, prägt und kanalisiert seine Deutungs- und Emotionsmuster –, noch ist es mit diesem identisch. Es ist das Biografische, welches unterscheidet. Erwachsene verfügen über ein Mehr an Biografie bzw. über ein Mehr an gelebtem Leben, d. h. über eine größere Dichte an Erfahrungen und durch diese stabilisierte Sicht- und Fühlweisen und über ein Weniger an Zukunftsoptionen. Sie sind »festgelegter« (»unbelehrbar«), aber auch »entlasteter« von Aufbruchsbemühungen. Selbst wenn die gesellschaftliche Unsicherheit bzw. Ungesichertheit ihnen Umorientierung und Neubeginn abverlangt, resultieren daraus erfahrungsgesteuerte Umdeutungen, kein Reset des Individuierungsprozesses. Dieser ist vielmehr schon zu großen Teilen absolviert, und aus ihm kann man nicht aussteigen. Aus diesem Grunde ist Erwachsenenlernen auch prinzipiell ein Erfahrungs- und Anschlusslernen – selbst dort, wo das offizielle Programm dies nicht vorsieht. Überhaupt lernen Erwachsene überwiegend informell, d. h. in Kontexten, die selten formalisiert und curricularisiert sind, und dort, wo sie sich formellen Settings anvertrauen, stellt das informelle Lernen eine wichtige Begleitkomponente dar. Die kontinuierliche Ausbalancierung ihrer Identität, die Integration des Gewesenen mit den Veränderungen, d. h. das Bemühen um biografische Kontinuitätssicherung, ist das verbindende – letztlich auch emotional hoch aufgeladene – Moment, welches als »Unbelehrbarkeit« und »Starrheit« im Lernprozess zutage tritt.

Grundlegend für ein nachhaltiges Erwachsenenlernen ist die Gestalt der Biografie. Erwachsene sind in ihrem Bemühen um Identitätssicherung und Identitätserhalt »unbelehrbar«; sie können es sich im wahrsten Sinne des Wortes nicht »leisten«, alle inneren Gewissheiten zur Disposition zu stellen und ständig neu aufzubrechen. Deshalb sind auch erwachsenenpädagogische Konzepte, die implizit dem Aufbruchsparadigma folgen, blind gegenüber den notwendigen Starrheitsmomenten des Erwachsenenseins. Da Erwachsene »unbelehrbar« sind, ist ihnen vieles prinzipiell nicht vermittelbar, weshalb der Blick vom zu Vermittelnden (Wissen, Kompetenzen, Inhalte etc.) uns zu falschen Schlussfolgerungen führen muss. Notwendig ist deshalb ein biografischer Blick auf das Erwachsenenlernen, wobei die Aspekte der Unbelehrbarkeit, Abschiedlichkeit und Informalität uns helfen können, wirklich substanzielle Unterscheidungen zu markieren.

Der Ausgang von der Gestalt der Biografie markiert jedoch nicht nur einen deutlichen Gegenpunkt zum pädagogischen Aufbruchparadigma, er verweist uns auch auf die Unvermeidbarkeit normativer Referenzpunkte im pädagogischen Diskurs. Erst die Vorstellung davon, »was Menschsein eigentlich bedeutet« (W. von Humboldt) oder was Erwachsenwerden und Altern eigentlich bedeuten, vermag uns

Maßstäbe an die Hand zu geben, mit denen wir die Substanz von Erwachsenenbildung wirklich zu ermessen vermögen. Der Erwachsene entfaltet nicht nur seine biografische Gestalt, er ist auch dabei, diese abzuschließen, und die Substanz dieses Entfaltungsprozesses verdankt sich zu erheblichen Anteilen genau dieser Endlichkeit bzw. Abschiedlichkeit. Dies ist Gemeingut der Philosophie, welches allerdings in der Erwachsenenpädagogik –insbesondere in ihren »amoralischen« Konzepten (Kade 1997; Berzbach 2005) – völlig ausgeblendet bleibt. Dort dominieren Aufbruchs- und Machbarkeits- bzw. Vermittelbarkeitsüberlegungen, die über keinerlei Maßstab dafür verfügen, zu beurteilen, ob die jeweiligen Lernanforderungen angemessen und – vor dem Hintergrund der biografischen Gestalt – wirklich zumutbar sind. Emanzipation und das Recht auf biografische Autonomie (»Unbelehrbarkeit«) sowie die Hintergrundthematik des Abschiedes sind solchen Konzepten verdächtig, da sie glauben – und auch so tun –, als könne man Ethik aus dem erwachsenenpädagogischen Diskurs ausblenden. Doch wie soll man in der gesellschaftlichen Praxis das Recht auf biografische Autonomie stärken, wenn es keine Wissenschaft gibt, für die diese Dimension konstitutiv ist – möglicherweise, indem man als Leitdifferenz der Erwachsenenpädagogik »Stärkung/Nichtstärkung der biografischen Autonomie« vorsieht?

Literatur

Adam, E. (1988): Das Subjekt in der Didaktik. Ein Beitrag zur kritischen Reflexion von Paradigmen der Thematisierung von Unterricht. Weinheim (Beltz).

Adorno, T. W. (1970): Erziehung zur Mündigkeit. Frankfurt a. M. (Fischer).

Albrecht, C. (2005): PISA oder: Über die Unwahrscheinlichkeit, lesen zu können. Literalität als Bildungsziel? In: R. Voß (Hrsg.): LernLust und Eigen-Sinn. Systemisch-konstruktivistische Lernwelten. Heidelberg (Carl-Auer), S. 155–165.

Alheit, P. u. B. Dausien (2000): Die biographische Konstruktion der Wirklichkeit. Überlegungen zur Biographizität des Sozialen. In: E. Hoerning (Hrsg.): Biographische Sozialisation. Stuttgart (Lucius & Lucius), S. 257–283.

Arnold, R. (Hrsg.) (1990): Berufspädagogik für Partnerländer. Bd. 1: Unterrichtswissen. Bd. 2: Organisationswissen. Baden-Baden (Nomos).

Arnold, R. (1991): Betriebliche Weiterbildung. Bad Heilbrunn/OBB (Klinkhardt).

Arnold, R. (1993): Natur als Vorbild. Frankfurt a. M. (Verlag für Akademische Schriften).

Arnold, R. (1995): Neue Methoden betrieblicher Bildungsarbeit. In: R. Arnold u. T. Lipsmeier (Hrsg.): Handbuch der Berufsbildung. Opladen (Leske & Budrich), S. 294–307.

Arnold, R. (1996a): Die Krisen der Fachbildung. *Berufsbildung in Wissenschaft und Praxis* 1: 9–15.

Arnold, R. (1996b): Weiterbildung. Ermöglichungsdidaktische Grundlagen. München (Vahlen).

Arnold, R. (2000): Das Santiagoprinzip. Führung und Personalentwicklung im lernenden Unternehmen. Köln (Deutscher Wirtschaftsdienst).

Arnold, R. (2001): Ermöglichungsdidaktik. In: R. Arnold et al. (Hrsg.): Wörterbuch Erwachsenenpädagogik. Bad Heilbrunn (Klinkhardt), S. 84 f.

Arnold, R. (2003): Systemtheoretische Grundlagen einer Ermöglichungsdidaktik. In: R. Arnold u. I. Schüßler (Hrsg.): Ermöglichungsdidaktik. Erwachsenenpädagogische Grundlagen und Erfahrungen. Baltmannsweiler (Schneider), S. 14–36.

Arnold, R. (2004a): Erkennen und Erkanntwerden. Pädagogischer Konstruktivismus. Teil 1. *GEW-Zeitung Rheinlandpfalz* 11 (Beilage).

Arnold, R. (2004b): Führen und Geführtwerden im Schulalltag. In: R. Arnold u. C. Griese (Hrsg.): Schulleitung und Schulentwicklung. Voraussetzungen, Bedingungen, Erfahrungen. Baltmannsweiler (Schneider), S. 5–12.

Arnold, R. (2005a): Autonomie und Erwachsenenbildung. *Hessische Blätter für Volksbildung* 1: 37–46.

Arnold, R. (2005b): Die emotionale Konstruktion der Wirklichkeit. Baltmannsweiler (Schneider).

Arnold, R. (2005c): Im Falle der Ethik: Ethikfalle. In: REPORT. Literatur- und Forschungsreport Weiterbildung, (4), S. 75–76.

Arnold, R. u. C. Goméz Tutor (2007): Grundlinien einer Ermöglichungsdidaktik. Bildung ermöglichen – Vielfalt gestalten. Augsburg (Zielverlag).

Arnold, R. u. C. Griese (Hrsg.) (2004): Schulleitung und Schulentwicklung. Baltmannsweiler (Schneider).

Arnold, R. u. M. Lermen (Hrsg.) (2006): eLearning – Didaktik. Baltmannsweiler (Schneider Hohengehren).

Arnold, R. u. B. Milbach (2003): Biographische Erfahrungen und Einfluss auf die professionelle Handlungskompetenz von Lehrerinnen. (Heft 13 der *Pädagogischen Materialien der Universität Kaiserslautern*.) Kaiserslautern (Technische Universität).

Arnold, R. u. M. Njo (2007): Systemische Methoden in der Erwachsenenbildung. (Heft 29 der *Pädagogischen Materialien der Universität Kaiserslautern*.) Kaiserslautern (Technische Universität).

Arnold, R. u. H. Pätzold (2005): Schulpädagogik kompakt. Prüfungswissen auf den Punkt gebracht. Berlin (Cornelsen).

Arnold, R. u. I. Schüßler (1998): Wandel der Lernkulturen. Ideen und Bausteine für ein lebendiges Lernen. Darmstadt (Wissenschaftliche Buchgesellschaft).

Arnold, R. u. I. Schüßler (Hrsg.) (2002a): Methoden des Lebendigen Lernens. (Heft 1 der *Pädagogischen Materialien der Universität Kaiserslautern*.) Kaiserslautern (Technische Universität).

Arnold, R. u. I. Schüßler (Hrsg.) (2002b): Weitere Methoden des Lebendigen Lernens. (Heft 15 der *Pädagogischen Materialien der Universität Kaiserslautern*.) Kaiserslautern (Technische Universität).

Arnold, R. u. I. Schüßler (Hrsg.) (2003): Ermöglichungsdidaktik. Erwachsenenpädagogische Grundlagen und Erfahrungen. Baltmannsweiler (Schneider).

Arnold, R. u. H. Siebert (1996): Konstruktion und Professionalität – Eine Thesendiskussion. *Netzwerk. Zeitschrift der Gesellschaft für Bildung und Organisation* 1: 2–9.

Arnold, R. u. H. Siebert (1995/2003/2004): Konstruktivistische Erwachsenenbildung. Von der Deutung zur Konstruktion von Wirklichkeit. Baltmannsweiler (Schneider).

Arnold, R. u. H. Siebert (2006): Die Verschränkung der Blicke. Ein systemischkonstruktivistischer Briefwechsel. Baltmannsweiler (Schneider).

Arnold, R., A. Krämer-Stürzl u. H. Siebert (2005): Dozentenleitfaden. Planung und Unterrichtsvorbereitung in Fortbildung und Erwachsenenbildung. Berlin (Cornelsen).

Arnold, R., A. Lipsmeier u. B. Ott (1999): Berufspädagogik kompakt. Berlin (Cornelsen).

Baethge, M., K.-P. Buss u. C. Lanfer (2003): Konzeptionelle Grundlagen für einen Nationalen Bildungsbericht: Berufliche Bildung und Weiterbildung / Lebenslanges Lernen. Bonn (Bundesministerium für Bildung und Forschung).

Bahrt, R. S. (1990): Improving schools from within. Teachers, parents, and principals can make the difference. San Francisco (Jossey-Bass).

Bandler, R. u. J. Grinder (2000): Reframing. Ein ökologischer Ansatz in der Psychotherapie. Paderborn (Junfermann).

Bardmann, T. M. et al. (1991): Irritation als Plan. Konstruktivistische Einredungen. Aachen (Klenkes).

Beck, U. (1995): Eigenes Leben. Ausflüge in die unbekannte Gesellschaft, in der wir leben. München (Beck).

Beck, U. (1986): Die Risikogesellschaft. Frankfurt a. M. (Suhrkamp).

Beck, U. (1997): Was ist Globalisierung? Frankfurt a. M. (Suhrkamp).

Beck, U. u. W. Bonß (1984): Soziologie und Modernisierung. Zur Ortsbestimmung der Verwendungsforschung. *Soziale Welt* 35: 381–406.

Bennett-Goleman, T. (2004): Emotionale Alchemie. Der Schlüssel zu Glück und innerem Frieden. Frankfurt a. M. (Fischer).

Bhikkhu, A. (1994): Silent rain. Redwood Valley (Craftsman).

Bion, W. (1990): Lernen durch Erfahrung. Frankfurt a. M. (Suhrkamp).

Bittner, G. (2001): Der Erwachsene. Multiples Ich in multipler Welt. Stuttgart (Kohlhammer).

Blankertz, H. (1978): Theorien und Modelle der Didaktik. München (Juventa).

Bohn, C. u. A. Hahn (1999): Selbstbeschreibung und Selbstthematisierung: Facetten der Identität in der modernen Gesellschaft. In: H. Willms u. A. Hahn (Hrsg.): Identität und Moderne. Frankfurt a. M. (Suhrkamp), S. 33–61.

Bommes, M., B. Dewe u. F.-O. Radke (1996): Sozialwissenschaften und Lehramt. Der Umgang mit sozialwissenschaftlichen Theorieangeboten in der Lehrerausbildung. Opladen (Leske & Budrich).

Bönisch, M. (1996): Didaktisches Minimum. Prüfungsanforderungen für LehramtsstudentInnen. Berlin (Luchterhand).

Brater, M. (1988): Berufsbildung und Persönlichkeitsentwicklung. Stuttgart (Freies Geistesleben).

Brecht, B. (1965): Me-ti. Buch der Wendungen. Fragment. Prosa V. Frankfurt a. M. (Fischer).

Breidbach, O. (1996): Vorwort: Was geht in unserem Kopf vor? In: G. Rusch, S. J. Schmidt u. O. Breidbach (Hrsg.): Interne Repräsentationen. Neue Konzepte der Hirnforschung. (DELFIN 1996.) Frankfurt a. M. (Suhrkamp), S. 7 f.

Bremer, R. u. B. Haasler (2004): Analyse der Entwicklung fachlicher Kompetenz und beruflicher Identität in der beruflichen Erstausbildung. *Zeitschrift für Pädagogik* (2): 162–181.

Buddrus, V. (Hrsg.) (1992): Die »verborgenen« Gefühle in der Pädagogik. Impulse und Beispiele aus der Humanistischen Pädagogik zur Wiederbelebung der Gefühle. Baltmannsweiler (Schneider), S. 78–96.

Buhren, C.G. u. H.-G. Rolff (2002): Personalentwicklung in Schulen. Konzepte, Praxisbausteine, Methoden. Weinheim (Beltz).

Cameron-Bandler, L. u. M. Lebeau (1997): Die Intelligenz der Gefühle. Grundlagen der »Imperative Self Analysis«. Paderborn (Junfermann).

Castells, M. (2003): Die Macht der Identität. Das Informationszeitalter II. Weinheim/Basel (Leske & Budrich).

Ciompi, L. (1997): Die emotionalen Grundlagen des Denkens. Göttingen (Vandenhoeck & Ruprecht).

Ciompi, L. (2003): Affektlogik, affektive Kommunikation und Pädagogik. Eine wissenschaftliche Neuorientierung. *Literatur- und Forschungsreport Weiterbildung* 3: 62–70.

Combe, A. u. W. Helsper (1996): Pädagogische Professionalität. Untersuchungen zum Typus pädagogischen Handelns. Frankfurt a. M. (Suhrkamp).

Comenius, J. A. (1970): Große Didaktik. Übers. und hrsg. von A. Flitner. Düsseldorf (Küpper).

Copei, F. (1966): Der fruchtbare Moment im Bildungsprozess. Heidelberg (Quelle und Meyer).

Cube, F. von (1968): Der kybernetische Ansatz in der Didaktik. *Didactica* 2: 79–98.

Damasio, A. (1997): Descartes' Irrtum. Fühlen, Denken und das menschliche Gehirn. München (List).

Dehnbostel, P. (2002): Modelle arbeitsbezogenen Lernens und Ansätze zur Integration formellen und informellen Lernens. In: M. Rohs (Hrsg.): Arbeitsprozessintegriertes Lernen. Neue Ansätze für die berufliche Bildung. Münster (Waxmann), S. 37–57.

De Sousa, R. (1997): Die Rationalität des Gefühls. Frankfurt a. M. (Suhrkamp).

Dewe, B. (1988): Wissensverwendung in der Fort- und Weiterbildung. Zur Transformation wissenschaftlicher Informationen in Praxisdeutungen. Baden-Baden (Nomos).

Dörner, D. (1989): Die Logik des Misslingens. Reinbek b. Hamburg (Rowohlt).

Egidy, H. von (2004): Beobachtung der Wirklichkeit. Heidelberg (Carl-Auer).

Erikson. E. H. (1982): Lebensgeschichte und historischer Augenblick. Frankfurt a. M. (Suhrkamp).

Eurobarometer. Die öffentliche Meinung in der Europäischen Gemeinschaft 34, Dez. 1990. Verfügbar unter: http://ec.europa.eu/public_opinion/archives/eb/eb34/eb34_de.pdf

Fatke, R. (1970): Vorwort. In: J. Piaget: Meine Theorie der geistigen Entwicklung. Frankfurt a. M. (Suhrkamp), S. 6–35.

Faulstich, P. u. P. Grell (2005): Widerständig ist nicht unbegründet – Lernwiderstände in der Forschenden Lernwerkstatt. In: P. Faulstich, H. J. Forneck, J. Knoll et al. (Hrsg.): Lernwiderstand – Lernumgebung – Lernberatung. Bielefeld (Bertelsmann), S. 18–93.

Faulstich, P. u. J. Ludwig (Hrsg.) (2004): Expansives Lernen. Baltmannsweiler (Schneider).

Feldenkrais, M. (1992): Das starke Selbst. Anleitung zur Spontaneität (1957). Frankfurt a. M. (Suhrkamp).

Fischer, W. A. u. M. Schratz (1993): Schule leiten und gestalten. Mit einer neuen Führungskultur in die Zukunft. Innsbruck (Universität Innsbruck).

Foerster, H. von (1985a): Sicht und Einsicht. Braunschweig (Vieweg). [Nachdruck verfügbar unter http://www.carl-auer.de/programm/978-3-89670-567-9 [9.2.2007].]

Foerster, H. von (1985b): Entdecken oder Erfinden. Wie läßt sich Verstehen verstehen? In: H. Gumin u. H. Meier (Hrsg.): Einführung in den Konstruktivismus. München (Piper), S. 41–88.

Foerster, H. von (1993): KybernEthik. Berlin (Merve).

Foerster, H. von (1997): Abbau und Aufbau. In: F. B. Simon (Hrsg.): Lebende Systeme. Wirklichkeitskonstruktionen in der systemischen Therapie. Frankfurt a. M. (Suhrkamp), S. 32–51.

Foerster, H. von u. B. Pörksen (1999): Wahrheit ist die Erfindung eines Lügners. Heidelberg (Carl-Auer), 7. Aufl. 2006.

Forneck, H. J. (2005): Editorial. Autonomie und Erwachsenenbildung. *Hessische Blätter für Volksbildung* 55 (1): 1–4.

Forneck, H. J. u. D. Wrana (2005): Ein parzelliertes Feld. Eine Einführung in die Erwachsenenbildung. Bielefeld (Bertelsmann).

Forschung und Lehre. Zeitschrift des deutschen Hochschullehrerverbandes 4/2005.

Franke-Gricksch, M. (2001): »Du gehörst zu uns!« Systemische Einblicke und Lösungen für Lehrer, Schüler und Eltern. Heidelberg (Carl-Auer), 3. Aufl. 2004.

Frisch, M. (1975): Montauk. Eine Erzählung. Frankfurt a. M. (Suhrkamp).

Fromm, E. (1981): Sozialistischer Humanismus und Humanistische Ethik. Gesamtausgabe, Bd. 9. Stuttgart (Deutsche Verlags-Anstalt).

Fromm, E. (2000): Die Kunst des Liebens. München (DTV).

Fuchs, P. (1999): Intervention und Erfahrung. Frankfurt a. M. (Suhrkamp).

Fuchs, P. (2004): Der Sinn der Beobachtung. Begriffliche Untersuchungen. Weilerswist (Velbrück).

Geißler, H. (2000): Organisationspädagogik. Umrisse einer neuen Herausforderung. München (Vahlen).

Gergen, K. J. (2002): Konstruierte Wirklichkeiten. Eine Hinführung zum sozialen Konstruktionismus. Stuttgart (Kohlhammer).

Gerstenmaier, J. (2004): Domänenspezifisches Wissen als Dimension beruflicher Entwicklung. In: F. Rauner et al. (Hrsg.): Qualifikationsforschung und Curriculum. Analysieren und Gestalten beruflicher Arbeit und Bildung. Bielefeld (Bertelsmann), S. 135–163.

Giesecke, M. (1992): Sinnenwandel, Sprachwandel, Kulturwandel. Studien zur Vorgeschichte der Informationsgesellschaft. Frankfurt a. M. (Suhrkamp).

Giesecke, M. (2005): Auf der Suche nach posttypographischen Bildungsidealen. *Zeitschrift für Pädagogik* 1: 14–29.

Glasersfeld, E. von (1995): Aspekte einer konstruktivistischen Didaktik. In: Landesinstitut für Schule und Weiterbildung (Hrsg.): Lehren und Lernen als konstruktive Tätigkeit. Beiträge zu einer konstruktivistischen Theorie des Unterrichts. Soest (Landesinstitut für Schule und Weiterbildung), S. 7–14.

Goldberg, E. (2005): Intuition spart Energie [Interview]. *Focus* 24: 84–87.

Goleman, D. (1991): Der Erfolgsquotient. Wien (DTV).

Goleman, D. (1995): Emotionale Intelligenz. München (DTV).

Goleman, D. (2003): Dialog mit dem Dalai Lama. Wie wir destruktive Emotionen überwinden können. Wien (Hanser).

Goleman, D. et al. (2002): Emotionale Führung. München (Econ).

Gordon, T. (1977): Lehrer-Schüler-Konferenz. Hamburg (Heyne).

Greenberg, L. S., L. N. Rice u. R. Eliott (2003): Emotionale Veränderungen fördern. Grundlagen einer prozess- und erlebnisorientierten Therapie. Paderborn (Junfermann).

Griese, H. M. (1994): Sozialisationstheorie und Erwachsenenbildung. In: R. Tippelt (Hrsg.): Handbuch Erwachsenenbildung/Weiterbildung. Opladen (Leske & Budrich), S. 83–97.

Haarmann, H. (1991): Universalgeschichte der Schrift. Frankfurt a. M./New York (Campus).

Harney, K. (2001): Erwachsener. In: R. Arnold, S. Nolda u. E. Nuissl (Hrsg.): Wörterbuch Erwachsenenbildung. Bad Heilbrunn/OBB (Klinkhardt), S. 98 f.

Hartz, S. (2005): Die Leistungen der Systemtheorie für die Generierung von Forschungsfragen. In: B. Dewe, G. Wiesner u. C. Zeuner (Hrsg.): Theoretische Grundlagen und Perspektiven der Erwachsenenbildung. (Dokumentation der Jahrestagung 2004 der Sektion Erwachsenenbildung der Deutschen Gesellschaft für Erziehungswissenschaft. *REPORT. Literatur- und Forschungsreport Weiterbildung* 1: 27–33.

Havighurst, R. J. (1948): Development tasks and education. New York. (Longmans, Green & Co.).

Heijl, P. M. (1995): Autopoiesis or co-evolution? Reconceptualizing the relation between individuals and societis. *Paragrana* 2: 294–314.

Heinze, T., F. Loser u. F. Thiemann (1981): Praxisforschung. Wie Alltagshandeln und Reflexion zusammengebracht werden können. München et al. (Urban & Schwarzenbeck).

Heisig, D. u. C. Savory-Deermann (2001): Mein Echo im Beruf. Wege zum Einklang zwischen innerer Entwicklung und Arbeitsleben. Gießen (Psychosozial).

Hentig, H. von (1969): Was ist Didaktik? In: H. von Hentig: Spielraum und Ernstfall. Stuttgart (Klett-Cotta), S. 251–255.

Hentig, H. von (1993): Die Schule neu denken. München/Wien (Hanser).

Holzkamp, K. (1993): Lernen. Eine subjektwissenschaftliche Grundlegung. Frankfurt a. M. (Campus).

Holzkamp, K. (2004): Wider den Lehr-Lern-Kurzschluß [Interview durch Rolf Arnold). In: P. Faulstich u. J. Ludwig (Hrsg.): Expansives Lernen. Baltmannsweiler (Schneider), S. 29–38.

Honig, M.-S. (1999): Entwurf einer Theorie der Kindheit. Frankfurt a. M. (Suhrkamp).

Horster, L. u. H.-G. Rolff (2001): Unterrichtsentwicklung. Grundlagen, Praxis, Steuerungsprozesse. Weinheim (Beltz).

Hubrig, C. u. P. Herrmann (2005): Lösungen in der Schule. Systemisches Denken in Unterricht, Beratung und Schulentwicklung. Heidelberg (Carl-Auer).

Huisken, F. (1991): Die Wissenschaft von der Erziehung. Einführung in die Grundlügen der Pädagogik. Hamburg (VSA).

Hunt, D. E. (1985): Lehreranpassung: »Reading« und »Flexing«. In: A. Claude et al.: Sensibilisierung für Lehrverhalten. Berichte – Materialien – Planungshilfen. Frankfurt a. M. (Pädagogische Arbeitsstelle des Deutschen Volkshochschulverbandes), S. 9–18.

Huschke-Rhein, R. (1998): Systemtheorien für die Pädagogik. Systemische Pädagogik. Bd. III. Köln (Rhein).

Huschke-Rhein, R. (2003): Einführung in die systemische und konstruktivistische Pädagogik. Beratung – Systemanalyse – Selbstorganisation. München et al. (UTB).

James, W. (1981): Principles of psychology. Cambridge (Harvard University Press).

Jank, W. u. H. Meyer (2002): Didaktische Modelle. Berlin (Cornelsen), 5., völlig überarb. Aufl.

Juul, J. (2005): Aus Erziehung wird Beziehung. Authentische Eltern – kompetente Kinder. Freiburg (Herder).

Kade, J. (1989): Universalisierung und Individualisierung der Erwachsenenbildung. Über den Wandel eines pädagogischen Arbeitsfeldes im Kontext gesellschaftlicher Modernisierung. *Zeitschrift für Pädagogik* 6: 789–808.

Kade, J. (1997): Vermittelbar/nicht vermittelbar: Vermitteln: Aneignen. Im Prozess der Systembildung des Pädagogischen. In: D. Lenzen u. N. Luhmann (Hrsg.):

Bildung und Weiterbildung im Erziehungssystem. Lebenslauf und Human-ontogenese als Medium und Form. Frankfurt a. M. (Suhrkamp), S. 30–70.

Kafka, F. (1999): Brief an den Vater. Frankfurt a. M. (Fischer).

Kagerer, H. (1978): In der Schule tobt das Leben. Eine 10. Hauptschulklasse und ihre Lehrerin machen sich selbst zum Thema. Berlin (Basis).

Kaplan-Solms, K. u. M. Solms (2003): Neuro-Psychoanalyse. Eine Einführung mit Fallstudien. Stuttgart (Klett-Cotta).

Kast, V. (1994/1999): Vater-Töchter, Mutter-Söhne. Wege zur eigenen Identität aus Vater- und Mutterkomplexen. Stuttgart (Kreuz).

Kast, V. (1998): Zäsuren und Krisen im Lebenslauf. Wien (Picus).

Kast, V. (2004): Sisyphos. Vom Festhalten und Loslassen. Bern (Kreuz).

Kets de Vries, M. F. R. a. D. Miller (1985): The neurotic organization. San Fran-cisco/Washington/London (Jossey-Bass).

Klafki, W. (1979): Zum Verhältnis von Didaktik und Methodik. In: W. Klafki et al.: Didaktik und Praxis. Weinheim et al. (Beltz), S. 13–40.

Klafki, W. (1980): Die bildungstheoretische Didaktik im Rahmen kritisch-kon-struktiver Erziehungswissenschaft. In: H. Gudjons u. R. Winkel (Hrsg.): Di-daktische Theorien. Hamburg (Bergmann + Helbig), S. 29–45.

Klippert, H. (2004): Unterrichtsentwicklung und der Aufbau neuer Routinen. Weinheim (Beltz).

Kruse, S., K. Seashore a. A. Bryk (1994): Building profesional community in schools. In: Center on Organization and Restructuring of Schools (ed.): Issue Report No. 6. Wisconsin (University of Winsconsin-Madison), p. 3–7.

Laing, R. D. (1956): Knots. New York (Random House).

Landwehr, N. (1997): Neue Wege der Wissensvermittlung. Aarau (Sauerländer).

LeDoux, J. (2001): Das Netz der Gefühle. Wie Emotionen entstehen. München (DTV).

Lempp, R. (2003): Das Kind im Menschen. Über Nebenrealitäten und Regression – oder: Warum wir nie erwachsen werden. Stuttgart (Klett-Cotta).

Lenzen, D. (2002): Das Verschwinden des Erwachsenen: Kindheit als Erlösung. In: C. Wulf (Hrsg.): Logik und Leidenschaft. Berlin (Reimer), S. 351–359.

Lenzen, D. (1996): Handlung und Reflexion. Vom pädagogischen Theoriedefizit zur Reflexiven Erziehungswissenschaft. Weinheim/Basel (Beltz).

Ludwig, J. (2001): Die Kategorie »subjektive Lernbegründung« als Beitrag zur em-pirischen Differenzierung der Vermittlungs- und Lernerperspektive mit Blick auf das Forschungsmemorandum für die Erwachsenen- und Weiterbildung. In: P. Faulstich et al. (Hrsg.): Wissen und Lernen, didaktisches Handeln und Institutionalisierung. (Dokumentation der Jahrestagung 2000 der Sektion Er-wachsenenbildung der Deutschen Gesellschaft für Erziehungswissenschaft. Beiheft zum *REPORT*.) Bielefeld (Bertelsmann), S. 29–38.

Luhmann, N. (1981): Politische Theorie im Wohlfahrtsstaat. München/Wien (Ol-zog).

Luhmann, N. (1985): Die Autopoiesis des Bewußtseins. *Soziale Welt* 36: 402–446.

Luhmann, N. (1987): Strukturelle Defizite. Bemerkungen zur systemtheoreti-schen Analyse des Erziehungswesens. In: J. Oelkers u. H.-E. Tenorth (Hrsg.): Pädagogik, Erziehungswissenschaft und Systemtheorie. Weinheim/Basel (Beltz), S. 57–75.

Luhmann, N. (1990): Soziologische Aufklärung 5. Konstruktivistische Perspektiven. Opladen (Leske & Budrich).

Luhmann, N. (1997a): Erziehung als Formung des Lebenslaufs. In: D. Lenzen u. N. Luhmann (Hrsg.): Bildung und Weiterbildung im Erziehungssystem. Frankfurt a. M. (Suhrkamp), S. 11–29.

Luhmann, N. (1997b): Was ist Kommunikation? In: F. B. Simon (Hrsg.): Lebende Systeme. Wirklichkeitskonstruktionen in der systemischen Therapie. Heidelberg (Carl-Auer), S. 19–31.

Luhmann, N. (2004): Systeme verstehen Systeme. In: N. Luhmann: Schriften zur Pädagogik. Hrsg. von Dieter Lenzen. Frankfurt a. M. (Suhrkamp), S. 48–90.

Luhmann, N. u. H.-E. Schorr (1979): Reflexionsprobleme im Erziehungssystem. Stuttgart (Klett-Cotta).

Mader, W. (1994): Emotionalität und Individualität im Alter. Biographische Aspekte des Alterns. In: S. Kade (Hrsg.): Individualisierung und Älterwerden. Bad Heilbrunn/OBB (Klinkhardt), S. 95–114.

Malik, F. (1993): Systemisches Management, Evolution, Selbstorganisation. Grundprobleme, Funktionsmechanismen und Lösungsansätze für komplexe Systeme. Bern et al. (Haupt).

Martial, I. von (1996): Einführung in didaktische Modelle. Baltmannsweiler (Schneider).

Maturana, H. R. (1985): Erkennen: Die Organisation und Verkörperung von Wirklichkeit. Braunschweig (Vieweg).

Maturana, H. R. (1997): La objectividad. Un argumento para obligar. Santiago (Dolmen).

Maturana, H. R. (1998): Biologie der Realität. Frankfurt a. M. (Suhrkamp).

Maturana, H. R. (2001): Was ist erkennen? Die Welt entsteht im Auge des Betrachters. München (Goldmann).

Mausfeld, R. (1996): Wahrnehmung. In: G. Strube (Hrsg.): Wörterbuch der Kognitionswissenschaften. Stuttgart (Klett-Cotta), S. 776–792.

Meueler, E. (1993): Die Türen des Käfigs. Wege zum Subjekt in der Erwachsenenbildung. Stuttgart (Klett-Cotta).

Meueler, E. (2001): Lob des Scheiterns. Methoden- und Geschichtenbuch zur Erwachsenenbildung an der Universität. Baltmannsweiler (Schneider).

Meyer, H. (2004): Was ist guter Unterricht? Berlin (Cornelsen).

Miller, A. (1980): Am Anfang war Erziehung. Frankfurt a. M. (Suhrkamp).

Mitscherlich, A. von (1996): Auf dem Weg zur vaterlosen Gesellschaft. Ideen zur Sozialpsychologie. München (Piper).

Molter, H. u. T. Billerbeck (2000): Der Mensch lebt nicht allein zusammen. Eine Einführung in die pragmatische Kommunikationstheorie. Aachen (Institut für Beratung und Supervision).

Montaigne, M. de (1976): Essais. Hrsg. von R.-R.Wuthenow. Frankfurt a. M. (Insel).

Mücke, K. (2001): Probleme sind Lösungen. Potsdam (Ökosysteme).

Mühlhausen, U. (1994): Überraschungen im Unterricht. Situative Unterrichtsplanung. Weinheim/Basel (Beltz).

Mühlhausen, U. (2005): Unterrichten lernen mit Gespür. Baltmannsweiler (Schneider).

Müller, H.-J. (2006): Handlungsorientierte Prüfungen in der beruflichen Fortbildung. Eine subjekt- und arbeitsprozessorientierte Konzeption für die Konstruktion situationsbezogener Prüfungsmodule am Beispiel der Textilwirtschaft. Bielefeld (Bertelsmann).

Müller-Commichau, W. (2005): Fühlen lernen – oder: Emotionale Kompetenz als Schlüsselqualifikation. Mainz (Eigenverlag).

Mutius, B. von (Hrsg.) (2004): Die andere Intelligenz. Wie wir morgen denken werden. Stuttgart (Klett-Cotta).

Negt, O. (1975): Soziologische Phantasie und exemplarisches Lernen. Frankfurt a. M. (Europäische Verlagsanstalt).

Oelkers, J. (1987): System, Subjekt und Erziehung. In: J. Oelkers u. H.-E.Tenorth: Pädagogik, Erziehungswissenschaft und Systemtheorie. Eine nüchterne Provokation. Weinheim/Basel (Beltz), S. 175–201.

Oelkers, J. (1995): Pädagogische Ratgeber. Erziehungswissen in populären Medien. Frankfurt a. M. (Diesterweg).

Oelkers, J. (2001): Einführung in die Theorie der Erziehung. Weinheim/Basel (Beltz).

Oelkers, J. (2004): Erziehung. In: J. Oelkers u. H.-E. Tenorth (Hrsg.): Historisches Wörterbuch der Pädagogik. Weinheim (Beltz), S. 303–340.

Palla, R. (1997): Die Kunst, Kinder zu kneten. Ein Rezeptbuch der Pädagogik. Frankfurt a. M. (Eichborn).

Peterßen, W. H. (2001): Lehrbuch Allgemeine Didaktik. München (Ehrenwirth).

Piaget, J. (1970): Meine Theorie der geistigen Entwicklung. Hrsg. von R. Fatke. Frankfurt a. M. (Suhrkamp).

Pongratz, L. A. (2005): Untiefen im Mainstream. Zur Kritik konstruktivistisch-systemtheoretischer Pädagogik. Wetzlar (Büchse der Pandora).

Postmann, N. (1995): Keine Götter mehr? – Das Ende der Erziehung. Berlin (Berlin).

Prange, H.-J. u. C. Arlt (2005): Besen in der Chefetage. Die Führung einer Organisation kann nicht gelingen, wenn die Beziehungsebene vergessen wird. *Frankfurter Rundschau* Nr. 91 (20.4.): 26.

Prange, K. (2006): Erziehung im Reich der Bildung. *Zeitschrift für Pädagogik* 1: 4–10.

Rauner, F. (Hrsg.) (2005): Handbuch Berufsbildungsforschung. Bielefeld (Bertelsmann).

Rauner, F. u. R. Bremer (2004): Bildung im Medium beruflicher Arbeitsprozesse. Die berufspädagogische Entschlüsselung beruflicher Kompetenzen im Konflikt zwischen bildungstheoretischer Normierung und Praxisaffirmation. *Zeitschrift für Pädagogik* 2: 149–161.

Rauner, F. et al. (2004): Qualifikationsforschung und Curriculum. Analysieren und Gestalten beruflicher Arbeit und Bildung. Bielefeld (Bertelsmann).

Redder, V. (1990): Ich sehe was, was Du nicht siehst. In: N. Luhmann et al.: Beobachter. Konvergenz der Erkenntnistheorien? München (Fink), S. 7–11.

Reich, K. (1996): Systemisch-konstruktivistische Pädagogik. Einführung in Grundlagen einer interaktionistisch-konstruktivistischen Pädagogik. Neuwied (Luchterhand).

Reinmann-Rothmeier, G. u. H. Mandl (1995): Wissensvermittlung. Ansätze zur Förderung des Wissenserwerbs. München (Institut für Pädagogische Psychologie und Empirische Pädagogik).

Reinmann-Rothmeier, G. u. H. Mandl (1997a): Lehren im Erwachsenenalter. In: F. Weinert u. H. Mandl (Hrsg.): Psychologie der Erwachsenenbildung. Göttingen (Hogrefe), S. 355–403.

Reinmann-Rothmeier, G. u. H. Mandl (1997b): Lernen neu denken: Kompetenzen für die Wissensgesellschaft und deren Förderung. *Schulverwaltung* 3: 74–76.

Riemann, F. (1998): Grundformen der Angst. Eine tiefenpsychologische Studie. München (Reinhardt).

Rolff, H.-G. (1993): Wandel durch Selbstorganisation. Theoretische Grundlagen und praktische Hinweise für eine bessere Schule. Weinheim/München (Juventa).

Rorty, R. (1992): Kontingenz, Ironie und Solidarität. Frankfurt a. M. (Suhrkamp).

Roth, G. (2001): Fühlen, Denken, Handeln. Wie das Gehirn unser Verhalten steuert. Frankfurt a. M. (Suhrkamp).

Roth, G. (2003): Aus der Sicht des Gehirns. Frankfurt a. M. (Suhrkamp).

Rotthaus, W. (2002): Wozu erziehen? Entwurf einer systemischen Erziehung. Heidelberg (Carl-Auer), 6. Aufl. 2007.

Scharlau, I. (1996): Jean Piaget zur Einführung. Hamburg (Junius).

Schmid, W. (1998): Philosophie der Lebenskunst. Eine Grundlegung. Frankfurt a. M. (Suhrkamp).

Schüßler, I. (2000): Deutungslernen. Erwachsenenbildung im Modus der Deutung. Eine explorative Studie zum Deutungslernen in der Erwachsenenbildung. Baltmannsweiler (Schneider).

Schweitzer, J. (2005): »Und konnten zusammen nicht kommen« – Warum Schule und Jugendhilfe nicht zueinander passen und daher eigentlich gut kooperieren können. In: R. Voß (Hrsg.): LernLust und EigenSinn. Systemisch-konstruktivistische Lernwelten. Heidelberg (Carl-Auer), S. 77–86.

Sennett, R. (1998): Der flexible Mensch. Die Kultur des neuen Kapitalismus. Darmstadt (Wissenschaftliche Buchgesellschaft).

Siebert, H. (2001): Lernen. In: R. Arnold et al. (Hrsg.): Wörterbuch der Erwachsenenpädagogik. Bad Heilbrunn/OBB (Klinkhardt).

Siebert, H. (2002): Der Konstruktivismus als pädagogische Weltanschauung. Entwurf einer konstruktivistischen Didaktik. Frankfurt a. M. (Verlag für akademische Schriften).

Siebert, H. (2003): Vernetztes Lernen. Systemisch-konstruktivistische Methoden der Bildungsarbeit. München (Luchterhand).

Siebert, H. (2004): Lernen zu handeln – Systemisch-konstruktivistische Anmerkungen. In: W. Bender et al. (Hrsg.): Lernen und Handeln. Eine Grundfrage der Erwachsenenbildung. Schwalbach (Wochenschau-Verlag), S. 69–75.

Simon, F. B. (1993): Unterschiede, die Unterschiede machen. Klinische Epistemologie: Grundfragen einer systemischen Psychiatrie und Psychosomatik. Frankfurt a. M. (Suhrkamp).

Simon, F. B. (Hrsg.) (1997): Lebende Systeme. Wirklichkeitskonstruktionen in der systemischen Therapie. Frankfurt a. M. (Suhrkamp).

Simon, F. B. (1999): Die Kunst, nicht zu lernen. Und andere Paradoxien in Psychotherapie, Management, Politik. Heidelberg (Carl-Auer), 3. Aufl. 2002.

Simon, F. B. (2002): Meine Psychose, mein Fahrrad und ich. Zur Selbstorganisation der Verrücktheit. Heidelberg (Carl-Auer), 11. Aufl. 2006.

Simon, F. B. (2006): Einführung in Systemtheorie und Konstruktivismus. Heidelberg (Carl-Auer).

Simon, F. B. u. C/O/N/E/C/T/A-Autorengruppe (1998): Radikale Marktwirtschaft. Grundlagen des systemischen Managements. Heidelberg (Carl-Auer), 5. Aufl. 2005.

Singer, W. (2002) : Der Beobachter im Gehirn. Essays zur Hirnforschung. Frankfurt a. M. (Suhrkamp).

Sloane, P. F. E. (1999): Situationen gestalten. Von der Planung des Lehrers zur Ermöglichung des Lerners. Schwaben (Eusl).

Solms, M. u. O. Turnbull (2004): Das Gehirn und die innere Welt. Neurowissenschaften und Psychoanalyse. Düsseldorf/Zürich (Patmos).

Spencer-Brown, G. (1999): Laws of Form. New York (Cognizer).

Spitzer, M. (2002): Lernen. Gehirnforschung und die Schule des Lebens. Heidelberg (Springer).

Stavemann, H. H. (2001): Im Gefühlsdschungel. Emotionale Krisen verstehen und bewältigen. Weinheim (Beltz).

Stierlin, H. (2001): Psychoanalyse – Familientherapie – systemische Therapie. Stuttgart (Klett-Cotta).

Taureck, B. H. F. (2004): Philosophieren: Sterben lernen? Versuch einer ikonologischen Modernisierung unserer Kommunikation über Tod und Sterben. Frankfurt a. M. (Suhrkamp).

Tausch, R. u. A. Tausch (1991): Erziehungspsychologie. Begegnung von Person zu Person. Göttingen et al. (Hogrefe).

Terhart, E. (2005): Über Traditionen und Innovationen oder: Wie geht es weiter mit der Allgemeinen Didaktik? *Zeitschrift für Pädagogik* 1: 1–13.

Tietgens, H. (1986): Die Erwachsenenbildung. München (Juventa).

Ulich, D. (1995): Das Gefühl. Einführung in die Emotionspsychologie. Weinheim (Beltz).

Varela, F. J., E. Thompson u. E. Rosch (1992): Der mittlere Weg der Erkenntnis. Der Brückenschlag zwischen wissenschaftlicher Theorie und menschlicher Erfahrung. Bern (Scherz).

Vbw – Vereinigung der Bayerischen Wirtschaft (Hrsg.) (2003): Bildung neu denken! Das Zukunftsprojekt. Opladen (Leske & Budrich).

Vester, F. (1998): Unsere Welt – ein vernetztes System. München (DTV).

Voß, R. (Hrsg.) (1998): Schulvisionen. Theorie und Praxis systemisch-konstruktivistischer Pädagogik. Heidelberg (Carl-Auer).

Voß, R. (Hrsg.) (2002): Die Schule neu erfinden. Systemisch-konstruktivistische Annäherungen an Schule und Pädagogik. Neuwied (Luchterhand).

Voß, R. (Hrsg.) (2005a): LernLust und EigenSinn. Systemisch-konstruktivistische Lernwelten. Heidelberg (Carl-Auer).

Voß, R. (2005b): Schaut euch an diese Hose, und schaut euch an die Welt! – Die Schule(n) neu erfinden II. In: R. Voß (Hrsg.): LernLust und EigenSinn. Systemisch-konstruktivistische Lernwelten. Heidelberg (Carl-Auer), S. 9–31.

Watzlawick, P. (1986): Vom schlechten des Guten oder Hekates Lösungen. München (Piper).

Watzlawick, P. (1988): Münchhausens Zopf – oder: Psychotherapie und »Wirklichkeit«. Bern (Huber).

Watzlawick, P. (1991): Die Möglichkeit des Andersseins. Zur Technik der therapeutischen Kommunikation. Bern rt al. (Huber).

Watzlawick, P. (1999): Die psychotherapeutische Technik des »Umdeutens«. In: P. Watzlawick u. G. Nardone (Hrsg.): Kurzzeittherapie und Wirklichkeit. München (Piper), S. 135–145.

Watzlawick, P. u. P. Krieg (Hrsg.) (1991): Das Auge des Betrachters. Beiträge zum Konstruktivismus. München (Piper).

Watzlawick, P., J. H. Beavin u. D. D. Jackson (1974): Menschliche Kommunikation. Formen, Störungen, Paradoxien. Bern et al. (Huber).

Weingarten, M. (2003): Wahrnehmen. Bielefeld (Aisthesis).

Welbers, U. (Hrsg.) (2003a): Vermittlungswissenschaften. Wissenschaftsverständnis und Curriculumentwicklung. Düsseldorf (Grupelo).

Welbers, U. (2003b): Vermittlungswissenschaft: Legitimation, Konstruktion, Applikation. In: U. Welbers (Hrsg.): Vermittlungswissenschaften. Wissenschaftsverständnis und Curriculumentwicklung. Düsseldorf (Grupelo), S. 9–70.

Wigger, L. (2004): Didaktik. In: D. Benner u. J. Oelkers (Hrsg.): Historisches Wörterbuch der Pädagogik. Weinheim/Basel (Beltz), S. 244–278.

Willke, H. (2004): Einführung in das systemische Wissensmanagement. Heidelberg (Carl-Auer).

Willke, H. (2005): (Un)Möglichkeit der Intervention. Studienmaterial des Fernstudiums »Systemisches Management«. Kaiserslautern (Technische Universität).

Winkel, R. (2005a): »Na, dann standardisiert mal schön!« *PädForum* 1: 5 f.

Winkel, R. (2005b): Am Anfang war die Hure. Theorie und Praxis der Bildung. Baltmannsweiler (Schneider).

Witte, E. (2005): Michel Foucault im aktuellen erziehungswissenschaftlichen Diskurs. Sammelrezension. *Zeitschrift für Erziehungswissenschaft* 2: 326–331.

Wittgenstein, L. (1974): Bemerkungen über die Grundlagen der Mathematik. In: Schriften. Bd. 6. Frankfurt a. M. (Suhrkamp).

Wulff, C. (2001): Einführung in die Anthropologie der Erziehung. Weinheim (Beltz).

Wyrwa, H. (1995): Konstruktivismus und Schulpädagogik. Eine Allianz für die Zukunft? In: Landesinstitut für Schule und Weiterbildung (Hrsg.): Lehren und Lernen als konstruktive Tätigkeit. Beiträge zu einer konstruktivistischen Theorie des Unterrichts. Soest (Landesinstitut für Schule und Weiterbildung), S. 15–45.

Ziehe, T. u. H. Stubenrauch (1982): Plädoyer für ungewöhnliches Lernen. Reinbek b. Hamburg (Rowohlt).

Über den Autor

Rolf Arnold, Dr. Phil., Professor für Pädagogik an der Universität Kaiserslautern. Studium der Pädagogik, insbesondere der Erwachsenenbildung und der Berufspädagogik, 1983 Promotion. 1984 bis 1989 Internationale Erwachsenenbildung, Weiterbildung von Fach- und Führungskräften von Berufsbildungseinrichtungen in Entwicklungsländern. 1987 Habilitation, Fachbereich Erziehungs- und Sozialwissenschaften der Fern-Universität Hagen. Seit 1990 in Kaiserslautern. Seit 1992 Leiter des Zentrums für Fernstudien und Universitäre Weiterbildung (ZFUW) sowie seit 2003 Sprecher des Virtuellen Campus Rheinland-Pfalz (VCRP).

Christa Hubrig | Peter Herrmann
Lösungen in der Schule
Systemisches Denken in Unterricht, Beratung und Schulentwicklung

271 Seiten, 16 Abb., Kt, 2005
ISBN 978-3-89670-454-2

Wer als Pädagoge zum ersten Mal mit systemischen Sichtweisen in Berührung kommt, für den tut sich eine neue Welt auf. Für Lehrer bieten sie die Chance, ein neues Verständnis, eine neue Haltung und neue Handlungsmöglichkeiten für den Schulalltag zu finden.

Christa Hubrig und Peter Herrmann wenden in diesem Buch das systemische Denken auf alle denkbaren Belange des Unterrichts, der Schulentwicklung und der schulischen Beratung an und machen es an Beispielen aus dem Schulalltag anschaulich: Kommunikation im Kollegium, Beratungsgespräche mit Eltern und Schülern, Umgang mit speziellen Schulproblemen (z. B. destruktives Schülerverhalten, Konzentrationsstörungen, Prüfungsangst, Gewalt, Schulschwänzen, Sucht usw.).

Das Buch berücksichtigt neueste Ergebnisse aus der Hirnforschung und der empirischen Unterrichtsforschung und geht auch der durch PISA aktuellen Frage nach der Rolle des Lehrers und seiner Kompetenzen für den Unterrichtserfolg nach.

„Lösungen in der Schule" ist eine grundlegende Einführung in die systemische Arbeit im Kontext Schule und gibt zahlreiche wertvolle Anregungen für die tägliche Praxis.

 Carl-Auer Verlag • www.carl-auer.de

Reinhard Voß (Hrsg.)

LernLust und EigenSinn

Systemisch-konstruktivistische Lernwelten

288 Seiten, Kt, 2. Aufl. 2006
ISBN 978-3-89670-480-1

Die PISA- und OECD-Studien zu Schule und Unterricht haben deutlich gezeigt, dass es mit kleineren Korrekturen am deutschen Bildungssystem nicht getan ist. Systemische und konstruktivistische Sicht- und Arbeitsweisen, die sich in anderen Bereichen wie Organisationsberatung und Therapie seit längerem bewährt haben, werden seit Veröffentlichung der PISA- und OECD-Studien zunehmend diskutiert.

Die Autoren dieses Bandes stellen den gegenseitigen Schuldzuweisungen und von außen verordneten Reformmaßnahmen Lösungsvorschläge entgegen, die sich als Angebote direkt an Lehrer und Schüler richten. Die Beiträge versammeln neben Praxisberichten aus dem Schulalltag auch Betrachtungen aus anderen Disziplinen wie Kommunikations- oder Medienwissenschaften, die mit Gewinn in die neuen Lehr- und Lernwelten integriert werden können.

Wer als Lehrer, Hochschullehrer oder Verantwortlicher im Bildungswesen zukunftsweisende Konzepte sucht, findet sie in diesem Buch.

„Das Buch reagiert auf die ständig wachsende Nachfrage nach theoretischen und praktischen Konzepten für einen erlebnisreichen Schulalltag, für die Gestaltung von Schule und Unterricht, die Lernlust und Eigensinn bei Schülern und Lehrern zu fördern vermögen. Hier sind höchst anregende und spannend zu lesende Texte versammelt!"

PÄD Forum: unterrichten erziehen

 Carl-Auer Verlag • www.carl-auer.de

Rolf Balgo | Holger Lindemann (Hrsg.)

Theorie und Praxis systemischer Pädagogik

SYSIPHOS – Beiträge zur
systemischen Pädagogik, Band 1

273 Seiten, 10 Abb., Kt, 2006
ISBN 978-3-89670-514-3

„Wenn etwas nicht funktioniert, mach etwas ander(e)s!" – Diese goldene systemische Regel stiftet Pädagogen gleich in zweierlei Hinsicht zum Handeln an: Die Ergebnisse der PISA-Studien verlangen nach grundlegenden Änderungen im Schulsystem und in den pädagogischen Konzepten; gleichzeitig lassen die Herausforderungen der täglichen Praxis viele nach neuen Wegen für eine erfolgreichere und befriedigendere Arbeit suchen.

In der Reihe „Sysiphos – Beiträge zur systemischen Pädagogik" wird sichtbar, welche Handlungsmöglichkeiten die systemische Perspektive für die unterschiedlichsten pädagogischen Bereiche anbietet – von Frühpädagogik und Schule über Erwachsenenbildung und Beratung bis zur Sozialarbeit.

Der erste Band der Schriftenreihe der Deutschen Gesellschaft für systemische Pädagogik (DGsP) vereint Beiträge von: Holger Lindemann • Kenneth Gergen • Petra Völkel • Ursula Carle und Heinz Metzen • Gertrud Graf • Reinhard Voß und Ulrike Schemmann • Rolf Balgo • Heiko Kleve • Horst Siebert • Rolf Arnold • Winfried Palmowski • Eckard König.

Carl-Auer Verlag • www.carl-auer.de